世界神話事典
創世神話と英雄伝説

大林太良・伊藤清司・吉田敦彦・松村一男 編

角川文庫 17327

序文

このたび角川ソフィア文庫として出版されることになった、この『世界神話事典』は、全世界の神話の主な内容と問題点を一冊で総覧できる書物として編纂され、最初は単行本として一九九四年一月に刊行された。その後二〇〇五年三月に角川選書に収録されて、現在まで世界の神話を学問的に概観できる、わが国で唯一の事典であり続けてきている。本書は、前半部と後半部の二部分から構成されている。前半部ではまず、「総説」と題されている冒頭の章で、編者と執筆者一同が指導者と仰ぎ、多大な学恩を受けた故大林太良によって、神話の概念と現在までのその研究の歴史が、簡明に解説されている。そしてそのあとに、世界・人類の起源、死・火・作物の起源、女性、英雄、異郷訪問、天体など、世界の多くの神話に共通して扱われている十三の主なテーマが選び出され、そのそれぞれが各地の神話でどのように語られているかが比較され、そのことの意味が説明されている。

四名の編者が主題ごとに分担して執筆した、全体が「共通テーマにみる神話」と題されているこの第一部に続いて、「地域別にみる神話」と題されている後半の第二部では、世界が日本をはじめとする十九の地域と民族に分けられて、それぞれの神話がその専門家によって概説されている。

角川ソフィア文庫に収録されるに当たって、もともとあるところまで独立した構成と内容を持っていた、この前半部と後半部がそれぞれ別個の巻に分けられて、全体が二分冊として刊行されることになった。そのことでこれからは各巻はそれぞれが一冊の読物としても、神話に興味を持たれる一般の読者の方々に、お楽しみ頂けることになる。それと同時に神話の研究を志される方々のためには、今後も二巻が合わさって、学問的に信頼できる水準を持つ、簡にして要を得た手引き書として、役を果たし続けられることを期待している。

二〇一二年二月　　　吉田　敦彦

本書は二〇〇五年三月、角川選書より刊行した『世界神話事典』に所収されている「総説」および「共通テーマにみる神話」を文庫化したものです。また文庫化にあたり、『世界神話事典　創世神話と英雄伝説』と改題しました。なお同選書版所収の「地域別にみる神話」を改題・文庫化した『世界神話事典　世界の神々の誕生』の目次を、本書の21頁に掲載いたしました。

（編集部）

世界神話事典　創世神話と英雄伝説　目次

共通テーマにみる神話 55

世界の起源――松村一男 56

人類の起源――大林 太良 86

作物の起源──────吉田　敦彦　199

女性——松村一男

●世界神話事典　世界の神々の誕生　目次

総説

神話学の方法とその歴史

大林　太良

神話の定義

日本語の神話とは、英語のmyth、フランス語のMythe、ドイツ語のMythos, Mythusの訳語であって、ギリシア語のミュートスmûthosにさかのぼる。ギリシア語のミュートスはロゴスlógosとともに言葉を意味しているが、ドイツのギリシア神話研究者ヴァルター＝オットーによれば、ロゴスが「考えられ、意味深く、説得的な」言葉であるのに対して、ミュートスは「生じたことや生ずる定めとなっていることについて」の言葉であり、「事実を報じ、あるいはそれを述べることによって事実となるに違いない言葉であり、権威ある」言葉である。

今日の学術用語としての神話は、ほぼ次のように定義づけることができよう。

神話とは、原古つまり世界のはじめの時代における一回的な出来事を語った物語で、その内容を伝承者は真実であると信じている。したがって神話は聖なる物語である。神話は存在するものを単に説明するばかりでなく、その存在理由を基礎づけるものであり、原古における神話的な出来事は、のちの人間が従い守るべき範型を提出している。また神話には人類の思考の無意識の構造が基礎にある。神話は神話的出来事の反復としての儀礼とともに、それを伝承する民族の世界像の表現である。しかし神話と儀礼は、それぞれ言語と行動という異なった媒体によって展開し、両者の関係は決して一対一の対応という緊密なものではないのが普通である。

神話には、世界・人類・文化などの起源を語る創世神話と、神々と英雄の波瀾に富む生涯を語る神々の神話ないし英雄神話に分けられる。神話は伝説や昔話とは別のジャンルであるが、モチーフや話型においては共通していることも少なくない。これが神話の定義および基本的性格であるが、以下において、もう少し詳しく説明しよう。

なお英語には myth のほかに mythology という言葉があり、ドイツ語やフランス語では Mythologie という形をとっている。これには二つの意味があり、一つは myth が個々の神話を表すのに対して、神話体系を表すのに用いられる。たとえば Greek mythology といえば、全体としての、あるいは体系としてのギリシア神話のことである。mythology のもう一つの意味は、神話学、つまり神話研究のことである。

神話、伝説、昔話

神話とは何であるかは、伝説や昔話と比べてみるとよくわかる。伝説とは英語の legend、フランス語の legende、ドイツ語の Sage、昔話は英語の folk tale、ドイツ語の Märchen、フランス語の conte populaire の訳語で、昔話は民話ということもある。また民話という言葉で昔話と伝説の双方を含む用例もある。ところで学問用語としての神話、伝説、昔話の三者を比較する前に神話、ここでは創世神話の見本を一つ紹介しよう。

ポリネシアのマンガイア島の神話では、かつてルー神は、アヴァイキ、つまりあの世からやって来て、天が低いために地上の人間がみじめな暮らしをしているのに同情し、頑丈な木の棒を使って天を上げようとした。ルーがこの仕事を無器用にやっているのを見た息子のマウイは、父をあざわらった。そこで父子の競争となったが、マウイは父を天穹もろとも、現在の天の高い位置に突き上げてしまった。ルーは星と星とのなかに捕らえられてしまい、天に宙吊りになったままであった。そしてルーの骨はマンガイア島に降って来た。その島の軽石はルーの骨だという。別伝によると、ルーとマウイの父子は協力して天地分離の事業を完成し、ギザギザの天穹を、大きな石の斧を使って苦労して平らにし、すべすべにしたという。

原古における天地分離をこの神話は語っている。ところが、伝説の場合、神話とは違って、創造的ないし形成的な原古の時代に起こった出来事を述べるのではなく、原古と現在との間にある中間の時代に、実在したと信じられる固有名詞をもった特定の人物が、特定の具体的な場所で行った出来事を語り伝える説話である。たとえば、長野県南佐久郡には武田信玄の馬蹄の跡のついた石がいくつかある。信玄が川中島合戦に出陣する途中、休んで馬が片足を踏んだ石だというたぐいである。そこでは出来事が神話的真実としてではなく、歴史的事実として信じられることが期待されている。伝説は原古の出来事を述べているのではないので、神話と比べると、それだけ事物を基礎づける力や、神聖な性格が弱くなっている。また神話が部族や民族の生活全体にとって本質的な事物や制度や現象、たとえば死の起源、天地分離などを基礎づけているのに反し、伝説の場合、より基本的でない事物や制度を説明することに重点が置かれている。たとえば石の上の馬蹄の跡のようなくぼみの説明である。しかし、その代わり信玄が川中島の合戦に行くときのことだというぐあいに、具体的な歴史により近づいている。

昔話の場合、出来事は漠然たる《むかしむかし》に起きたことであり、かつ一回的な出来事というよりも、少なくとも昔話の世界では何回も繰り返し起こりうるような典型的な出来事である。桃太郎の昔話をみても、「むかしむかし、あるところに、おじいさんとおばあさんがおりました」で始まっていて、固有名詞は登場人物にも土地にも必要でなく、時代もはっきりさせる必要はない。また鬼退治も歴史的あるいは神話的な一回的な出来事というよりもむしろ、昔話の世界で何回も起こりうる典型的な出来事である。だから、昔話では、神話的真実とか伝説的史実が信じられることは期待されておらず、主として娯楽的性格が強くなっている。

この三者の性格づけは、いわば理念型なのであって、具体的な例においては必ずしもそうなっていないことがある。日本の昔話には娯楽的とばかり言えないものもあるし、昔話を語るときに、具体的などこそこで起きたことだと地名を挙げて伝説に近寄っている場合もある。また前記のマンガイアの天地分離神話では、マンガイアの軽石が、ルー神の骨だというのは、伝説的な特徴だと言えないこともない。

いずれにしても前述の神話、伝説、昔話の特徴づけは、今日の学界で一般に行われているものであるが、ヨーロッパや日本における用語例とも大体一致している。しかし、日本でも沖縄では、伝説と昔話はイーテシーという語で一括され、また中国の民間故事も伝説と昔話の双方を含んでおり、またアメリカ＝インディアンのところでは、神話、伝説、昔話という三分法ではなくて、たとえばポーニー族では真実の話と虚偽の話という二分法が行われているように、民族・文化によってはこれと一致しない場合も少なくない。しかしアメリカの口承文芸研究者ウィリアム＝バスコムが明らかにしたように、学問的用語としての神話にほぼ相当するような聖なる話は、ほとんどすべての文化において一つのジャンルとして認められている。このことからも、先に述べた神話の概念が、ほぼ世界的に当てはまるものであると言うことができよう。

このような相違はあるものの、しばしば同じモチーフないし話型が、神話、伝説、昔話の三者あるいはそのうちの二者に共通していることがある。一例を挙げると、ある英雄が竜などの怪物を殺し、怪物の犠牲《いけにえ》になるところだった少女を救い、これと結婚する話型は、神話としては、日本の八俣大蛇《やまたのおろち》退治神話、ギリシアのペルセウスがアンドロメダを救って結婚した話などがあり、伝説としてはフィリピンのミンダナオ島のモロ族の英雄カブングスワンが怪鳥を退治し、救った酋長の娘と結婚した話があり、昔話としてはヨーロッパの《二人兄弟型》や《竜退治型》の昔話があるといったぐあいである。また神話のなかでも、新しい王朝を建設し、国家を創設する建国神話は、いわば神話と歴史ないし伝説との境界にあるということができるが、建国伝説といわれるものも、たとえばローマの建国など、神話的な構造を示している。

創世神話

本格的な神話のなかで、ことに重要な地位を占めているのは、いわゆる創世神話である。まさに原古における事物や制度の起源を直接的に物語る神話であるから、事物や秩序を基礎づける力や聖なる性格が顕著に表れている。創世神話と呼ばれるものは、内容的には、世界起源神話・人類起源神話・文化起源神話の三つに分けることができるが、民族によっては、たとえばメラネシアの大部分や東南アジアの農耕民のあるもののように、世界がすでに存在していることを前提として神話が始まっているので、世界起源神話を欠いている場合もあり、他方では、三者が同一の神話中にまとめられている場合もある。

混沌から秩序への展開

いずれにしても創世神話に共通する基本的な観念は混沌から秩序への展開ということである。このことを中国の貴州省に住むスイ族というタイ語系の民族の、家屋の起源神話はよく示している。

大昔、人びとは洞窟に住み、鳥や獣を友達として暮らしていた。ある日、人間は鳥や動物と一緒に食物を探しに出かけたが、急に暴風雨となり、雹《ひょう》が降ってきて、みなけがをして死んでしまった。ただ一人の若者と一匹の竜と一匹の虎が岩の下に難を逃れ、傷を受けなかった。しかし洞窟は水浸しになったので、若者と竜と虎は材料を集め、力を合わせて家屋を造った。しかし、まもなく竜と虎はこの家屋を独り占めしようと思った。虎は大声で吼《ほ》えて脅かしたが、人と竜はしっかり家の隅につかまっていて、逃げ出さなかった。次に竜が雷雨を降らせたが、人と虎は屋内にいてこれを防ぎ、逃げ出さなかった。最後に若者はこの家屋に火をつけた。すると竜と虎は慌てて逃げ出し、虎は山林に、竜は海底に隠れた。若者は急いで火を消し、新たに家を立て直した。これから人類は家屋をもつようになった。

この神話から、われわれはいろいろなことを読み取ることができる。第一に、家屋は人間だけがもっていて、動物はもっていないという認識である。それは、人間が動物と一緒に住むという混沌状態が、家屋を契機として、人間と動物が分離し、世界に秩序がもたらされたことを物語っている。第二に、言い換えれば、この過程は文化の創造であるが、その際、火の使用が決定的な役割を果したという考えが見られる。そのほか、スイ族の考える人類文化史によれば、家屋以前は、洞穴に住んでいたというのも面白い。中国南西部からインドシナ、マレー半島にかけてのカルスト山地には、旧石器時代つまりホアビニアン文化の洞穴遺跡が多いからだ。

また、創世神話のなかを私は世界起源神話・人類起源神話・文化起源神話の三つに分けたが、これはいわば学問上の分類である。個々の文化においてはこれとは違う分類も当然存在する。たとえば、マリノフスキーの報告によると、トロブリアンド諸島民にはリリウという説話の範疇があり、これは学術用語としての神話に相当する概念である。おおざっぱに言って、トロブリアンドの神話は、出来事の三つの層にあたる三つの群に分けることができる。

一　最古の神話。人類の起源。下位氏族、村落の始祖について、この世とあの世との間の永続的関係の設定についての神話である。

これらの神話は、地下から出現した人たちによって地上に人間が住むようになったときの出来事を語っている。人類は地下のどこかに存在していて、出現してきたときは、装飾具をつけ、呪術を唱え、社会区分に属し、一定の法や慣習に従う完全な人間になっていた。

二　文化神話。食人鬼やその征服者についての話。特定の慣習や文化的特徴を確立した人間についての話、ある種の制度の起源についての話である。これらの話は第一群の神話と違って、人間が地上にすでに確立してからのちの時代、すべての社会的な区分がすでに決まった性格を得てからのちの時代の出来事を取り扱っている。この部類に属する神話の主なサイクルとしては、文化英雄トゥダヴァの神話がある。彼は一人の食人鬼を殺し、食べられないように逃げていた人びとが再びボヨワの地に住めるようにしたのである。食人俗の起源や、園耕の起源の話もこの群に入る。

三　普通の人間だけが登場する神話。これら人物は普通の人間ではあるが、異常な呪力を備えている。前の二群と違って、この群では食人鬼も、非人間的登場人物も現れない。また文化の全体的な諸様相、たとえば食人俗とか、園耕の起源ではなく、特定の個別的制度や、特定の形式の呪術の起源が語られている。邪術《ソーサリー》の起源、恋愛呪術の起源、飛翔カヌーの神話、いくつかのクラ交換（貝殻製腕輪とネックレスとの儀礼的交換）の神話がここに入る。

これら三範疇の区分線は厳格なものでなく、多くの神話は、その特徴やエピソードによっては、二つの群、時には三つの群に位置づけることも可能である。しかし、ふつう各神話はおもな主題は一つもつだけで、この主題に注目すれば、どの群に入れるべきかは、ほとんど疑問の余地はない。

このトロブリアンド諸島で最古の神話と呼ばれているものには、人類の起源、下位氏族、村落の始祖についての神話も含まれていた。人類起源神話といっても、多くの民族にとっては自民族の起源がすなわち人類の起源なのであって、他の民族の起源も自民族の起源との関連において語られているのにすぎないのが普通である。

二種類の起源神話

このような問題と関連して、フランスの中国研究家ジャック＝ルモワーヌは民族の起源神話について興味深い考えを提出している。つまり、世界の大部分の社会は起源神話をもっているが、これは詳しく見ると二種類あることがわかる。一つは特定の民族の起源よりも、むしろその社会の根底にある社会制度が何かを問題にしている。第二の種類のほうはこの特定の民族集団の輪郭を描くこと、つまりそのアイデンティティーを問題にしている。中国の例でいうと、洪水神話は第一の種類に入り、氏族の形成とか外婚制の成立が話の結末になっていたり、あるいは特定の王朝の基礎を正当化している。第二の種類に入るのは犬と王女が結婚してヤオ族の祖先になったという槃瓠《ばんこ》神話で、ここで問題になっているのは、ヤオ族という少数民族と漢族という多数派民族との間、あるいは中央政府と辺境部族との間の民族間関係だという。

このルモワーヌの区別は、さまざまな民族が相接し、あるいは入り交じって生活しているような地域では、ことに適切であろう。

ところで、ある民族の神話を理解するためには、その民族、その地域における習俗や信仰について知識をもつことが必要なのは言うまでもない。インドネシアにおいては、人間が動物を嘲笑すると、天変地異のような災害が起こるという信仰が広くみられる。次の神話は動物が動物を嘲笑した結果、動物界の秩序に変動が生じ、嘲笑された動物が人間に従属するようになった次第を語っている。

南ボルネオ（カリマンタン）のオト＝ダヌム族によると、犬はすべての動物と同様に魂をもっている。犬はパッティ＝パラングカイング、つまり動物の王から出自したといわれる。あるとき、彼が動物たちの集会を催し、集まった一同の真ん中に座ったとき、ふつう隠そうとする体の部分が露出してしまった。そこで大笑いになった。この無作法な振る舞いを怒って、パッティ＝パラングカイングは四方八方の動物に襲いかかって噛みつき、追い散らした。しかし、今や彼の支配は終わりを告げ、彼は心中に消し難い憎悪を抱くようになり、これはその子孫に遺伝し、狩猟のときに猟犬とするのに適するようになったのである。

神々の神話

古代文明地帯の神話にしばしば見られる現象は、神話体系のなかで創世神話が占める比重が相対的に低下し、これに代わって神々の起源と系譜を語る神話や、神々や英雄の多彩な生涯や活躍を描く神話が重要となってくる。日本神話もギリシア神話もその例である。したがって、古代文明地帯の神話が一般によく知られているので、神話とはすなわち《神々の神話》のことだという偏見がかなり広く行われているが、神々の神話や英雄神話は、神話のうちでも特殊な一つのジャンルにすぎないのである。宗教学者エリアーデによれば、

《神々の神話》は、もう神々が何を創造したかよりも、神々に何が起こったかに強調点が移り、エリートたちが聖なる歴史に興味を失っていき、「神話をもはや信じないが、それでもまだ神々を信ずると主張する点にまで到達した」段階の産物である。ここまでくれば、英雄叙事詩の発生まで、あと一歩である。神々の神話の詳細については、英雄神話の章を参照されたい。ただここで付け加えておきたいことは、日本のスサノオ、ギリシアのヘラクレスといったような典型的な神々の神話ないし英雄神話が高文化地帯で発達している一方、その周辺地域では、人類あるいは民族に文化・制度をもたらした文化英雄の神話がしばしば開花したことである。

北西ブラジルのリオ＝カイアリ河沿いに住むタリアナ族の文化英雄は処女から生まれたという。彼女はウアク樹の実を食べたところ妊娠し、男の子を産んだ。ところがある夜、彼女が寝ている間に、息子は姿を消した。母は子を探してウアクの木のところに来ると、子供の泣き声が聞こえたが、姿は見えなかった。母はウアクの木のところで眠って夜を過ごしたが、翌朝、自分の乳房のなかが空になっているのに気づいた。こうして母は子に会わずに毎夜、子に乳を飲まれるのが一年間続いた。すると子供はもう乳を飲みに来なくなった。時がたち、ある日、この子は成人男子として帰ってきた。人びとは彼にイシという名をつけ、酋長にしようとした。しかしイシは、弦月山の上にあるナナシーという石を取って来てからだ、と言って出かけた。この山の上には月が座っていて、イシに石を与え、人びとを治めるしかたを教えた。イシは帰ってから、長者や呪術師たちを集めて月が語ったことをすべて話したが、これを口外するなと命じた。しかし、女たちは色じかけで、この秘密を長者から聞き出した。イシは秘密をもらした男女を罰した。また、自分の母も盗み聞きして死んだので泣いた。それからイシは酋長の地位についたことを祝って踊り、それから天に昇っていった。

神話研究の歴史

十九世紀まで

神話研究はすでにギリシアに始まり、神話の本質を寓意とみる説や、歴史的な出来事にもとづいているとみるエウヘメリズムが唱えられ、さらに神話が伝播することも認められていた。十八世紀のヴィコやヘルダーを経て、十九世紀前半のクロイツァーやオットフリート＝ミューラーなどの先駆者の業績が現れたのち、十九世紀後半にはインド＝ヨーロッパ比較言語学の発展を背景として、インド＝ヨーロッパ語族の比較神話研究が勃興した。それがドイツのアダルベルト＝クーンやイギリスのマックス＝ミューラーによって代表される自然神話学派であって、神話学は学界にその地位を確立したばかりでなく広く一般知識人に影響を与えるにいたった。この自然神話学派は神話の解釈にあたってももっぱら言語学的な証拠に頼り、かつすべての神話を嵐（クーン説）とか太陽（ミューラー説）のような特定の自然現象が神話の主題であるとみる点に大きな限界があった。

十九世紀後半には、この自然神話学派への批判として人類学派が台頭してきた。その代表者のイギリスのアンドルー＝ラングは、当時の文化進化論にもとづいて神話が未開民族にみられるような野蛮な習俗をもととして発生したこと、またギリシア神話などのインド

＝ヨーロッパ語族の神話に現れたモチーフや話型が、同語族ばかりでなく、広く世界的に分布していることを明らかにした。このラングらの所説は今からみると幼稚な感じを与えるものが多いが、全世界の神話を広く比較研究すること、ことに未開社会の神話のもつ重要性への着目は、二十世紀に入ってからの神話研究発展への道を切り開いたものであった。

歴史民族学

二十世紀に入ってからの神話研究としては、いくつかの潮流や動向が見られる。一つには、おもにドイツの民族学者による全世界にわたる神話の歴史民族学的研究である。レオ＝フロベニウスなどの先駆的業績があり、第二次大戦前までの時期にも、材料の集成、分布圏の確定、文化史的位置づけにおいては大きな寄与があったが、自然神話主義的な解釈が、この学派ではかなり後までみられたため、意味の解釈はあまり成功していなかった。

このような袋小路から歴史民族学が抜け出すのに、ことに大きな役割を果たしたのは、フロベニウスの先駆的な研究を発展させて、アードルフ＝イェンゼンが行った初期栽培民文化における世界像の研究であった。原古の終末期に神的存在（デマ神）が殺害され、その死体から作物が発生し、これによって農耕が開始され、またそれによって現在の存在秩序や死も導入されたという、いわゆるハイヌヴェレ型神話は、芋類栽培にもとづく初期栽培民文化の世界像の中心的な神話である。イェンゼンは、神話と儀礼の双方に留意して、首尾一貫した体をもつ一つの世界像を描き出すことに努力し、この世界像の一部としてはじめて、個々の神話や儀礼の意味が正しく解釈できることを主張したのであった。

たのに対し、初期高文化の世界像を描き出そうとしたのはヘルマン＝バウマンである。それは宇宙的な色彩を顕著にもっており、宇宙卵神話、天父地母神話、世界巨人死体化生《けしょう》神話、半陰陽（両性具有）の神などがその特徴である。このバウマンの試みは、歴史民族学における一つの新しい動きを示していた。というのは、今まで民族学者が世界の神話を歴史的なパースペクティヴにおいて取り扱う場合、未開文化の側から文明民族の神話を見、そのなかに未開な段階からの残存をみる傾向が強かったのに対し、高文化の側から未開文化への放射ないしは影響を重要視する立場をバウマンがとったからである。高文化が未開文化に及ぼした影響の大きさが、だんだんと明らかになるにつけ、この立場の重要性が認められるであろう。

このような歴史民族学者の神話研究における功績は大きい。いくつかの神話的世界像を描き出し人類文化史上の位置づけを試みながらである。ただ、イェンゼンやバウマンの試みは全世界を対象とした先駆者的な試みであるだけに、目の粗いこともあるし、またイェンゼンが初期栽培民文化の指標として取り上げた死体化生型の作物起源神話は、バウマンによれば古代文明地帯の世界巨人死体化生神話（中国の盤古神話など）という解釈をしており、重要な見解の相違が残っているのである。

機能主義

第二の動向は神話の機能主義的な解釈である。イギリスの人類学者ブロニスラフ＝マリノフスキーは、メラネシアのトロブリアンド諸島の調査を通じて、一九二六年に、神話は社会制度に正当性の根拠を与える憲章《チャーター》としての性格があることを指摘した。たとえばラバイ村の近くのオブクラ洞穴から四氏族の祖先が出現したが、その出現当時の彼らの行動によって四氏族の相対的な地位が決定されたのである。

神話の機能についての、もう一つの説を挙げよう。アメリカの人類学者クライド＝クラックホーンは、北米南西部のナバホ族の事例にもとづいて、次のように論じている。文化は超自然的な危険がどんなものかを規定するばかりでなく、これらの危険に対抗したり、その影響を軽減する方策も規定する。神話と儀礼は一緒になって、超自然的な危険、不健康の脅威、物理的な環境の脅威、反社会的な緊張、より強力な社会による圧迫に対して、組織的な防御策を与えてくれる。成文法もなければ権威ある酋長や他の父親代わりのものもいないのに、ナバホ族がこれらの社会を解体させるような脅威のすべてに対して、社会的に支持され、一致した反応をすることのできるのは、ただ神話・儀礼体系を通じてのみなのである。

機能的な視角は、その後しばしば神話分析に適用されて成果をあげてきたが、「神話と社会」の章で述べるように問題もある。

構造主義

第三の動きは、第二次大戦後フランスの民族学者レヴィ＝ストロースが提出した構造主義的な神話分析である。一つの神話の構成要素となっている個々の孤立した要素に意味があるのではなくて、これら諸要素が統合されているしかた、つまり語り手自身も意識していないような構造が大事であることを論じた。レヴィ＝ストロースが、南北両米の膨大な数の神話を分析したのも、精神の基本構造によって生み出される無意識な規則を明らかにするためであった。

レヴィ＝ストロースの研究は、学界に大きな影響を及ぼしている。たとえば、従来の研究者は比較研究においては内容的にも類似したものに目を向けていたが、レヴィ＝ストロースは一見相違していても一方が他方の変換形という関係にあるものを重視し、分析の新しい道を開いたこともその一つである。

しかし、レヴィ＝ストロースの神話観においても問題の点がある。たとえば、神話の機能は現実には不均衡が存在し、矛盾があるが、思考の領域において均衡状態を回復し、矛盾を止揚するのだという説を彼は提出している。これが当てはまる場合もあるが、神話の機能のすべてか否かという問題は残るのである。

心理学

これら民族学者たちの研究が、二十世紀の神話研究の発展に決定的な重要性をもつことは言うまでもないが、それ以外の学問分野からの貢献も大きいものがある。フロイトの精神分析学は、フロイト自身の神話研究、たとえば『トーテムとタブー』は学界に受け入れられなかったが、彼の提唱した《無意識》の重要性は大きな影響を及ぼした。レヴィ＝ストロースの無意識の構造の概念にしてもその一つの表れと見ることができるが、スイスの深層心理学者ユングは、フロイトの影響を受けつつも独自の道を歩み、ことに《元型》の概念の提出によって大きな問題提起を行った。彼は多くの夢を分析して、そこにたとえばギリシアのデーメーテールやコレーの神話にしばしば現れるような、影、子供、優越した人物としての母、それに対する反対のものとしての少女などが、かなり規則的にみられることをあげ、これら《無意識の産物》を《元型》と呼んだ。

ユングが元型としてあげたものが、はたして汎人類的なものか、それともヨーロッパの文化的伝統によって制約されたものかどうか、疑問は残るが、神話の分析に新しい道を示したのは大きな功績である。

その他

これらとは別の動きとしては、フランスのインド＝ヨーロッパ神話研究者ジョルジュ＝デュメジルの研究がある。彼はインド＝ヨーロッパ語族に属する諸民族の神話を比較し、主権、戦士、生産者ないし豊穣という三機能の体系がこの語族の分裂前にさかのぼるイデオロギーであることを明らかにした。これは構造的な物の見方であるが、レヴィ＝ストロースのように全人類共通の神話的思考を問題にしているのではなく、特定の語族に共通し、かつ特徴的な、ある程度具体性をもった構造の追求である。

かつてフランスの民族学者・社会学者のロジェ＝バスチードが指摘したように、今世紀における神話研究の動向は、天から地へ、また外から内へであった。つまり、太陽や月のような天体の運行を神話のおもな原型とみる立場から、地上の人間により重要な原型を認める立場がだんだん強くなってきて、他方、神話を自然現象の表現とみる立場から、歴史・地理・社会学、さらに心理学や生理学のように内部からみる立場が強まってきたことである。このことはもちろん神話がまったく天体とは関係がないとか、あるいは自然現象の表現ではない、という意味ではない。洪水神話だろうが英雄神話だろうが、何でも月の満ち欠けで説明するようなことはもうできないということである。

これらのさまざまな立場は、神話の研究にとっていずれも必要なものである。時代により、学派により、特定の立場が強調され、他の立場が批判されるが、これらさまざまな立場は、基本的には互いに排除し合う関係ではなく、補い合う関係にあると言ってよい。

日本における神話研究

日本における近代的な神話研究は、一八九九年（明治三二）における高山樗牛、姉崎正治、高木敏雄らの日本神論争に始まる。この時期には自然神話学派や人類学派の影響が著しかった。大正に入ってから一九五〇年代までつづく松村武雄の神話学の研究が始まった。一九二〇年代から、民族学的な神話研究が盛んになり、松本信広・岡正雄・三品彰英・沼沢喜市などがその代表者である。一九六〇年代から第二次大戦後研究を開始した世代が研究の中心となった。そこには従来の日本神話をめぐる研究以外にも、海外の神話の本格的研究が始まり、また研究の立場も多様化している。イェンゼンなどの歴史民族学、デュメジルの印欧神話研究、ユングの深層心理学、レヴィ＝ストロースの構造分析など、要するに近年の海外の神話研究の主な動向のほとんどすべてが、なんらかの影響を日本の学者に与えている。それと並んで、神話の例から昔話を見ようとする新しい動きも始まっている。

神話と儀礼

神話と儀礼との関係について、近年の学者のほぼ一致した見解をまとめてみると、

（一）　神話と儀礼とはまったく無関係なわけではない。しかし両者の間には、なんら単

純かつ普遍的な関係は見いだされない。両者のかかわり方は、ケース＝バイ＝ケースで異なっている。

（二）神話とそれに対応する儀礼がある場合でも、両者の間には、具体的な、細部にわたる一致を示すものはない。

（三）儀礼から神話が生まれたことが証明される具体例は、おそらくほとんどないであろう。北米インディアンの幽霊踊りのように、宗教と神話の生成が歴史的に跡づけられる場合においては、まず神話がどこでも最初にあって、後になって神話を補強する形で儀礼が発達する。

（四）従来儀礼主義者たちがよりどころにしてきた、神話と儀礼についてのフレイザーやハリソンなどの古典的な具体的学説の多くが、改めて検討してみると、支持できないものであることが明らかになってきた。

（五）神話形式によって、またその神話が帰属している文化複合によって、神話と儀礼との関係はさまざまでありうる。イェンゼンが論じた、殺された神の死体からの作物発生神話を指標とする初期栽培民文化においては、神話と儀礼の関係は密接なように思われる。

ところで、神話と儀礼との間の関係として、多くの学者が指摘しているのは、神話においで語られた原古における出来事を、儀礼が行為において反復するのだという関係である。このような関係をいくつもの例によって見ることにしよう。

シベリアのシャーマン起源神話

まずアムール地方のナーナイ（ゴルディ）族のシャーマンの起源神話を見よう。

むかし、太陽が三個出現して多くの人が焼け死んでしまった。生き残ったのは最初の人間夫婦であったが、二人は死体の処理について話し合い、二人とも年寄りなので、死体を全部葬れるかどうか心配して床についた。その夜、老人は夢の中で、百人の人がかかっても、抱えきれないほどの大木を見た。この木の樹皮は蛆虫《うじむし》で、根は巨大なヘビだった。葉は丸い金属製の鏡で、花は鈴だった。その梢には無数の金属製の角があった。

目ざめると老人はこの夢を妻には内緒にしておいて、この木を探しに行き、弓矢で、角や鏡や鈴を射落として家に持ち帰り、寝台の下に隠して寝た。するとその夜に、老人の夢枕にひげの生えた白っぽい老人が現れ、家の煙出しの穴をあけるように命じた。そうすれば、角・鏡・鈴は一組みずつ老人のところに残り、あとは穴から出て行ってあらゆる方角に飛んで行って、大シャーマンになるのにふさわしい者たちを見つけるだろうと言うのだった。これ以来、死者を葬ることが可能になり、シャーマンが全世界に広がった。

つまり、ナーナイ族の神話においては、鏡などがついた木は原古の世界樹だったのであり、この鏡などが最初のシャーマンの道具となったのである。そしてあの原古の世界樹に鏡・鈴・角がついていたのと同様に、後世のシャーマンは鏡・鈴・角を身につけて巫術《ふじゅつ》を行う。いわばシャーマンは原古の世界樹に扮装するのだ。原古においては世界樹が超自然界と人間との間を仲介してシャーマニズムが導入されたが、後世においてはシャーマンが超自然界との間の正常な関係を設定する仲介者として働くのである。

東南アジアの水掛け祭り

もう一つ例を挙げよう。インドシナの南方上座部仏教（いわゆる小乗仏教）の国々や、その北の中国雲南省の西双版納のタイ族のところでも、毎年太陽暦の四月中旬にいわゆる水掛け祭りを行う。これはこの地域の元来の新年の祭りである。これについての起源神話も、多少の相違はあるが、これらの地域に広く伝えられている。カンボジアでは次のように語られている。

むかしカベル＝モハ＝プローム（大婆羅門プローム、実はヴィシュヌ神）が大賢者トモバル（法の守護者）に三つの謎を出したことがあった。もしもトモバルが答えられない場合は、その首が斬られてしまうが、もしうまく答えられた場合には、カベルの首が斬られてしまう約束だった。トモバルは、約束の期日よりも前に、鷲《わし》の夫婦がこの謎を論議しているのを偶然耳にし、おかげで解答することができた。そこでカベルが斬首されねばならぬことになった。

しかし、カベルの首はもし地面に触れると大地を焼き尽くし、天に投げ上げられると、雨が降るのをいつまでも邪魔するだろう。大洋に投げ込まれると、最後の一滴までも干上がらせてしまうだろう。そこでカベルは彼の七人の娘を呼んで、こういうことにならないよう気をつけるように、また頭を大盆の上に載せるように命じた。命じ終わると彼は自ら首を斬り、首を長女のトゥングサに渡した。それ以来、七人の娘が順番に一人ずつ、父の首を黄金の盆に載せて、丸一日かかって須弥《しゅみ》山《せん》のまわりをぐるりと運ぶのである。

カンボジアでは、新年は太陽暦の四月十二日か十三日にあたり、十三日の場合のほうが多い。新年の第一日は、サンクランと呼ばれる（タイ国ではソンクランという）、進行を意味するサンスクリットに由来している。この日に太陽が黄道十二宮の新たな一つに入るからである。

このサンクラン祭も神話で語られた原古の出来事の儀礼的反復という性格をもっている。カベル神の娘が父の頭を盆に載せて須弥山のまわりをめぐるように、サンクラン祭のときには、人びとは須弥山をかたどった砂の山のまわりをめぐる。カベル神の神話は、原古における宇宙の秩序の設定を物語っている。それを記念してサンクラン祭が祝われ、これによって宇宙の秩序も毎年更新される。新年の深い意味は、まさに宇宙の秩序が更新されることにあるのだ。

タイの民俗学者アヌマン＝ラーチャトンは、カベルの頭は太陽を表し、この神話は太陽神話だと考えた。たしかにそのような側面があるとみてよいだろう。それならばサンクランの日に仏像や神像に水を注ぎ、人びとが水をかけ合うのはなぜであろうか？　私（大林）の解釈では、単に浄めとか、雨乞いという言葉からでなく、火と熱の塊である太陽は、その対立物である水と接することによってその生命を更新し、運行が継続されることになるのである。

神話と社会

神話と社会との関係については、先にマリノフスキーやクラックホーンの説を紹介したが、そのほかにもいろいろな問題がある。たとえば、神話のなかにみられる人間関係や親族関係が、現実のものと、いったいどれだけ対応しているか、という問題がある。

人類起源神話

たとえば、人類の起源の神話にしばしば見られる特徴は、最初の夫婦が兄妹（あるいは姉弟）であったことである。ときには親子の場合もある。アメリカの人類学者サリー＝ムーアが世界各地からの四四事例にもとづく統計的研究によると、兄妹（姉弟）婚は、父系出自、母系出自、双系出自のどれとも結びつくが、親子婚は父系出自や、選系出自をもつ社会に多い。また双系出自や母系出自の社会では親子婚は少なく、ほとんどが兄妹（姉弟）婚である。これは事例も少なく、あまり過大に評価はできないが、大変示唆に富んでいるといってよい。

しかし、もっと批判的な立場もある。たとえばイギリスの人類学者レイモンド＝ファースがポリネシアの飛び地である小島ティコピアで行った研究によると、社会構造のうえで強固に確立した諸側面は、必ずしも神話に反映しているとも限らないし、また神話によって正当化される必要もない。神話は社会構造自体の反映というよりもむしろ、社会構造内部にあるさまざまな組織からくる圧力を反映しているのだという。

たしかに、神話に現れた社会生活、あるいは社会組織の特徴は、もちろん現実の生活や組織の反映であることが多い。しかし、それと同時に現実とは違っていることも少なくない。たとえば北米南西部のズニ族は、現実においては完全に一夫一婦制をとっている。そのくせ神話においては、一夫多妻が繰り返し出てくる。ルス＝ベネディクトによれば、これがズニ族において以前には一夫多妻婚が普通だったことの反映と見ることもできないという。第一に、ズニ族ばかりでなく、ズニ族もその一部であるプエブロ諸族の文化はすべて一夫多妻婚に対するタブーがあり、しかもプエブロ文化は極度に古くかつ安定しているからである。第二に、かつてプエブロに一夫多妻婚があったとしても、北アメリカの一夫多妻婚が認められている他の文化の神話よりもなぜズニ族の神話において、一夫多妻婚が盛んなのかの説明が必要である。ベネディクトは、ズニ族の神話における一夫多妻婚の盛行は、かつての状態の反映でなく、神話的な誇張と、かくありたいという白昼夢の産物であると論じている。

次に一つ具体的な神話を取り上げてみよう。中部ベトナムの山地民スレ族は世界創造の過程を鍛冶の作業としてとらえている。つまり、世界は七層をなしているが、天が三層、地下が三層で、その中間に大地がある。すべてはヌドゥ神によって天で創造され、それから地下に移され、そこでブング神がさらに創造行為を行った。この創造行為は鍛冶の仕事であると考えられている。ブングは地下界から、植物、動物、人間と火を、ヌカニーというところの近くの穴から地上に持って行った。それから巨人ニュートが天を高く上げた。それ以来、上界と下界との間の交通はなくなった。この例においては、世界の創造作業は何段階にも分かれており、それぞれ別の担当者が活躍している。

ところで、創造活動を語る神話においては、創造活動を行う神の性別が重要である。旧約聖書の、つまりユダヤ＝キリスト教の創造神は男性神である。また創造活動を鍛冶作業としてとらえているスレ族の場合、鍛冶の仕事はもっぱら男の仕事である。ということは、世界や人類の創造は、男性の創造活動によっているのだという考えである。この創造神の性別は、必ずしも親族組織と密接な関係をもっているわけではない。古代ユダヤ人は父系制社会だったから、創造神が男神というのもうまく合っているが、スレ族は母系制社会なのにもかかわらず、創造活動したのは男神たちだったのである。

現実の逆転としての側面

また、神話が現在はこうだが、過去にこうだったと過去の社会組織を語る場合、往々にしてそれは史実ではなくて、現実を逆転させたものにすぎないことがある。そして、神話の世界では、過去の制度から現行の制度への移行は、劇的な逆転だったことになっている。

東アフリカのキクユ族は現在は父系制社会だが、もとは母系制で女家長制の社会だったという。そのころ女は多夫制を実行し、性的な嫉妬から、姦通などをした大勢の男を殺した。女たちのこのような行動に男たちは憤激し、女たちに反抗することを企てた。しかし当時は女のほうが男よりも肉体的にも強く、すぐれた戦士だったので、反抗を成功させるのにもっともよい時期は、女の大多数、ことに指導者たちが妊娠しているときだと決まった。

男たちはただちに秘密の会合を開いて、この計画実行に適した日を選んだ。反乱の第一段階の実行日と定められた日に、男たちは行動を始めた。つまり、女たちに自分たちと性交するように誘ったのである。男の陰謀に気づかなかったので、女たちは男たちの誘いに盲目的に従った。月が六回欠けたのち、男たちはいくつかの集団を作って反乱を行った。妊娠中なので女たちは大した抵抗もなしに指導権を男に奪われた。男たちは女に代わってそれぞれの家族の長となり、多夫制を廃止し、多妻制を採用した。しかし、氏族の名前を廃そうとしたところ、女たちの反対が強いので、もとのままにした。今でもキクユ族の九つの大氏族はキクユの氏族制度を創始した九人の娘の名をとったものなのである。

同様な例は南米最南端のティエラ＝デル＝フエゴ島のセルクナム族がクロケテン男子結社の起源について次のように語っている神話である。昔、太陽と月、星と風、山と川が、その他の事物や動物の多くと同様に、地上で今日のわれわれのような生活を送っていたころ、女性がすべての権力と、男性に対するあらゆる命令権を握っていた。男たちは家にとどまって女性の指令に従って家事を行わねばならず、女たちの会議や決定に加わることはできなかった。何人かの狡い女が、男を永久に従属させるために相談したが、そのなかで太陽男の妻の月女が、その力でずば抜けていた。彼女の発案で、どの女も、それぞれ独自のしかたで体に色を塗り、先の尖った樹皮製の仮面を頭からすっぽりかぶって、顔を完全に隠し、だれだかわからないようにして、集会所から出てきた。そして男たちに、自分たちは天から降ってきたのだとか、地中から出てきたのだと信じさせた。このような姿をして、女たちは命令をきかない男たちを厳しく罰したのであった。

あるとき、すべての女たちが広場に集まり、集会所で仮面仮装しクロケテンを演じた。男たちは家にとどまり、子供の世話や家事をしなくてはならなかった。おまけに、《精霊たち》(実は仮装した女たち）が肉を要求するので、いつもよりも精出して狩りをしなくてはならなかった。ある日のこと、太陽男は、射止めたグァナコを肩に狩りから帰ってきた。荷が重いので、とある灌木の後ろでひと休みした。そこから二人の少女が水浴びしながら、楽しげにおしゃべりしているのが見えた。見つからないように、そっと忍び寄った彼は、二人の話に聞き耳を立てた。すると、二人は女たちの悪だくみと、それを男たちがやすやすと信じているのを、面白がって話しているではないか。稲妻がひらめいたように、一瞬にして彼は女たちの奸計を見抜いた。あの精霊たちは、実は仮装した女たちなのだ。

彼は、女たちに欺されてきたことを、男たち一人一人に知らせたが、これは完全に秘密に知らせたのであった。各人は自分で調べてみて、欺瞞を確信するようになると、恐ろしい復讐を行う決心をした。棍棒を手にして、男たちは集まり、集会所に近づき、女たちを殴り倒した。ただ月女だけは、天穹が壊れてしまうことを心配して殺すことができなかった。しかし、月は何回かひどく殴られて顔に傷を負った。これが今日も見られる月面の影である。月は天に逃れ、夫の太陽がこれを追ったが、追いつけなかった。男たちは集会所で女たちを皆殺しにしたのち、野営地に戻って、家に残っていた少女たちをすべて殴り殺した。ただ、まだ二年目に達していない幼い娘だけには害を加えなかった。この殺戮から大急ぎで逃げるのに成功した女たちは、みな動物に変身した。その体には女だったときにつけた塗り色があるので、男たちには、それがだれだかわかるのである。

このあと、男たちは集まって会議を開いた。これ以来、男たちはかつての女たちがしたように仮面仮装して精霊の役を演じ、これを女たちには固く秘密にするようになったのである。

神話の歴史

神話の分布と伝播

神話の歴史を考察する一つの行き方は、「神話研究の歴史」の章で紹介したイェンゼンやバウマンが行ったような、特定の形式の神話の分布状態から、それがいかなる文化に属し、人類文化史上いかなる時代に発祥したかを考えるやり方である。

また、特定の神話形式の起源地ないし中心と、伝播について、より具体的に考えてみる研究もある。このような神話の歴史民族学的研究の好例は、岡正雄の「太陽を射る話」に見られる。岡は、原古に太陽がいくつも空に現れ、人びとが難儀し、ある英雄が一つを残して他を射落としたという神話の例を集成し、いくつかの類型を設定したのち、次のように論じた。

射陽説話の分布は、大体インドネシア諸族、タイ・シナ語族、テュルク＝モンゴル族、日本、北米西部インディアンに限られている。（一）メラネシア、ミクロネシア、ポリネシアに及んでいないこと、北方では（二）テュルク＝モンゴル族およびツングース族に限られ、パレオ＝アジア諸族に見いだされないこと、（三）いわゆるウラル＝アルタイ語族のうち、フィノ＝ウグリア語族中に類話が報告されていないことは注目される。（一）については、オーストロネジア語族中、この類話が主としてインドネシア語派にだけ存在することは、この分布が比較的新しいものであって、中国から受け入れたものであることを暗示している。（二）については、この分布がパレオ＝アジア諸族に及んでいないことは、これまた比較的新しく、やはり中国との接触によって受け入れたものらしい。（三）については、この輸入が、テュルク＝モンゴル族とフィノ＝ウグリア語族との分離以後に行われたらしく思わせる。これらをみると、この話が東アジアにおいては中国から伝播していることは想像に難くないとする。

また岡は、太陽の熱さの原因を三種に分けて、そのうち(三)として天、したがって太陽が地に接近していることを理由に挙げる類型が、スラヴェシ、ボルネオ、ニコバルに分布していることから、華南を中心として大陸に沿った南海諸島に分布する天地分離神話との混合形と考える。またテュルク＝モンゴル族では天体が怪鳥に代えられているのは中国古代の類型と共通することを指摘している。

この岡の研究の結果は、基本的には今日でも賛成できるものである。彼の方法は、まず資料を集成し、分布状態を明らかにし、それと語族の分布との重なり合いぐあいに注目し、それから伝播の時代、方向についての推論を引き出すのである。そして類型の分類も、これを助けているのである。

神話自体の変化

ところで、神話の歴史を考えるもう一つの立場は、特定の神話自体の変化を考える行き方である。たとえば、聖書のアダムとエバの神話も伝播し、口承化する過程でさまざまな異伝を生んでいる。

アルメニアのピン＝ゲール＝ダグ(千の男の山)の上にアダムとエバは子供のような無邪気な状態で暮らしていた。当然まだ無害だった動物たちと一緒だった。二人がこの山から追放された後は、一人の天使がこの楽園への入り口の番をしていた。カインの子孫の一人がこの聖なる山に登り、番人がかわいがっている白鳥を殺した。神が白鳥を生き返らせると、乱暴なカインの息子は、白鳥をまた射殺した。そこで神は、かぐわしい装飾をつけたこの美しい楽園を、人間が近づけない別の地域に移してしまった。湖も涸れ、この湖から流れ出る四つの河も涸れてしまった。人間の乞いに応じて、聖なる鳥の血が流された箇所に、泉が湧き出、千もの湖ができ、その水がまた四つの大河に流れるようになった。

　一般に局地的な伝承が、より大きな人間集団にとっても意味のある伝承になって行く過程は、聖書学者ゲルハルト＝フォン＝ラートが論じたように、抽象化、社会的な中央集中化、口承伝承の文字使用化という形をとって進行する。日本神話においても、コノハナノサクヤヒメ型の死の起源神話が中央の神話に採用されるにあたっても、ほぼこのような過程がみられる。第一に、この神話はおそらく南九州の地方神話だったと思われるが、中央の神話体系中に統合されるについては、地方から中央へという基盤ないし視点の移動がある。第二に、南九州の地方神話の段階においては、おそらくインドネシアの類話と同様な、楽園喪失神話の一環であったろう。ところが中央の王権神話の一部になったため、楽園喪失の基調が全体的に薄められ、死の起源も、寿命短縮の起源というように調子を落としている。第三に、この神話は元来、南九州の住民ないし、それを中心においた人類の死の起源であった。ところが、中央の住民、ことに天皇家の寿命の短くなったことに変化している。

　神話の変化の要因として異質の文化的伝統との接触のもつ重要性は大きい。そしてそれは、単に内容ばかりでなく、意味も変えることもある。たとえば、神話の変化の要因として世界的にしばしば見られるのは、キリスト教倫理の影響である。北米のイロコイ族のところでは、原初の兄弟二人の争いが昔から重要な神話の主題になっている。一八二五年にトゥスカロラ群の酋長クシックが語った形式では、原初にエニゴリオとエニゴハヘトゲアという二人の兄弟がいた。良い心と悪い心という意味である。エニゴリオは世界を歩き廻って、ゆるやかな河の流れ、豊穣な野原、豊かな果実を造ったが、エニゴハヘトゲアは、意地悪く彼のあとをついて廻り、急流や荊《いばら》や荒れ地を造った。しまいに良い心（兄）は怒って弟に立ち向かい、弟をつぶして地中に押し込めた。弟は地中深く見えなくなったが、死なながった。彼は地下の暗黒の世界に今なお生きていて、死者の魂を受け入れ、またすべての邪悪を創り出しているのだ。

ところが、一六三六年にヒューロン群に宣教に来たブレブーフ神父が記録した同じ神話を見ると、全体の様子が違っていて、善と悪という道徳的二元論は姿を消し、良い心と悪い心という名前も現れないのである。その代わり、イオスケハ、つまり白い人と、弟のタウィスカラ、黒い人という名前で出てくる。

すでに十九世紀末にダニエル＝ブリントンが指摘したように、二世紀の間に、キリスト教の影響が、この神話の本来の意図に違った意味を与えたのであった。

共通テーマにみる神話

世界の起源

松村　一男

主要なタイプ

世界の起源の神話は、いくつかのタイプに分けることができる。それは、人間が世界の起源を考えるにあたって類推の手がかりにするのが身近な現象であり、その数がある程度限定されていることによる。分類の方法はいくつか提唱されており、それぞれ利点がある。ここではそれらを参考にして、六つのタイプに分類しておく。（1）創造神の意志による創造（あるいは無からの創造）、（2）原人（世界巨人）の死体からの創造（死体化生）、（3）宇宙卵からの創造、（4）世界両親による創造、（5）進化型、（6）海の底から持ち帰った泥による創造、潜水（earth-diver）型とも呼ばれる。

（1）は、意志の力によって何かを生じさせることができるという考え方に立つ。世界の存在以前に存在するその意志の所有者は、創造神としか名づけられない。（2）は、新しいものは古いものの死によって生み出されるという生と死の弁証法を直観的に把握し考え出されたのだろう。また、人体の諸部分と宇宙の構成要素、ミクロコスモスとマクロコスモスが対応しているという認識が基礎にある。

原人の体から宇宙が造られるという考えの逆は、人間が大地・水・植物・光・風などの自然のさまざまな要素から造られたとする考え方である。（3）は、卵から生命が生まれることからの類推、（4）は、両親から子供が生まれることからの類推である。（5）は、自然とつぎつぎに世界の要素が整っていく型。洪水の水が引いた後から草木や生物が自然に出現するかのように見えることからの類推であろうか。（6）は、水の底には土があるという知識と、子供のころに水たまりの土からさまざまなものを作り出して遊んだ記憶の両者から編み出された考え方かもしれない。もちろん、世界創造の神話はこの六種類のみではないし、いくつかのタイプが複合している場合もある。

東アジア

日本

世界両親というべき兄神イザナギと妹神イザナミは天《あめ》の浮橋に立って、天《あめ》の沼矛《ぬぼこ》をさし降ろして海水を掻き回してから引き上げた。すると矛の先から滴る海水が積もって島となった。オノゴロ島である。二人はこの島に降りて天の御柱を立て、八尋殿《やひろどの》という御殿を立てた。イザナミは体にでき足りないところがあり、イザナギは体にでき過ぎたところがあったので、一方で他方を埋めて国生みをすることにした。はじめのときはイザナミのほうから相手をほめたが、その結果、不完全な子供のヒルコが生まれたので、次のときはイザナギが先に言葉をかけた。今度はうまくいき、淡路島・四国・隠岐・九州・壱岐・対馬・佐渡ガ島・本州の大八島がつぎつぎと生まれた。

朝鮮半島

済州島の神話によれば、原初には天地は混沌としていた。空と大地の区切りもなかった。やがて開闢《かいびゃく》の気配が現れ、空の一角が子《ね》の方角に、大地の一角が丑《うし》の方角に開いて、空と大地の区切りが生じた。この天地の区切りが広がり始めると、大地には山が盛り上がり、水も流れるようになってきた。このとき、空から青い露が降り、大地から黒い露が吹き出して入り交じり、陰陽相通じて万物が生まれ始めた。まず星が生まれ、数多くの星が空に広がり、定着した。しかし、暗黒はまだ続いていた。東では青い雲が、西では白い雲が、南では赤い雲が、北では黒い雲が、そして中央では黄色い雲だけが行き交じっていたが、天皇鶏が首をもたげ、地皇鶏が翼を広げ、人皇鶏が尾を振って、大きな声で鳴くと、東の方から闇が明け始めた。このとき、天上の玉皇上帝天地王が太陽を二つ、月を二つ出すと、天地は開闢を迎えた（主として進化型）。

中国

盤古の死体化生・漢族

『述異記』や『五運歴年紀』によれば、原初には何物も存在しておらず、気が濛々として満ちているだけであった。そのなかにものの生ずる萌芽が始まり、やがて天と地が現れた。天と地は陰陽に感じて盤古という巨人を生んだ。盤古が死ぬと、その死体がさまざまなものに化して、天地の間に万物が具わるようになった。盤古の息は風雲になり、声は雷になり、左の眼は太陽になり、右の眼は月になり、手足と体は山々になり、血潮は川になり、肉は土になり、髪の毛や髭は星になり、体毛は草や木になり、歯や骨は金属や石になり、汗は雨になった。

天地の分離・漢族

『三五歴紀』によれば、原初には天地は混じり合っていて、鶏卵のようにふわふわとしていた。その中に盤古が生まれてくると、はじめて天と地が分かれ始め、清いものは天空となり、濁っているものは大地となった。天も地も、そして両者の間に生まれた盤古もだんだんと成長していった。天は一日に一丈ずつ高さを増し、地も一丈ずつ厚さを加えた。盤古も一日に九度姿を変えながら、一丈ずつ背が伸びていった。一万八千年の長い年月が経ち、盤古の身長は九万里になった。つまり、天地も九万里離れたのである。天地が今のように遠く離れているのはこのためである。

布朗族《プーラン》

布朗族は雲南に住むオーストロアジア語系の少数民族で人口は五万二千ほど。その神話によると、昔は天も地もなく暗黒だけが漂っていた。巨人神グミヤーと十二人の息子たちは天地を分けて万物を造ろうと思い立った。そのころ、一頭の巨大な犀《さい》のような獣がいて、雲や霧と空中を飛び回っていた。グミヤーはその皮を剥いで天を造り、雲をちぎって天の衣装とした。また二つの眼を取って星として、天にちりばめた。ついで犀の肉を地とし、骨を石とした。血は水とし、毛を樹木や草花にした。脳みそで人間を造り、骨の髄で鳥、獣、虫、魚を造った。天地を支えるために、グミヤーと息子たちは犀の四本の足で柱を作り四方に立てて天を支えた。また大きな海亀を捕らえて地面を支えた。亀が動くのが地震である(死体化生)。このころ、太陽は九人姉妹で、月は十人兄弟だった。彼らはグミヤーと仲が悪かったのでこの新しい世界をねたみ、天地を壊すために一度に押しかけた。その熱で世界を焦がして破壊しようとしたのである。グミヤーは怒って、弓矢でつぎつぎと太陽と月を撃ち落とし、とうとう一つずつが残った。

苗《ミャオ》族

ミャオ族は貴州省をはじめ中国南部と東南アジアの山地、山間部に居住し、人口は五百万ほど。貴州省ミャオ族トン族自治州に伝わる古歌は、四人一組みの問答形式で歌われ、二人が問いかけ、後の二人が答えるという形式をとり、すべてを歌うと三日はかかるという長大なものだが、その内容は次のような創世神話である。はじめ天と地が生まれたとき、天地はぴったり重なり合っていた。そこで巨神が斧で天地を切り離し、別の巨神が天を押し上げた。天を支えるために蓬《よもぎ》やヌルデのぐいで柱を作ったが頼りないため、金銀で天を支える柱を造った。十二本の柱で天はしっかりと支えられ、次に金で太陽を、銀で月を、銀の屑で星を造った。だが十二個ずつ造った太陽と月は一度に空に出て駆け回り、地上はひどい旱魃となり、焼け死ぬ人まででた。そこで弓の名人が太陽、月とも十一個ずつ射落としたが、残った太陽と月は恐れをなして矢も届かぬ山の向こうに隠れてしまった。あたりが真っ暗になったので、いろいろな動物に太陽と月を迎えに行かせた。どの動物も成功しなかったが、ついに雄鶏の美しい鳴き声によって太陽と月は戻ってきた。

阿昌《アチャン》族

アチャン族はシノ゠チベット語系の少数民

族で、人口は一万八千ほど。その神話によると、昔は天地がなく、混沌として、明るくも暗くもなく、ただ茫洋としていた。その混沌のなかからふいに白光がひらめき、明暗が分かれて陰陽が生じた。陰陽から天公チプマと地母チマミが誕生した。チプマは裸で、腰に不思議な鞭を持ち、胸には大きな乳房があった。彼は鞭をふるって神将紙兵を呼び集め、金と銀の砂を運ばせて、多くの鶴に一斉にはばたかせた。すると大風が起きて、雨が降った。天公はその雨水で金の砂を練って太陽を造り、銀の砂を練って月を造った。次に太陽と月の住みかとしてチプマは自分の乳房を用いた。左の乳房を摑みとって太陰山を造り、右の乳房で太陽山を造った。これ以後、男には乳房がなくなった。天公は両手に太陽と月を抱えて歩いた。彼が歩むたびに虹がかかり、通ったあとは銀河になった。吐き出す息は雲に変わり、汗は大雨となった。彼は月を太陰山の頂に、太陽を太陽山の頂に載せた。二つの山の間には大木を植えて、太陽と月にこの木のまわりをめぐらせた。こうして昼夜ができた。次に真珠で東の天を造り、瑪瑙《めのう》で南の天を、玉《ぎょく》で西の天を、翡翠《ひすい》で北の天を造った。天ができると東西南北の隅に天神を派遣して守らせた。同じころ、地母のチマミは大地を織っていた。チマミは裸で長い髪と長い髭を持ち、喉仏もあった。彼女は喉仏を切り取って機織りの梭《ひ》にし、髭を抜き取って大地を織っていった。このときから、女には喉仏も髭もなくなった。髭を抜いたのでチマミの顔からは血が流れ落ちた。血は集まって広い海となった。こうして天地ができたが、天が小さくて地が大きすぎて合わなかった。そこで地母は地の糸を抜き、大地に凸凹を作った。高いところが山で、陥没したところが谷である。

こうして大地が縮まり、天地を縫い合わせることができた。

彝《イ》族

イ族はチベット＝ビルマ語族に属し、主として四川、雲南、貴州、広西などに分布する人口五百四十五万ほどの民族。彼らの起源神話を伝える『彝志』は清代に記録されたものらしい。これによると、金の鎖に閉じ込められていた混沌のなかから、清気と濁気が発生し、つづいて影と形が発生した。さらに太陽、月、霧、靄なども出現し、封鎖されていた混沌は、努妻哲という神によって金の鍵で開かれ、天地は開闢した。天地はすぐに完成したのではなく、蜘蛛《くも》が経緯の糸で形あるものに織り成していったものである。そのとき、鷹、鳩、虎、蝿、ヘビといった動物が蜘蛛に協力した。宇宙の四方位と中央の神が定まり、天には父なる君「鋪赤叩」、地には母なる臣「蒙皮聶」が鎮座した。天地の完成に向かってさらに九人の女神が天を、八人の男神が地を造った。そのとき、他の神々や動物たち、風神も参加して協力した。

侗《トン》族

トン族はチワン＝トン語族（タイ＝カダイ語族）に属する、貴州、湖南、広西などに分布する少数民族。彼らの創世神話は『侗族遠祖歌』に叙述されている。これによると、原初は暗黒で荒涼とした混沌であり、天地はまだ分離していなかった。天地を生んだのは、薩天巴《サティンバ》という女神であった。彼女は七十二神を従える全知全能の至高神であり、寂漠荒涼とした天宮に八角形の網を張って住んでいた。彼女は四本ずつ手足があり、縦横自在に動け、両眼には千の球があり、すべての方向を見渡すことができた。あるとき、彼女は天地を創造しようと考え、姜夫《チャフ》と馬王《マーワン》という男神を地上に降ろした。そのころ、天地は方形であった。チャフは四本の天柱を東西南北に立てて天地を分離したが、大風が吹き荒れるようになり、柱はぐらぐらした。サティンバは口から糸を吐き出して網を作り、天蓋を固定した。それからマーワンは氷原のなかに五つの湖と四つの海を造成し、口から熱い気流を吐き出して四角の氷原の角を溶かして大地を丸くした。その後、サティンバは火玉（太陽）を造って天上にかけ、氷を融かした。また彼女は自らの体から産毛と蚤の卵を取って一吹きし、動物や植物を発生させた。さらに彼女は氷玉（月）を造り、火玉と昼夜交替で天空を巡回させた。天地は熱くも寒くもなく、万物はすくすくと成長を始めた。

シベリア

チュクチ族

シベリアのカムチャッカ半島に近いチュクチ族によれば、世界はワタリガラスが造った。カラスの妻が夫に「大地を造りなさいよ」と言った。カラスはできないと答えた。妻は「じゃあ、私は『脾臓の友達（人間）』を造るわ」といって横になった。カラスの妻の腹はみるみるうちに大きくなり、眠っている間に人間を産んだ。カラスはこれを見てこわくなった。妻が双子を産んだあと、カラスは「おまえは人間を造った。おれは土地を造る」といって、飛び上がって糞をした。水の上に落ちた糞は、たちまち大きくなり、土地ができた。

ブリヤート族

原初、世界は混沌としていて、闇の中に創造神エヘ＝ボルハンがぼんやり浮かんでいた。エヘ＝ボルハンは天と地を分離しようと決め、最初に野鴨を造った。野鴨は水中に潜り、くちばしに泥を挟んで戻ってきた。エヘ＝ボルハンはこの泥で母なる大地ウルゲンを造り、さらにその上に植物と動物を造った。太陽からは善良な娘マンザン＝グルメを造り、月からは邪悪な二番目の娘マヤス＝ハラを造った。善良な娘からは西天の神々が生まれ、邪悪な娘からは東天の神々が生まれた。

マンシ族（旧称ヴォグール）

西シベリアのウラル山脈とオビ川に挟まれた森林沼沢地帯に住む、ウラル語族フィン＝ウゴル語派に属する狩猟民族マンシ族によると、原初、湿地の小丘の小屋に老人と老婆が住んでいた。白いワタリガラスもいた。大地はまだ小さな島で、まわりはどこを見ても水だけだった。大地はまだ固定されておらず、風に吹かれてあちこち運ばれていた。老人は小屋から出たことがなく、大地がどうなっているのか知らなかったので、ワタリガラスを大地を一回りしてくる使いに出した。はじめワタリガラスは鍋の魚が煮えるくらいで戻ってきた。二回目は三日後に戻ってきた。三度目には、三年経ってようやく戻ってきた。ワタリガラスは黒い姿になっていた。それは、死んだ人間を食べたからだった。これを聞いた老人は、ワタリガラスに今後は人間の殺した獣の死骸以外は食べてはならないという呪いをかけて追放した。

東南アジア

シベリアの話に似ている

カチン族　ミャンマー

原初、すべては水であった。フラという大神が一匹の大魚の上に土を振りかけ、一柱の女神に卵を産むように命じた。フラは卵を二つに分けた。一方を地上に置き、他方をこのために作った高い山に固定した。これは天空となった。

ガロ族　アッサム西部

原初は、広大な水しかなかった。暗黒がすべてを覆っていた。タタラ＝ラブガは大地を創造しようと決意し、その実行のためにより地位の低い精霊ノストゥ＝ノーパントゥを女の姿で派遣した。足を下ろす場所がなかったので、女は水の上に広げられた蜘蛛の巣に居を構えた。タタラ＝ラブガは彼女に一握りの砂を材料として与えたが、仕事にかかると砂粒をくっつけられないのがわかった。そこで彼女は一匹の大きな蟹《かに》を水に潜らせて、粘土を持ってこさせようとしたが、水が深すぎて蟹は使命を果たせないまま戻ってきた。次には小蟹を遣わしたが、これも恐れを抱いて失敗した。そこで彼女は甲虫《かぶとむし》を下ろしたところ、これは粘土をもって帰ってきた。彼女はこの粘土を用いて大地を造った。大地はまだ湿っていて歩くのに適さなかった。そこでノストゥはタタラ＝ラブガに助力を求めた。タタラ＝ラブガは天に太陽と月を置き、風を送ったので、これら三者が地表を乾かして固めた。タタラは雲からペチコートを作って女性である大地にかけてやり、さまざまな木の形で大地の上に毛を生やしてやった。地下にはたくさんの水があったが、地表にはなかった。そこでタタラは川を流させ、雨が地中に入るようにし、雨の到来を知らせるために、雨を降らせる前に声である雷を送った。

レジャング族　スマトラ南部

原初には虚無があった。そこから水が流れ出し、つづいて匂いが現れた。大地が現れたが、足跡のように小さかった。それから木の葉ほどの大きさの天が出現した。やがて大地は大皿の大きさに、天は傘の大きさに拡大し、神々も出現した。それから九羽の鳥が来た。鳥たちは卵を産んだ。それぞれの卵は九つの部分からなっており、卵が割れると、はじめの部分からはすべての諸民族を伴って大地が現れた。第二の部分は天になった。第三の部分からは太陽・月・星辰が発生し、第四の部分からは空気が、第五の部分からは海と河川が、第六と第七の部分からは祖先たちが、第八の部分からは砂と石が、第九の部分からは魚の祖先が発生した。

ガジュ＝ダヤク族

インドネシア、ボルネオ島南部に住むプロト＝マレー系民族ガジュ＝ダヤク族は、至高神として上界神マハタラと下界神ジャタがいるとするが、両神は同一神格の異なる二側面ともいわれ、全体・両倶神としても理解されている。原初、あらゆるものはとぐろを巻いたミズヘビの口のなかにいた。すべてはまだ神のなかに閉じ込められて、両至高神の座である金の山と宝石の山が聳え立っていたにすぎなかった。二つの山は衝突し、雲ができた。二度目の衝突で空の天井が、三度目で山と岩が、四度目で月と太陽が、五度目で天の鷹と魚イラ＝イライ＝ランギトが現れた。六度目の接触で金の唾をもつ動物ロワグ＝リウオと宝石の目をもつ動物ディディス＝マハンデラが、七度目の接触で直立した宝石を戴くマハタラの金の冠が現れた。こうして創造の第一期が終わると、マハタラ自身が出現した。彼は妹にして妻のピティル＝セログ＝ラギトと並んで立った。彼が手を延ばすと、指から水滴が原水に落ちた。ジャタが浮かび上がってきた。ジャタが耳飾りから外した瑪瑙《めのう》を高く投げ上げると、瑪瑙から大地が現れ、丘ができた。マハタラとジャタは川も造った。これで創造の第二期が終わった。

インド

原人プルシャの死体化生

『リグ＝ヴェーダ』の「プルシャ讃歌」(10・90)などによれば、原人プルシャは千の頭と眼と足を持つ巨人だった。神々は彼を生《い》け贄《にえ》として供犠《きょうぎ》を行った。こうして讃歌・韻律・祭祀が生じ、また馬・牛・山羊などのすべての畜類が生じた。プルシャの口からはバラモン（祭司）、腕からはクシャトリア（王族）、眼からはヴァイシャ（庶民）、足からはシュードラ（奴隷）が生じた。心臓からは月が、眼からは太陽が、口からはインドラ神と火神アグニが、呼吸からは風神ヴァーユが生じた。また臍《へそ》から空界、頭から天界、足から地界、耳から方位が生じた。

黄金卵

『シャタパタ＝ブラーフマナ』（11・1・6）によれば、世界創造以前には宇宙は水ばかりであった。この大水は増殖しようという欲望をおこし、熱力によって黄金の卵を生じた。卵は水上を浮遊していたが、一年経つと、その中からプラジャーパティ神が生まれた。さらに一年経つと、神はブーフ、ピヴァハ、スヴァルという三語を発した。これらの言葉はそれぞれ地、空、天になった。さらに一年経つと、プラジャーパティは立ち上がった。神は子孫を望み、神々を産んだ。神々は光輝があるために神性を得た。またプラジャーパティは魔神族アスラも創造したので、このために暗黒が生じ、悪が生じた。この後、プラジャーパティは光明から昼を、暗黒から夜を造り出したので、昼夜の別が始まった。

オリエント

アッカド

天地創造物語『エヌマ＝エリシュ』によれば、天空も大地も命名されていなかった（それゆえ存在しなかった）とき、真水の男神アプスーと塩水の女神ティアマトがいた。彼らが交じり合うとその中から神々が生まれた。若い神々は騒々しかったので、アプスーは不快に感じた。すると執事神で息子のムンムは若い神々を滅ぼすようにアプスーに勧めた。しかしこの陰謀は知恵の神エアの知るところとなり、エアは呪文でアプスーを眠り込ませて捕らえ、アプスーの上に自らの神殿を建てた。そしてその神殿で彼は妻との間にマルドクを生んだ。マルドクは神々のなかでもっとも巨大で、目も耳も四つ（つまり前後に一対ずつ）あった。彼は土くれを造り、つむじ風に運ばせ、葦の沼地を造り、塩水であるティアマトを濁らせていらだたせた。ティアマトは古い神々とともに若い神々を滅ぼす策を練り、七岐の大蛇をはじめとするさまざまな怪獣を造り、息子のなかから彼女の配偶者でもあるキングを選び、軍勢の総司令官にした。若い神々はこの事態に動揺したが、マルドクを総大将に選んで戦うことにした。洪水と嵐を武器とするマルドクの前にキングと彼に率いられた古い神々はたちまち蹴散らされ、マルドクとティアマトの一騎討ちとなった。ティアマトはマルドクを呑み込もうとして口を開けたが、マルドクが送った悪風のために体が膨れ上り、口を閉じられなくなった。マルドクは矢を放ち、それはティアマトの腹を裂き、心臓を貫いた。マルドクはティアマトの死体を干し魚のように二つに切り裂いて半分を天とし、半分は大地とした。また、天の十二宮を置き、一年を定め、太陽神シャマシュと月神シンを置き、水分を集めて雲とした。さらにマルドクはティアマトの頭を固定してその上に山を築き、地下水を開いて川を流し、彼女の両目をチグリス＝ユーフラテス河の源とし、泉を掘った。またキングを殺して、その血から神々のために働く人間を造り、すべての神々の役割を定めた（死体化生）。

旧約聖書・神の意志による創造

「創世記」によれば、原初には闇が混沌の海の上にあった。神ヤハウェは「光あれ」と言った。すると光があった。神は光を見てよしとした。神は光と闇を分けた。神は「水のなかに天蓋があって、水と水とを分けるように」と言った。天蓋の下の水と天蓋の上の水が分けられた。天蓋は天と名づけられた。神は「天の下の水は集まり、乾いた所が現れよ」と言った。するとそうなった。乾いた所は地と呼ばれ、水の集まった所は海と呼ばれた。そして神は昼と夜を分けるため天に太陽と月を出現させ、また星を造った。

エジプト・ヘリオポリスの天地創造

エジプトの長い歴史では、ヘリオポリス、メンフィス、ヘルモポリス、テーベの四つの宗教の中心地があり、天地創造説にも違いがあるが、基本的には違いはなく、いずれも出現型である。これはナイル川を中心に発生したエジプト文明にとって、ナイルの定期的な氾濫からすべての恵みがおのずと生じてくると観念されていたためであろう。そしてこの出現型に神の意志による創造が加わってくる。すなわち、始まりはヌンという原初の海であった。そこから原初の丘が立ち上がった。その後、女神ヌトが立ち上がって大地を覆う空となった。彼女は牝牛あるいは手足を伸ばしたうつぶせの女性として描かれる。女性の姿の場合、ヌトは風や大気の神であるシュウあるいは大地の境界になっている高い山脈によって支えられている。ヌトの下には大地の男神ゲブがうつぶせになっている。四つの宇宙創造説のうち、ここではもっとも古形を伝えていると思われるヘロポリスの説を、第五王朝のピラミッド＝テキストから述べる。最初の事件はヘリオポリスの神アトゥムがヌンの混沌の水からのぼってくることであった。アトゥムは意志の力で自らを創造した。どこにも立つ場所がなかったので、アトゥムは丘を創造した。アトゥムは太陽神ラーとも同一視されたので、彼の出現は混沌の暗黒への光の出現とも解釈された。このため、ラー＝アトゥムはベンヌ鳥すなわちフェニックスを象徴とする。アトゥムは一人きりだったので、唾を吐いて息子シューを産み、嘔吐して娘テフヌトを産んだ。シューとテフヌトは結婚し、大地ゲブとその妹で妻の天空ヌトを産んだ。こうして自然のすべてが揃った。

ヨーロッパ

ギリシア・宇宙卵

前五世紀の喜劇作家アリストパネスの『鳥』に見られる宇宙卵からの創造神話は、

エロス（愛）を根源的な神としているところに特徴がある。これによると、原初には混沌・夜・暗い幽冥・黄泉があった。大地も下空も蒼穹《そうきゅう》もなかった。黒い翼の夜が一人で卵を産んだ。その中からエロスが生まれた。エロスがあらゆるものを交わらせ、蒼穹も大洋も大地もさきわう神々も生じた。

ゲルマン・原人ユミルの死体化生

中世アイルランドの文人スノリ＝ストゥルルソン（一一七九～一二四一）の『エッダ』の中の「ギュルヴィたぶらかし」などによれば、太古には大地も空も海もなく、世界の真ん中にギンヌンガガプと呼ばれる巨大な空隙があるだけだった。北には寒気厳しいニヴルハイムがあって、闇の中で嵐が吹き荒れていた。南には炎の燃えさかるムスペルハイムがあった。ムスペルハイムにはスルトという巨人がいるが、やがて来る世界の終末の時に世界を炎で焼き尽くすのは彼である。霜と熱風がぶつかり霜が溶けてしたたり落ちたしずくから生命が生まれて、「霜の巨人」の祖先である原人ユミルとなった。また、霜のしずくからはアウドゥムブラという牝牛も生まれた。ユミルはこの牝牛の乳を飲んで育った。牝牛の方は氷塊のなかの塩味を帯びた岩をなめていた。すると、岩の中からブリという神が生まれた。ブリと巨人の種族から神々が生まれた。神々はユミルを撲殺し、その死体から世界を造った。血は海や川となり、肉は土に、歯や骨の破片は岩や砂礫になった。また神々は水を導いて大地を取り巻いて流れるようにした。次いでユミルの頭蓋骨を大地の上に置いて天蓋とした。天蓋の下にはユミルの脳みそが漂った。だから空の雲は巨人の思いのように冷たくて陰惨なのだという。ムスペルハイムからはあらゆる火花が飛んできてその周囲を旋回したので、神々はそれらを取って天に送りつけ、大地を照らさせた。そうしてそれらの天体の軌道を定めた。神々は世界のいちばん外側の海に面した場所を巨人族の住みかに定め、大地の真ん中の場所を祝福してユミルのまつ毛で囲い、内側をミズガルズ（中つ国）と呼んだ。そしてさらにその中央を彼ら自身の領地として、アースガルズ（神々の国）と呼んだ。アースガルズには巨大なトネリコの世界樹イグドラシルが生えていて、その根の一本は昔のギンヌンガの淵である霜の巨人の国に届き、もう一本は地底の国ニフルヘイムまで伸び、三本目は神々の国に根を張っている。これらの根のかたわらには、知恵を与えるミミルの泉やウルズの泉などがある。

フィンランド・宇宙卵

フィンランドの神話叙事詩『カレワラ』には世界の誕生が次のように述べられている。「自然の娘」という意味であるルオンノタルは大気神イルマの娘で、大気の天上領域の真ん中にいたが、その不妊の処女性と孤独な生活に飽きて、大洋の波頭の上に落ちていった。波に揺られているうちに風が吹いて彼女の乳房を愛撫し、海は受胎の力を与えてくれた。休息の場所が見つからないまま、彼女は七世紀の間、波に揺られて漂っていた。こうした状態で彼女が悲しんでいると、一羽の鷲が現れた。鷲は巣を作る場所を探していたので、水中から浮かび出ていたルオンノタルの膝に巣を作り、卵を産んで、三日間抱いていた。ルオンノタルは皮膚に激しい熱さを感じて膝を曲げたので、卵たちは深い淵のなかに転がり落ちた。卵は壊れ、その破片のうち、下の部分からはあらゆる生物の母である大地が造られ、上の部分からは至高の天ができた。黄身からは輝く太陽が、白身からは光を放つ月が生まれた。斑点のついた破片は夜空の星に、黒い破片は大気中の雲になった。最後にルオンノタルは岬を造り、岸辺を平らにし、入り江を掘った。こうして世界の創造が完成した。

アフリカ

マリ・ドゴン族

太古に神アンマは天空に土くれを抛《ほう》って星辰を創造した。神はそれから壺作りの技術を用いて二つの白い壺を作り、そのうちの一つには赤い螺旋状の銅を巻いて太陽とし、他の一つには白い銅を螺旋状に巻きつけて月とした。月は四分の一ずつ熱せられるので太陽より光が弱い。黒人は太陽のもとに生まれ、白人は月夜に生まれた。別の粘土の塊を使ってアンマは女性である大地を造った。大地は北から南へと体を伸ばし、蟻塚はその性器であり、白蟻の巣はその陰核であった。アンマは陰核を切り落とした（成女式の陰核切除の始まり）のち、大地と結合して青い狐を生ませた。次には、眼が赤く、体が緑で関節のない柔軟な肢体をもった精霊ノンモたちが生まれた。ノンモたちは母なる大地が裸身なのを見て、水を意味する金銀のすべてについた繊維を持ってきた。ところが狐は蟻塚に分け入って近親相姦を犯し、このとき流れ出た月経の血が繊維を赤く染めた。この原罪によって大地は不浄なものとなった。世界はドゴン族が用いる笊《ざる》の形をしている。この笊は正方形で、口は丸く大きいが、世界の笊は粘土でできており、逆さに伏せてあって、底が露台になっている。底は太陽を表象し、台は天を表す。おのおののそばには十段の階段がある。

北ガーナ・ブルサ族

昔、大地のはじめのときには天も星もなかった。人間は彼らの屋敷にいた。屋敷で彼らは一頭の牝牛を殺したが、その牝牛について喧嘩をした。一人は毛皮が自分のものだと言い、もう一人は尻尾は自分のものだと言った。あまりに喧嘩したので何がだれのものかわからなくなった。すべてが無駄に思え、彼らは毛皮を高く放り上げた。するとそれは天になった。同じように尻尾も放り上げると、それは星と月になった。

ヨルバ族

東アフリカのヨルバ族によれば、神界の頂点は上天にいる至高神オロルンだが、彼はいかなる祭祀の対象でもない。下方には原初の水、オロクン、つまり海だけがあった。彼らの結合から、オバタラとオドゥドゥアの兄弟が生まれた。父は上の息子に少量の土と五本指の鶏を与え、水に降りて大地を造るように命じた。しかし長男は、シュロ酒を道中で飲み、酔って寝てしまった。そこで父は次男を派遣した。次男は一握りの土を投げ、それを若鶏がひっかいて海面に散らせると、大地ができた。

北アメリカ

モノ族・カイツブリの潜水

カリフォルニアのモノ族によれば、昔、水が世界を覆っていた。水から棒が一本出ていて、鷹と鳥が止まっていた。鷹は鴨に三の数字を与え、水に潜って底の砂を持ってくるよう命じた。鴨は潜ったが、底に着く前に三日が過ぎてしまった。鴨は死んで、水面に浮いてきた。鷹は鴨を生き返らせた。今度は、大《おお》鷭《ばん》に二の数を与え、同じようにさせた。大鷭も底に着く前に二日以上経ってしまい、死体で浮いてきた。鷹はこれも生き返らせた。今度は鸊鷉《かいつぶり》に四の数字を与えた。鸊鷉は四日のうちに底に着いて、両手に砂をつかんだ。帰ってくる途中で鸊鷉は死に、死体が浮いてきた。鷹は鸊鷉を生き返らせ、砂は取れたかを聞いた。鸊鷉は、「うん」と答えた。「じゃあ、どうしたんだ」「死んだとき、指の間から流れ落ちた」鷹と烏は笑って信じなかった。しかし鸊鷉の手を見ると爪の間に砂があった。鷹と烏はその砂を取って、四方にばらまいた。こうして陸地ができあがった。

マンドゥ族・亀の潜水

カリフォルニアのマンドゥ族によれば、世界のはじめは、太陽も月も星もなく、あるのは水だけだった。やがて北から筏が流れてきた。その上には亀が一匹乗っていた。亀は土を取りに水の底に潜った。六年かかって帰ってきたが、そのとき残っていたのは爪の下のわずかな量の土だけだった。土の神は、この土から世界を造った。

潜水型の創造神話は、北アメリカではカリフォルニアに多い。

ヒューロン族・大地を支える亀

原初には水しかなかった。海にはさまざまな動物が棲んでいたが、一人の女が上の世界から落ちてくるという事件があった。彼女は何かの間違いで夫によって空の割れ目から突き落とされたのだ。彼女は神性をもっていた。水上を飛んでいた二羽の阿比《あび》は彼女が落ちてくるのを見て、彼女の下に身を置き、溺れないようにした。そして他の動物を呼び集めるため、阿比は大きな声で鳴いた。さまざまな動物が来たが、その中には力の強い亀もいた。ひとまず女は亀の背に乗せられ、亀が世話をすることにしたが、動物たちは会議を催し、彼女の命を守るためには、彼女が住める大地が必要だということになった。亀は海底に潜っていっていくらかの土壌を持ってくるように動物たち全員に指示を出した。ビーバー、ジャコウネズミ、水鳥などがつぎつぎに試みたが、皆失敗した。最後にヒキガエルが行き、くたくたでほとんど死んだ状態で戻ってきた。亀がその口の中を探すと、いくらかの土があった。亀はそれを女に与えた。彼女はそれを手に取り、注意深く亀の甲羅の周囲に置いた。こうして置かれた土は乾いた大地の起源となった。陸は大きくなって四方に広がり、とうとう草木に適した大きな国を形づくった。すべては亀に支えられたが、今も亀が大地を支えている（潜水型）。

ズニ族・天父地母の聖婚

ニューメキシコ北西部のズニ族によれば、創造が始まる前には、すべてを包合するアウォナウィロナだけがいた。ほかは真っ暗で無であった。アウォナウィロナは自分のなかに生命を創った。霧と小川が彼から流れ出した。彼は光を造るもの、太陽となった。太陽が現れると、霧は集まって水となって降り、世界が浮かぶ海となった。アウォナウィロナは自分のなかから種を形成し、水を妊娠させた。太陽に暖められた緑の泡が大海の上に現れ、固く強くなった。それは二つに分かれ、「四方の大地の母」と、すべてを覆う「空の父」となった。大地と空は一体となり、大地の四重の子宮はすべての生き物を孕んだ。次に二人は生き物のための世界の創造をした。大地の母は水の鉢を持ち、唾を吐いて、指で掻き回して泡立てた。そしてそれに生命を与えるために乳房から乳を搾った。彼女が泡に息を吹きかけると、海から雲が浮かび上がり、霧が流れて虹が立った。空が息をすると、雨が雲から落ちた。やがて大地の母の胎内からすべての生物が生まれた。

ポーニー族

平原インディアンのポーニー族によれば、原初、大酋長ティラワと妻アティラが他の神々に取り囲まれて天に住んでいた。ティラワは世界を造ろうと思い、光と熱を与えるために太陽を東天に置き、夜を照らすため月を西天に置いた。次に「輝く星」である夕の明星を西に住まわせ、彼女がすべてのものを造り出し、「万物の母」と呼ばれるだろうと告げた。「大きな星」である暁の明星は戦士として東にとどまらせ、将来、人びとが西に向かって進むときにだれも落伍しないように見張る役を与えた。北には北極星を配置し、空の第一の星とした。南には「精霊たちの星」あるいは「死の星」を置いた。それからティラワは四個の星を北東・北西・南東・南西に配して、天を支えさせた。次にティラワは夕の明星に雲・風・稲妻・雷鳴を送り、それらを「天の庭」のそばに配置させた。すると雲は寄り集い、風は吹き、稲妻と雷が雲を貫いた。そうして空がすっかり覆われると、ティラワは小石を一つ厚い雲の上に落とした。すると雲が開いて、広びろとした水面が見えた。そこでティラワは天の四方を守護する四つの星の神々を武装させて、武器で水面を打つように命じた。すると、水が分離して大地が現れた。再びティラワが命じると、四人の神々は歌をうたって大地の創造を祝った。歌声を聞いて雲と風と稲妻と雷鳴の神々が集まってきて、ものすごい雷雨を起こした。その勢いで大地に皺が寄って、山と谷ができた。四人の神々は今度は森と大平原をたたえた歌を始めた。するとすぐさま、新しい雷雨が轟き、大地は樹木と草で覆われて緑色になった。三度目の歌をうたうと、大河や急流が勢いよく流れ始めた。四度目の歌であらゆる種類の穀物が芽生えて、大地を豊かにした。

中央アメリカ

メキシコ・古代アステカ

十三番目の天には、初めトナカテクトリとトカシウアトルが住んでいた。彼らには年上の世代として赤いカマシュトリ、夜の魔法使いである黒いテスカトリポカ、風の神のケツアルコアトル、そして無慈悲なユィツィロポチトリの四人の兄弟の神々が生まれた。ユィツィロポチトリは肉をもたない骸骨であった。六百年間、彼らは怠惰に生きていた。それから四人は集まり、最初に火を、次いで半分の太陽を創造した。また、最初の男女であるオショモコとシパクトナルを創り、男には土を耕し、女には糸を紡ぎ織るように命じた。彼らは、彼女が治療を行えるように、占いの力とトウモロコシの種子を与えた。また、時間を日に分け、二十日間を十八回、つまり三百六十日で一年を創始した。彼らはミクトランテクトリとミクトランシウアトルを地獄の主とその妃にした。そして天の領域の第十三層の下にある天と、海の水を形づくり、海に怪物シパクトリを造り、彼から大地の形を造った。彼らは水の神々であるトラロクテトリとその妻チャルチウィトリクエを造り、四方位の統治権を与えた。神々は半分の太陽の光では少なすぎると感じ、別の半分の太陽も造った。そこでテスカトリポカは太陽を運ぶ者となった。昼の空を横切るのは太陽そのものではなくその輝きにすぎなくて、真の太陽は目に見えないのである。他の神々は巨人族を創造した。五十二年が十三回繰り返す間、合わせて六百七十六年間、この時代が続いた。この最初の太陽のときから時が数えられ始めた。ユィツィロポチトリが骸骨のままでいた、神々の怠惰な六百年間は、時が数えられなかったのである。この太陽は、ケツァルコアトルがテスカトリポカを打ち倒して彼に代わって太陽となったとき、終わりを迎えた。テスカトリポカはジャガー（大熊座）に姿を変えられた。夜空では、ケツァルコアトルが彼を投げ込んだ水の中へジャガーが円を描いて落ちるのが見られるが、このジャガーはその時代の巨人たちをむさぼり食った。二度目の六百七十六年の終わりにケツァルコアトルは、彼がテスカトリポカにしたのと同じような扱いを兄弟から受けた。彼の太陽は、その時代の大抵の人びとを運び去ったり、あるいは猿に変えた大風で終わりを迎えた。それから五十二年が七度の間は、トラロクテトリが太陽であった。しかし三百六十四年の終わりにケツァルコアトルが天から火の雨を降らせ、チャルチウィトリクエを彼女の夫の代わりに太陽にした。この位を彼女は三百十二年（五十二年を六度）保った。こうして神々の誕生から二千六百二十八年が経ったが、この年に雨が激しく降り、天そのものも降ってきた。この時代の人びとは魚に姿を変えられた。これを見た神々は四人の男を創造した。彼らの助けを借りて、テスカトリポカとケツァルコアトルは再び天を今あるように高く上げた。これら二人の神々は、天と星の主となり、そのなかを歩いた。大洪水と天の復興ののち、すべてが暗闇のなかだったので、神々は新しい太陽を造ることに決めた。これはケツァルコアトルによって行われた。彼がチャルチウィトリクエに生ませた自分の息子を大火のなかに投げ込むと、彼はそこから今の時代の太陽として現れた。トラロクテトリが自分の息子を火の燃えがらのなかに投げ込むと、月が現れ、絶えず太陽のあとを追うようになった。神々は、この太陽が心臓を食べ、血を飲むべきだと言った。そこで光の天球を養うべき捕虜の生け贄があるように、彼らは戦いを創設した。

メキシコ・マヤ

『ポポル＝ヴフ』(会議の書)によれば、宇宙は重なり合った三つの四辺形からなり、一つは天、真ん中のが大地、三番目が地下界である。霊的な諸力が原初の混沌のなかに共存していた。創造のとき、それらは混沌から分離した。世界のそれぞれの角には赤、白、黒、黄の色違いの標識がつけられ、それぞれに一人の摂政がいた。この四人の摂政に「天の力」と「天の心」という名の神々が加わった。これらの神々はすべて太陽の性格を持っていた。彼らは光で、水に漂っていた。

南アメリカ

グァラユ族・意志による創造

東部ボリビアのグァラユ族によれば、原初には水しかなかった。ムビルという蛆虫が意志によって人間となり、意志によって大地を創造した。

チブチャ族・光による創造

コロンビアのチブチャ族によれば、この世界がまだ存在せず、夜だったころ、光は神という意味のチミナグワと呼ばれる大きなもののなかに閉じ込められていた。チミナグワは起き上がって輝きだし、体内に納めていた光を解き放った。光の出現とともに、万物が創造され始めた。最初に神は黒い大きな鳥たちを出現させ、世界を飛び回って、純粋で輝かしい光の蒸気をくちばしで撒き散らすように命じた。鳥たちがそうすると、全世界が今日のように明るい光で満ちあふれた。

デサナ族・太陽による創造

コロンビアのアマゾン流域の熱帯雨林に住むデサナ族によれば、すべての始まりにいたのは双子の兄弟の太陽と月であった。のちに太陽には一人の娘ができて、彼はその娘を妻のようにして一緒に暮らしていた。弟の月には妻がなく、嫉妬して太陽の妻に想いをかけた。だが太陽はそれを知り、祭りのときに月がやって来ると、罰として月の着けていた大きな羽根飾りの冠を取り上げてしまった。月には小さな冠と銅の耳飾りだけが残った。それからは太陽と月は離ればなれとなった。太陽は宇宙を創造したので、父なる太陽と呼ばれる。彼はデサナ族すべての父である。太陽は宇宙を黄色い光の力で造り、生命と安定を与えた。黄色い光の満ちている自分の住まいから、太陽は大地を造った。創造は完全で、太陽はそれを良《よ》しと思った。世界は大きな円盤、巨大な丸皿の形をしている。太陽の住まいはその力の色である黄色だが、人間や動物の住むところは、生あるものの多産と血の色の赤である。大地は上の床で、その下には別の世界、下の床がある。この世界は楽園という。その色は緑で、生涯を通じて立派なデサナであった死者の魂が行く。楽園の太陽が昇る側には大きな湖があって、地上の川はみな東に流れてそこに注ぐ。だから楽園は川の流れによってわれわれの大地とつながっている。楽園の太陽の沈む側には暗闇がある。そこは夜で、悪い場所である。下の楽園の方から眺めると、われわれの大地は大きな蜘蛛の巣に似ている。それは透明で、太陽はそれを通して見守っている。この蜘蛛の巣の糸は、それに従って人間が生きていかねばならない規範のようなもので、人間はこの糸をたどっていき、太陽がそれを見守る。大地の上に太陽は天の川を造った。天の川は楽園から出て、あたかも泡立つ大きな流れのように東から西へと向かっている。天の川には大風が吹いていて、青一色である。ここは太陽の黄色の力と大地の赤い状態の中間域である。それゆえ人間に見えない世界や精霊たちの交わる所であり、危険な所である。太陽は黄色い意図を抱いたとき、自分の黄色い光の力を突き通し、光で世界が形づくられるようにしたときに、すべてを創造した。

オセアニア

ニュージーランド・マオリ族

初めに虚無があり、第一の虚無、第二の虚無、第三の虚無、広大な虚無、より広い虚無、しなびた虚無、何も持たない虚無、喜ばしい虚無、しっかり固定された虚無、夜、ぶら下った夜、漂う夜、うめく夜、騒がしい眠り、娘、夜、夜明け、永続的な日、明るい日、空間が続いた。この空間の中に形のない二つの存在、湿（男性）と天の大きな広がり（女性）が生じた。これらから諸天は生まれ、大地の基盤パパを妻として諸神を産んだ。

ハワイ

生命が影のある青空と暗黒の夜から生まれた。最初に現れた生命はヒトデやサンゴで、次いで蛆虫やエビ、カニが続いた。新しく生まれたものは前のものをつぎつぎと滅ぼし、強いものが生き残った。これと並んで、海藻類、海草、トウシン草類が現れた。つぎつぎと新しい形態が生じ、滅びた死体が積み重なって、陸地が海上に姿を現した。前世界の唯一の生き残りはタコであった。次の時代には「暗黒の夜」と「広く覆った夜」が、葉のある植物、昆虫、鳥を産んだ。その間に暗黒の中にかすかな光が現れた。あらゆる自然が出産の苦痛に苦しんでいた。第五の時代になると、ハワイ人に貴重な豚が現れ、夜と昼が分離した。第八の時代になって人間や神々が生じた。

タガロア・サモア

西ポリネシア、サモアの神話によれば、タガロアは天空から広い海上に浮かぶ石を見つけ、天上に引き上げた。神は石を人間の形に作り上げ、生命を吹き込み妻を娶らせた。彼女はやがて一羽の鳥を産んだ。神は鳥を下界に放し、海中に岩を投げて、羽を休める場所を作ってやった。まもなく鳥はタガロアのもとに戻り、日陰がないと述べたので、神は蔓草を投げ下ろした。蔓草は伸びて日陰を作ったが、その後神は怒り、蛆虫を投げ下ろしたので、蔓草は虫に食べ尽くされてしまった。やがてこの虫から人間が生じた。

プンタン・サモア

天地が存在する前にすでにプンタンという世界巨人が住んでいた。死ぬときになって、住むべき家もなく食料もない状態にある人間たちに同情した。そこで彼は妹を呼んだ。彼女もプンタンと同様に父母なしで生まれたのであった。彼は妹に人類に善行を施そうと思っていると伝え、彼が死んだらその胸と肩から天と地を造り、両目から太陽と月を造り、眉毛から虹を造ること、またその他の肢体から他の事物を整えることを委託した。

パラオ島

ミクロネシア、西カロリン群島パラオ諸島の神話によれば、原初に天の祖神ウヘル＝アヤングズがいた。天の祖神は天から風雨に乗せて一つの星を降らせた。それがペリリヨウのガリヤップの島を造った。その隣にマカヤップの浅瀬ができた。天の祖神はさらにそこに一つの貝を天から降ろした。この貝からラッツムギカイが生まれた。ラッツムギカイは海に棲んだが、妊娠していよいよ子供を産むときになったが、性器がなかったので、子供を産めず困っていた。そこで貝に相談すると、外套膜を貸してくれたので、それを股間につけて子供を産んだ。この子供が人間（ハズ）の祖先のオボハズ女神である。オボハズは男神なしの単独で女神ツランを産んだ。ツランもまた単独で女神ウワブを産んだ。ウワブはどんどん成長した。はじめは座らせていたが、大きくなったのでしゃがませた。それでも大きくなり場所をとるので立たせた。家の中には入りきらず、食べ物は棒の先につけて与えた。しかし、棒を継ぎ足しても間に合わないほど成長した。ラッツムギカイに相談すると、足の下に薪を積んで焼くのがいいといわれた。自分が焼かれることを知ったウワブは「オ・メラオル（私を欺いた）」といった。火が燃え上がり、ウワブは倒れ、パラオの土となった。パラオの島はウワブの体である。ア＝イライのガツキップが陰部にあたり、ガルホロンは頭部である。ガルホロンのエーイズ＝エル＝ベニー（七村）はそれぞれウワブの両耳、両目、両鼻孔と口であるといわれる。ホレヨル、ペリリヨウ間の岩山は、糞であり、ガルホロンの先、ンガヤンガルまでの小島は嘔吐物である。

パラオ諸島のもう一つの神話によれば、男神トペレアクルと女神ラトミカイクが波に洗われる岩から生まれて宇宙を分割統治し、すべての生命の源となった。トペレアクルは天に、ラトミカイクは海底にそれぞれ住まいを構えたが、女神は「天の第一者」と「下方世界の第一者」と呼ばれる二人の息子とたくさんの魚を海底で産んだ。その直後、魚たちは巨大な塔を建てたが、これが大洋から立ち現れて大地となった。

島釣り・アネイティム島

メラネシア、ニューヘブリデス諸島のアネイティム島の神話によれば、ヌゲラインという至高神がいて、彼が島を創造した。ある日、神が魚を釣っていると、網に異常に重い物体がかかっているのに気づき、苦労してあげてみると、期待していた海の幸ではなく、アネイティム島であった。

人類の起源

大林　太良

定義と分類

人類起源神話は人類の起源を説明する神話であって、世界起源神話や文化の起源神話とともに創世神話の重要な一部分をなしている。人類の起源は、しばしば世界起源神話の一部をなしており、またそうでない場合も類似した構造やモチーフをもっていることが多い。また世界の存在を前提にして人類の起源から話を始める神話もメラネシアなどに多く、また人類起源神話は農耕の起源など文化の起源神話と連続して区別しがたい例もある。また人類起源神話が、特定の民族や家系、あるいは特定の神話的人物の起源神話の形をとっていることもある。たとえば、日本の天孫降臨神話は天皇家の起源神話だが、そのすぐあとに死の起源、ないし寿命短縮を物語るコノハナノサクヤヒメ神話があるところから、人類起源神話的側面をもっているといえる。

創造型と進化型

人類起源神話の主な形式としては、まず世界起源神話にも対応する形式のあるものがある。

（１）創造型――創造神がなんらかの方法

で人間を創造したという形式であり、次の二つに分けられる。(a)創造神が単独で人類を創造した形式、(b)創造神が協力者と一緒に、あるいは反対者と争いながら創造する形式がある。

(2)進化型——創造神の介入なしに、ある種の原初の物質や胚素から人類が自発的に発達あるいは進化したという形式であって、次の三つに分けられる。(a)単一の原初の物質や胚素から人類が発生した進化型、(b)二つ以上の物質が作用しあって人類が発生した形式、(c)原古の存在、たとえば世界巨人の死体から人類が発生した形式がある。

出現型

ところが、人類起源神話のなかには、世界起源神話に対応する形式をもたないものがある。それは世界の存在を前提とする人類起源神話であって、地中からの人類の出現、天からの人類の降下がその代表的なものであるが、そのほかにも植物、とくに樹木から人間が出現した形をとることもある。また人類起源とひとくちに言っても、男と女は別々に造られたという神話も少なくない。さらに既存の世界が一度破滅し、生き残った者が再生した世界の住民となる洪水神話も、世界の存在を前提とした人類起源神話の一種とみることができよう。しかし、洪水神話はそのための章があるから、ここでは立ち入らない。

死の起源神話

広い意味で人類起源神話の一部をなしているのは死の起源神話であって、しばしば生殖の起源と関連して死もまた始まったと伝えられている。内容的にも死の起源神話は人類起源神話と対応する構造をもっているものもある。たとえば、人類起源神話（1a）に対応して、単独の創造神の命令に違反した罪として死が始まった形式（1b）に対応して、二神が対立し、一神は人間に死を、他の神は生を与えようと言い争い、後者が勝った形式がある。そのほか、人間が卵や洞穴から出現したように、死が容器のなかから出てきた形式があり、また人間が昔はヘビと同様に脱皮したが、脱皮をやめたために死ぬようになったという脱皮型神話、食物として石ではなくバナナを選んだため死ぬようになったバナナ型、人間に不死を与えよという神の伝令が誤って伝えられたため、死ぬようになった伝令型などがある。死の起源は、しばしばそれまでの楽園状態の終了の形をとって語られている。死の起源神話の章を参照されたい。

人類の創造

単独神による創造

まず神が単独で人類を創造した例（1a）を見よう。旧約聖書に載っている人類起源神話もこの形式だ。人類を創造するといっても、無から創造するのではなく、何か原材料があるのが普通である。土器のように土で造り、木偶のように木から造る例が多いが、なかには砂から造った例もある。そして同じ民族でも何種類もの創造のしかたがあることもまれでない。

レニ＝レナペ族の創世神話によると、マニトゥ＝キチトンつまり大精霊は、原初海洋の水面を泳いでいたが、それから一粒の砂から大地を創造した。彼は一本の木の幹から男と女を創造した。ところがこの以前の人類が洪水で死んでしまうと、彼は海の動物を人間や陸の動物に変身させた。

この後半は、北アメリカに散見する動物から人間への進化を想起させる。

スマトラのトバ＝バタク族が考える人類創造の過程は具体的である。オンプ＝トゥハン＝ムラ＝ジャディ神は、頭のてっぺんを叩いて平らにし、内臓を編み、指と指の間を割り、心臓を丸くし、肝臓を拡げ、口をあけ、眼を明るくしたという。しかし、バタク族では人類起源神話はこれ以外にもあって、伝説的な鳥の卵から生まれたとか、茸から生まれたとか、動物から生まれたともいっており、一種類ではない。

ところで、人類創造において、時には人間と他の動物との区別が強調されている神話がある。たとえば、メラネシアのバンクス諸島のモタの神話によると、クァトという文化英雄が粘土をこねて人間を造った。ヴァニア＝ラヴァの沼地の河岸の赤い粘土で造った。最初、人間と豚を同じ格好に造ったが、クァトの兄弟たちはクァトを叱ったので、クァトが豚を殴り倒して四つんばいで歩くようにさせ、人間のほうは直立して歩くようにした。クァトは最初の女をしなやかな小枝で造った。女がほほえんだとき、彼女が生きていることを知った。

この神話では人間と豚との区別のほかに男と女の区別も重要である。つまり、男は粘土から、女は小枝からと男女の材料が違うことになっている。

ところで、身分の相違、階層の成立がある社会になると、人類起源神話に、身分の相違の説明が入ってくる場合がある。中国古代もそうであった。

『太平御覧』七八に引用された『風俗通』に

よると、俗説にいうとして、天地開闢《かいびゃく》してまだ人間がいなかったとき、女媧《じょか》が黄土をまるめて人を造った神話が出ている。ところが激務で暇がないので、縄を泥の中に引きまわし、これを引き上げて人間とした。だから富貴な人は黄土の人で、貧賤な者は縄の人だという。

また大西洋のカナリア諸島の原住民の神話によると、世界のはじめに、神は一定数の男と女を土と水から造り、彼らすべてに生計に必要な家畜群を与えた。のちに彼がさらに別の人間たちを創造したが、そのときは彼らには家畜の群れは与えなかった。彼らが神に家畜の群れを欲しいと言ったところ、神は彼らに言った。「他の人たちに仕えなさい。そうすれば、あの人たちが食物をくれるでしょう」。これが、貴族に仕える、貧しい、隷属的な人たちの起源である。

創造された人類のなかでの相違は、身分や階層の相違ばかりでなく、身体形質の相違としても現れる。

アフリカ、モザンビークのザンベジ河流域に住むモラヴェ（マラヴィ）族によると、神はすべての人間を黒人に創造した。最初は全員が大地の中心にいた。しかし、彼らが分かれたとき、新しい目的地に到着する前に身を清めるために、大きな川を歩いて渡らなくてはならなかった。黒人の祖先たちは不幸にもすっかり寝込んでしまっていたので、急いで川に行くこともせずに、眠り続けていた。目がさめてみると、他の人たちはみな川の向こう側にいて、水浴したために白くきれいになっていた。そこで黒人の先祖たちも川に急いだが、驚いたことに川は干上がって、ところどころに汚い水たまりがあるだけだった。あまり急いだので、彼らはつまずいて水たまりに倒れ、その際に手と足の裏が濡れてそこだけは色が少し薄くなった。同様な神話はタンガニーカ湖地方にもある。

他神との協力や争いによる創造

次に、創造神が他の神の協力を得て、あるいは対立者と争いながら人類を創造した神話（1b）を見よう。

紀元前二世紀のバビロニアの神話では、大地の女神ニンフルサグあるいはニントゥがルルつまり最初の人間を創造したことが語られている。神々に一人の神を殺させ、その血と肉を粘土に混ぜて人間を造ったのであった。

これは神々が協力する形、より正確には大神が命令し、他の神が協力する形である。土と水だけでは材料として不足で血が必要だという考えは、次の例にも変化した形で見られる。

東マレーシアのサラワクに住むイバン族によると、原初にはラジャ＝ガンタラーがただ一人存在していた。彼は魂を一つ、それに生き、話し、聞くための器官はもっていたが、それ以外に体をもたなかった。彼はルンブの上に休んでいたが、このルンブとはいったい何なのか、もうだれも知らない。ラジャ＝ガンタラーは意志の力で、雌と雄一羽ずつの鳥を創造した。これらの鳥はルンブの上とそのまわりに棲んだが、この周囲は元来はまったく空虚だった。このルンブの上で、鳥たちはまず天、次に大地、さらにバタング＝ルパル河を創造した。この川は最初の水であり、諸河川の母であった。さらに鳥たちは大地を創造し、最後に人間を創造した。この目的のために鳥たちは樹木を造り、これを人間に変身させようとしたが成功しなかった。そこで鳥たちは岩を造り、岩に人間の形を与えた。しかしこの創造物は話すことができなかった。

しまいに鳥たちは土と水をとってこれをこねて人間の形にし、クンバング樹の赤っぽい液を内部に注入し、呼びかけた。人間は答え、鳥たちが人間を切ったところ、傷口から血が流れた。また日中暑くなると、人間は汗を流し始めた。鳥たちは人間にタナー＝クムポク、つまり形づくられた土という名をつけた。

次の例では、土で造った人間に、生姜《しょうが》を吹きつける形である。

インドネシアのスラウェシ島北部のミナハッサの神話によると、ワイラン＝ワンコとワンギという二人の神だけが、一本のココヤシの生えている島にいた。ワイラン＝ワンコはワンギに、「私が木に登るから下にいてくれ」と言い、ワンギは「いいよ」と答えた。しかし、ワンギは考えを変えて自分も木に登り、ワイラン＝ワンコに、「なぜ自分が一人だけ下に残っていなくちゃならないのか」と尋ねた。するとワイラン＝ワンコはワンギに、「戻って土をとって人形を二つ、一つは男、一つは女を造れ」と言った。ワンギはそのとおりにした。二つの人形はできたが、話すことができなかった。そこでワンギはまた木に登って、このことをワイラン＝ワンコに言った。するとワイラン＝ワンコは、「この生姜を持って行って、人形の頭蓋と耳に吹きつけろ、そうしたら話せるようになるだろう。男はアダム、女はエバと呼べ」と言った。ミナハッサは早くキリスト教化したので、このアダムとエバという名前にもその痕跡がみられる。しかし、あとの部分は聖書とは関係なく、土着のものである。

以上は、神々の協力による人間創造だが、神が人間を創造し、神の対立者がそれを駄目にしようとする神話は、イラン的な二元論の影響下に発達し、ロシアにおいて語られている。

たとえば、ヴォルガ河流域のウラル語族モルドヴィン族の創世神話にも二元論がよく現れている。原初に至高神チャム＝パスは水界の上を泳ぎ、ただ一人水上にいることを怒って唾を吐いた。唾は大きな山に変身し、彼の怒りの産物のこの山は絶えず彼のあとを追って泳いだ。チャム＝パスはこの山に向かって王者の杖で打ったが、この山を破壊できなかった。この山からシャイタンが発生した。チャム＝パスはシャイタンをやさしく受け入れ、創造の仕事に参加させたが、この悪霊シャイタンは、いたるところで善霊チャム＝パスの意図の邪魔をした。チャム＝パスはシャイタンに、海底にある土を海上に持ってくるように命じた。しかしシャイタンは土の一部を口の中に含んでいて、これをあとで平らな大地の上に吐き出した。こうして山や谷が発生した。チャム＝パスが天を創造したとき、シャイタンは碧空を不毛な黒雲で覆った。チャム＝パスは山々の内部を宝石で満たし、大小の川を谷間に流し、また黒雲に、恵みの雨を備えさせた。

人間が創造されたとき、シャイタンは急いで行って、彼の悪霊を吹き込もうとした。彼は間もなくチャム＝パスによって追い払われ、チャム＝パスは人間に彼の霊を吹き込んだ。しかし、人間には良い性質と並んで悪い性質や病気も残った。神の母アンゲ＝パチャイが、チャム＝パスからもらった聖なる火打ち石で火花をつくり、この火が善霊に変身した。これを見たシャイタンは、もう一つの火打ち石から火花をつくって、これから悪霊を造り出したのであった。

土器つくりのアナロジー

なお、人類創造神話においては、いままでも見てきたように、土をこねて人間を創造するモチーフが繰り返し出てくる。このモチーフは世界的に広く分布しているが、おそらくは土器作りのアナロジーでつくられたモチーフであろう。オーストラリアの一部のように、元来土器を作っていなかった地域にもこのモチーフがあるが、これは結局は、近隣の土器を作っていた文化、おそらくメラネシアの文化からの放射の結果であろう。

人類の進化

生物・物体からの進化

人類が他の生物あるいは物体から進化したという観念は、ことに北米インディアンの神話に著しい。しかも、第一段は創造、第二段は進化という結びつき方が多い。

北米のニューヨークの辺りのインディアン、つまり今のニュー＝ネーザーランドのインディアンは、男性の創造神のほかにその妻である女神の存在を考えていた。この女神は原初から存在していたが、当時は万事が水に覆われていた。彼女は天から水中に降って、陸を造った。陸は植物で覆われ、水が引くにつれて拡がっていった。すると女神は一匹の鹿、一匹の熊、一匹の狼を産み、乳を与えて育てたが、やがてこれらの動物と交わり、さまざまな動物を産み、しまいには人類も生まれた。

次の例などは、動物から人類への変化を語るが、実質的には創造である。

オジブウェ族によると、大精霊は最初は動物たちを創造し、これに地上の支配権を与えた。しかし、呪術によってこれら動物の若干は人間に変身し、それからは狩人として振る舞い、動物を追いかけるようになった。これに反して、より漸進的な進化の過程を説く神話もある。

カリフォルニアのインディアンの一部はコヨーテから由来したのだと考えている。最初は四つんばいに歩いていたが、その次に人体の若干の部分を備えるようになった。一本の手指、一本の足指、目が一つ、耳が一つ、といったぐあいである。それが次には手指が二つ、足指も二つでき、目も二つ、耳も二つあるようになり、時代とともにやがて完全な人間の体になったのであった。

同様な漸進的な進化は、東南アジアの神話にもある。たとえば、ボルネオのメンダラム＝カヤン族の神話によると、剣の柄と織機の梭《ひ》が、最初手足のない子供を産み、その第二代、第三代の子孫も同様な状態だったが、第四代になるともう座ることができ、第五代になって、やっと現在の人間になったという。インドネシアでは手足のない状態から世代を重ねることによって本格的人間になるという創世神話は、個々の胎児の成育についての表象に対応するものをもっている。たとえば、スマトラのミナンカバウ族は、胎児は球形人の状態から五体そろった人間へと成長するのだと考えているのである。

このメンダラム＝カヤン族の神話では、剣の柄と織機の梭が人間の祖先を産んだというのは、二つ以上の異質の物質が作用し合って人類が発生した（２ｂ）という形式の一例である。

これらの神話がみられる世代を重ねて、出産が続いて祖先が現れる形式の一つとして次の例がある。

東アフリカの牛の牧畜民ナンディ族の創世神話には、その地域の狩猟民ドロボ族が登場する。万物は天と地の結婚から生まれた。月と結婚した太陽が、創造行為に秩序をつけ、現在のような事物の状態にしようと思って地上にやって来たとき、地上に、雷とドロボ人一人と、一匹の象が一緒に生活しているのを見いだした。ドロボ人が睡眠中起き上がらずに寝返りをうつことができるのを見てショックを感じた雷は、地上から立ち去って天に行って住む決心をした。しかし象は雷について行くのを断り、ドロボ人に殺されてしまい、ドロボ人が地上の主になった。ナンディ族の一氏族たるモイ族の伝承によると、最初のナンディ人の男は、男児と女児を一人ずつ産んだ。ある日のこと、この男の脚がふくれて、妊娠したのであった。しまいにそれが破裂し、一人の男の子と一人の女の子が現れ出た。二人には子供ができ、地上のすべての民族の始祖となった。その後、人間の過失によって死が世界に始まった。

ここでは、出産による人類起源は、進化型の範疇のなかで取り扱った。しかし、これもまた創造行為の一種として見る立場もある。このように見た場合でも、粘土をこねて人間を創造するのと、出産によって人間を産み出すのとは、いろいろな意味において相違している。

神話の性別

アメリカの人類学者ペギー＝サンディーの研究もこの点にかかわっている。彼女は、世界中から百十二の社会を選んで、その創造神話を分析した。それによると、人類を創造するには、創造神の体から、たとえば性的結合、出産、自己増殖によって行うやり方と、体以外から、つまり、粘土から人間を造ったり、植物や動物から人間に変身させたりする呪術的な方法がある。少数の例外を除くと、女性の創造者あるいは夫婦の創造者は体から創造する。これに反して、男性の創造者、動物である創造者、そして至高神は体以外から創造するのである。また、女性の創造者は水や大地と結びつく傾向があり、男性や動物の創造者は天や山と結びつきやすい。男女両神が協力して創造する場合、男神は天から、女神は大地から由来したと言われることが多い。

ここで面白いのは、創造神の性別、出身地、創造のしかたを考え合わせ、世界の創造神話を、女性的色彩のもの、男女の対によるもの、男性的色彩のものというように三つに分けてみると、約半数は男性的色彩のもので、アフリカ、環地中海、南北両米は過半数がこれである。ところが、太平洋島嶼《とうしょ》部では、男性的色彩のものは少なく、女性的色彩と男女の対がそれぞれ四四パーセントもあり、世界中できわだっている。東ユーラシアは男性的色彩のものが四四パーセントであるが、夫婦型は三八パーセントで、太平洋に次いでいる。

サンディーの研究は、なにぶん僅少なサンプルにもとづいたもので、この統計の結果を過大評価することはできない。しかし、創造神の性別の意味、世界的な地域差など、将来さらに深めて行くべき問題を指摘した功績は大きい。

物体からの進化

次は物体から人類が出てくる神話に移ろう。

単一の物体から人類が出現する神話のなかでは、卵から出現する形式も多い。

アヴェンダニョが報告した古代ペルー神話によると、人類は飢饉と洪水によって二度破滅したのち、天から三個の卵が降り、それから現在の人類が出てきた。一つは金の卵で、これから祭司が出、銀の卵からは戦士が、そして銅の卵からは庶民が出てきた。この神話は金属製の卵という点でインド神話に似ており、出現した三階級が旧大陸のインド＝ヨーロッパ語族の三機能体系と似ているのも面白い。

南ボルネオのバリト河上流の原住民によれば、原初には水が存在しており、そのなかにダイヤモンドの冠をかぶった恐ろしいヘビ、ナガ＝ブッサイが動き回っていた。その頭は大地ほど大きかったので、ハタラ神が天から土をこの頭に投げ下ろすと、ヘビの頭の上に厚い壁ができ、島として水上に聳え出てきた。ランイング＝アタラ神がこの若い大地に天降ると、土でできた七つの卵がそこにあった。彼はそのうち二つを取ってみると、その一つには男、もう一つには女が一人ずつ入っていたが、どちらも死人のような外観だった。そこで彼は創造神のところに帰り、人間にはまだ欠けている息をもらおうと思った。ところが、その間にサングサング＝アンガイが地上に天降り、人間に息を吹き込んだ。それによって人間は生命をもったが、同時に死の胚子も吸い込んでしまった。さて、ランイング＝アタラは帰ってきて、アンガイの仕業を知ると、悲しんで天に帰って行った。そのとき彼は不死性ばかりでなく、大地から他のすべての神の贈り物、つまり永遠の青春、一般的なかつ妨げられない幸せ、働かなくても何でもたっぷりあること、要するに、楽園のすべての至福を取り去ってしまった。人間社会の事柄はアンガイによって決められた。労働によって楽しみを得なければならない。悪いことをすれば罰がある。苦痛と長患いの末に死がやってくる。戦争と流血によって、人類の一部は暴力的に滅ぼされる、というきまりである。

世界巨人神話

原初の存在が死に、その死体から世界が発生したという世界巨人神話には人類起源のモチーフが含まれることがある（2c）。たとえば中国では盤古の死体から世界が発生したが、『五運歴年紀』によると、盤古の左眼は太陽、右眼は月になり、四肢五体は四極五嶽になり、血液は江河に、髪髭は星辰に、皮毛は草木に、歯骨は金石になったが、身の諸虫は風に感じて黎甿《れいぼう》（人間）になったという。

このような巨人死体化生《けしょう》神話を裏返しにすると、世界を構成するさまざまな部分から最初の人間が合成されたという神話になる。旧約聖書の外伝の一つに『エノクの秘密の書』というのがあり、今日スラヴ諸語に翻訳されたものだけが残っているが、それによると創造の第六日に、神は自分自身の知恵に命じて、七つの要素から人間を合成させた。大地から肉、露と太陽から血、海の深淵から目、石から骨、天使の栄えと雲から思考、地上の草から神経と毛髪、神の聖霊と風から魂がそれぞれ造られたのであった。

この形式の人類起源神話は、古い記録には出てこないが、アメリカの宗教学者ブルース＝リンカーンの説によれば、インド＝ヨーロッパ語族のところでは、世界巨人神話と並んで古くから存在したのではないか、という。もしそうだとすれば、大宇宙（世界）と小宇宙（人体）の対応を示す壮大な宇宙論が想定されることになる。

出現する人類

以上は世界起源神話にも共通するモチーフ

ないし形式のある人類起源神話である。これから世界起源神話には共通したモチーフのない形式を取り扱おう。いずれもすでに世界が存在することを前提としたものである。

地中からの出現

このような神話のなかでも多いのは、地面の穴や洞穴から人類が出現した形式である。インド北東部アッサムのアオ＝ナガ族の祖先は、ディク河右岸のチョンリイムテイの近くで地中から出現したという。ルシャイ族の神話によると、原古にある酋長が太陽を呑み込んで世界は大暗黒となり、人間が動物になってしまうなど、大変動が生じた。この大災厄のあと、チヒンルンというところの地面の穴から男たちや女たちが出てきて、彼らが現在の人類の先祖になった。

このような地中から祖先が出現した神話はインドシナ東南部の山地民、東部インドネシアを経てニューギニア南部とオーストラリアの一部にまで拡がっており、日本では八重山、宮古の両諸島にあり、本州でもかつて存在した痕跡がある。済州島では三神人が漢拏山の北麓の穴から出現し、これが住民の先祖となったことが、『高麗史』地理誌に出ている。

一般に地中から始祖が出現する神話は未開農耕民のところに多い。しかし、なかには高い文明にも残っている。

インドのジャイナ教の考えによると、以前の状態から現在の世界が再建されたとき、十四対の人間が一つの山の洞穴から発生した。彼らは一・五腕尺《キユービツト》、つまりほぼ七〇〜八〇センチの身長しかなかった。これらの対はユガリヤスと呼ばれるが、彼らは双子を産んだ。ただ最後の対だけは、リシャバ＝デヴァ、つまり最初のティルタンカラを産んだが、これは身長が二〇〇〇腕尺、つまり一〇〇〇メートルもあった。ジャイナ教の本には、ユガリヤスは、山頂に一列になって並ぶ十四組みの夫婦として描かれている。

地中から始祖が出現する神話はアメリカ大陸にもある。北アメリカの南西部のプエブロ諸族やナバホ族にもあるが、それ以外にもかなり例が多い。アメリカ大陸でも、他大陸と同様に、その分布の重心は未開農耕民のところにある。

たとえば、ブラジルのムンドゥルク族によると、カルサカイボ神は世界を造ったが、人間は創造しなかった。ある日のこと、ダイイルというアルマジロが創造神を怒らせてしまい、地中の穴に逃げ込むことになった。カルサカイボはこの穴に息を吹き込み、地面を足で踏みならした。ダイイルは、息の勢いで穴から吹き出されてしまった。彼は地下に人びとが住んでいると報告した。そこでダイイルとカルサカイボは木綿の綱を作って穴の中に垂らした。人びとはこれを伝って登って外に出始めた。彼らのうちの半数が外に出たとき、綱が切れ、あとの半数は地下にとどまり、今でもそこで住んでいる。夜になると太陽は地下住民の国を西から東に通って行く。地上が月のない夜には、地下で月が照っているのだ。

北米のマンダン族は最初に世界で創造された民族だという。彼らは元来は地中に暮らしていて、たくさんの葡萄《ぶどう》の木を植えていた。そのうちの一本が一つの穴を通って上に伸びて行った。この木を伝って一人の若者が地上のある河のほとりに出た。そこは今日マンダン族の村のあるところである。彼はこの美しい土地に感心し、野牛を一頭殺してみて、その肉がおいしいのを知った。また二人の少女も上ってきた。酋長の愛娘《まな》だった。たいへん太った女も上ろうと思ったが、重すぎるということで酋長から止められた。彼女は一人きりになったとき、好奇心を押さえることができず、登りはじめたが、木は重みで折れてしまった。彼女はみんなから軽蔑された。というのは彼女は大きな不幸の原因になったからだ。というのは、それ以後、だれ一人、地上に登ることも、また地上から降りてくることもできなくなったからだ。地上にいたマンダン族は村をつくったが、残りの人たちはまだ地下に暮らしている。

天からの降下

地中からの出現と並んでしばしば現れるのは天からの降下という人類起源神話である。ことに身分階層の区別が厳しい社会、征服民と被征服民からなる民族では、支配者や征服者は天降ってきた人たちで、土着の人、被征服者、庶民は地中から出現したという形をとることがある。次の例もその一つである。

西アフリカのモシ族の居住地のうちヤテンガと呼ばれている地域の原住民ニョニョセ族は、一部は大地から現れ、他の部分は天から降ってきたといわれる。この地方は西アフリカの他の地域と同様に《土地の主》といわれる役職の人たちがいる。つまり大地から出現したと主張する人たちであって、農耕技術に関する儀礼をつかさどる。彼らは望むときに種子に魂を与えたり、魂を奪ったりする。また播種のときには種子に魂を取り戻させることによって種子を発芽させる方法の保管者である。これに反して、天から降ったと称する人たちは、雨の《作り手》であり、雲と風の主であり、大気と炉の火とを制御する方法の保持者である。

このニョニョセ族の例で面白いことは、地

下に由来する人たちが、ことに農耕技術に関する儀礼をつかさどっていることである。これは地下に豊穣の原泉があるという考えと無関係ではないであろう。

天が故郷である場合、天降った人びとの食物もまた天に由来するという表象はごく自然である。日本では『日本書紀』の一書によると、アマテラスの子オシホミミは、支配者として天降ることになったとき、アマテラスから高天原つまり天で食べている稲を、地上で食べるようにと授かっている。結局、オシホミミではなくて、その子のニニギが天降ったのであるが、基本的な考え方はよく出ている。次のアフリカの例も、人間と食物がともに天に由来する形だ。

東アフリカのガンダ族によれば、創造神コトンダは天でキントゥを造った。ある日、コトンダはキントゥに、その妻とともに地上に下り、繁殖するように命じた。神はその弟のワルンベ（死）が気づかないように下れと命じた。もしもワルンベが二人がどこにいるのか知ったなら、自分も天降って、二人の子供たちをみな殺してしまうだろうからである。

朝早く、キントゥは出発したが、妻のナンビ（悪）は、一袋のミレット（雑穀）を持ってくるのを忘れたことを思い出し、神の禁止にもかかわらず、これを取りに戻った。彼女がまさに袋を屋根から引き出そうとしているところに、ワルンベに出会い、彼も一緒に天降った。キントゥはこのことについて神に苦情を言ったが、神はただ、「おまえに警告したじゃないか」と答えただけだった。そして神は不幸なキントゥを自分の前から追い払った。そこでキントゥは妻に向かって、「おまえがすべての悪の原因だ」と言った。まもなく悪は訪れた。それはワルンベがすべての子供を殺すのに全力を尽くしたからであった。この神話には最後のところに、死の起源神話の要素もあることに注意しておこう。

人類が天からあるときもたらしたのは食物ばかりでなく、鍛冶の技術もそうだと伝える民族がいる。

インドのムンダ族の祭司によると、大昔、天でシングボンガ神に仕える人間たちがいた。彼らはたまたま鏡に映った自分たちの顔を見て、神と同じ形なのを見て、神に仕えなくなった。彼らは神によって放逐され、天からテラシ＝ピルヒ＝エカシバシというところに墜ちた。そこにはたくさんの鉄鉱があったので、彼らはただちに炉を作り、鉄鉱を熔かしだした。昼となく夜となく、煙と火花が天に昇り、シングボンガ神を悩ました。神は、昼間じゅう働いたならば、夜の間は休め、それとも夜の間じゅう働いたならば、昼間は休むようにしろ、と命じた。神からの使者が何回もやって来たが、彼らはこれを聞き入れなかった。そこでシングボンガ神は自ら天降って、お忍びである老人夫妻のところに滞在した。ところが、ちょうど熔鉱炉がいつも壊れるので、熔鉱職人たちはシングボンガに出会ったとき、どうしたら良いかと尋ねた。シングボンガは、人身御供をしなくてはならない、と答えた。彼らは供犠すべき人間を一人も見いだせなかったので、シングボンガは自ら犠牲になることを申し出た。彼の指導によって新しい炉が作られ、神を中に入れ、火をかきおこし、熱くなったので火に水をかけた。するとシングボンガは傷一つ負わずになかから出てき、そして炉のなかから、金や銀や輝く宝石が流れ出た。「見ろ、一人入っただけでこうだ。おまえたちみなが入れば大変な量の宝物が手に入るぞ」。そこでみなは炉のなかに入り、女たちに鞴《ふいご》で火をかき立てるように命じた。まもなく炉のなかから恐ろしい叫び声が聞こえ、女たちは恐れを抱いたが、「どんどん続けろ。連中は内で分け前をもらっているのだ」と言った。こうして男たちは死んでしまった。女たちを慰めるために、シングボンガは下位の神々を創造し、ある神は岩、他の神は村や川をその住所に割り当てた。こうしてムンダ族が、供犠を捧げて崇拝し、病気が治るように、豊作になるようにと祈る神々ができた。

この神話では、人間が天から降ったのち、天と地の間の緊張が発生する。一般的にいって、人間は天から降っても、しばらくの間は天地間の往復が可能だった。しかし天地分離の時が訪れる。

中央アフリカのバリ族によると、神はすべての人間を善良に創造し、人間たちは神と一緒に天に住んでいた。しかし何人かは邪悪になったので、神は人間たちを一本の綱を使って地上に下ろした。善良な人間たちは、この綱をつたって天に上ることができた。天には踊りとビールがあり、すべてが愉快だった。しかし時日がたつにつれて、綱は切れ、だれももう天に上れなくなった。

植物からの出現

ところで、地上では地面の穴からと並んで、木から祖先が出現した神話も多い。この木あるいは他の植物から出現する形も、地面の穴からの出現と同様に、おもに未開農耕民のところに多くみられる。

ソロモン群島のマランタ島のサーの伝承では、人類はトフ＝ヌヌという種類のサトウキビから自発的に跳び出して来たのだという。つまり一本のサトウキビに二つの節ができ始め、それぞれの節の下の幹が割れ、一つから男、もう一つからは女が出て来、この二人が人類の祖となった。

パプアニューギニアの西南部に住むケラキ族によると、最初の人類は一本の椰子《やし》の木から出て来た。創造神ガインジは、この椰子の木の内部でがやがや声がするので、話している者たちを、同じ言葉を話す者ごとに集団にして出してやった。だから世界にはさまざまな言語があるのだ。

ボリビアのユラカレ族によると、火によってすべての人間が死滅したとき、ティリ神が一本の木を開け、そのなかからさまざまな部族を出現させた。しまいに大地に十分の数の住民がいると思えたので、ティリ神はこの木を閉じた。しかし人びとは弱くかつ無知であった。そこで一人の処女が、森のなかのもっとも美しい木、ウレに祈ると、ウレが出て来て彼女を抱き、彼女は一人の文化英雄を産んだ。彼が人びとに人生の技を教えたのであった。

これらの木からの出現のほかに、穀物から人類ができたという神話もある。

トウモロコシから人類が創造された神話は中米から北米南西部にかけて見られる。ユカタンのマヤ文明の後裔のキチュ族の『ポポル＝ヴフ』では創造神は最初動物を造ったがしゃべれないので、次に土で人間を造ったがうまくいかず、木で人間を造ってみたがうまくいかず、白や黄のトウモロコシで話のできる人間を造ったのであった。

北米南西部のナバホ族の神話では、人類はトウモロコシから造られたことになっている。つまり、ハストシェヤルティは暁と東の神であり、ハストシェホガンは夕暮れと西の神である。白いトウモロコシはハストシェヤルティのものであり、黄色いトウモロコシは、ハストシェホガンのものである。そしてこれら二大神の監督のもとで、神々によって白いトウモロコシから男、黄色いトウモロコシから女が創造された。ニルチ神が彼らに生命の息を与え、水晶少年神が彼らに心を与え、バッタ少女神が彼らに声を与えた。ヨルカイ＝エスツァン神は彼らに火とトウモロコシを与え、男を地熱少女と結婚させ、女を蜃気楼少年と結婚させた。この二組みの夫婦からナバホ族の最初の氏族が由来した。

男の起源・女の起源

男女別々の起源

世界では人類の起源として男と女の起源を一まとめにしないで、男の起源と女の起源は別々だと信じている民族も少なくない。『旧約聖書』にしても、神はアダムの肋骨からエバを造ったではないか？　男の肋骨で女が造られたという神話はポリネシアにも点々として分布しているが、土着のものかどうかは疑わしい。おそらくキリスト教の影響であろう。けれどもキリスト教の影響によらなくても、男と女は別の起源だという土着の伝承は世界各地にある。

東アフリカのヴァザニャ族によれば、神は最初一人の人間を創造したが、この男は長い間一人で暮らしていた。この期間中に七日間の暗黒が訪れた。その終わりごろ、彼は孤独を感じて神に配偶者がほしいと懇願した。神に祈ってのち、男は手を伸ばしてみると、何かが彼のかたわらに横たわっているのを感じた。八日目に、暗黒が姿を消すと、神が彼に一人の女を伴侶として連れて来てくれたことを知った。

北米のブラックフット族のなかのブラッド

部族の神話によると、大洪水のあと創造神ナピオアは大地を造り、そのあと人類を造った。最初に一人の女を造った。その口は縦に裂けていたので、ナピオアはこれに満足せず、これを閉じて、現在の口と同じ形に改めて裂いた。そのあと彼は何人かの女を造り、また何人かの男を造った。男たちは一緒に住んでいたが、女とは別に住んでいたので、しばらくの間、女を見なかった。男たちは初めて女を見たとき、あきれ返り、そしていささかこわがった。ナピオアは、男たちに一人ずつ女をとれと言ったが、男たちはこれを恐れていた。彼は男たちを激励し、こうして男は一人ずつ妻を娶った。

グリーンランド＝イヌイト（エスキモー）の神話によると、最初の男は大地から、最初の女は男の親指から発生し、この二人から人類が始まった。男はすべての他の事物を世界にもたらしたが、女は死をもたらした。それは彼女が子供たちに、「おまえたちは子孫のための場所をつくるために死ななくちゃいけないよ」と言ったからであった。これに続く時代に、大地には洪水が溢れ、水中に生き残ったただ一人の男は、棒で地面を打つと、彼の妻が出てきて、こうして地上にまた人間が住むようになった。

西アフリカのエコイ族は一夫多妻制であるが、一家の実権を握っているのは、夫ではなくて妻である。この女の高い地位を次の神話が基礎づけている。万物の原初には、世界に住んでいるのは女だけであった。ある日のこと、大地の神アウバッシ＝ヌシは、偶然一人の女を殺してしまった。女たちはこのことを知ると、集会を開いて、神に、「もし私たちを殺すつもりならば、一人ずつ殺すのではなくて、みんないっぺんに殺してください」と願った。神は自分が引き起こした悲劇を悲しみ、殺された女の埋め合わせに、何でも欲しいものをやろうと、女たちに申し出た。女たちは神に、「くださることのできるものを列挙してください。欲しいものの名があがったら、はい、と言います」と答えた。神はそこで彼のもっている果物、鳥、動物の名をつぎつぎに挙げたが、いつも「いりません」という返事だった。しまいに、神には提出できるものが一つしか残らなくなった。「男が欲しいの？」女たちは全員、「はい」と叫んで、大喜びで抱き合って踊り出した。こうして女たちは亡くなった仲間の女の代償に男をもらった。こうして男たちは女たちの召使いになり、今日に至るまで男は女のために働かねばならないのである。つまり結婚すると女は男の影響下に入るが、女が男の所有者であり、男にどんなサービスでも要求できる権利をもっており、女がしてもらいたいことを男がすることを期待するのである。

洪水神話

大林　太良

定義と分布

洪水神話とは、原古における大洪水によって世界が破滅し、それまで生きていた人類も、少数の生存者を除いては全滅したが、洪水が引いてからは、また新しい人類の時代が始まったという神話である。人類の破滅の原因としては洪水がもっとも普通であり、少数ではあるが、大火によって世界が破滅したと伝える形式もある。またインドや中米におけるように、世界が火や水や風などの《元素》によって何回も破滅し、また新しい世界時代が始まったという表象の一部として洪水が語られることもあるが、これは少ない。北米や南米などには、天が墜落して世界が破滅する神話もあるが、これもそれほど多くない。したがって、原古における世界破滅の神話としては洪水神話がもっとも多く、代表的であると言ってよい。

洪水神話は世界的に広く分布しているが、世界中どこにでもあるというわけではなく、また世界の洪水神話は、どれもが同一系統のものではなく、少なくともいくつかの中心と数種の系統を考えることができる。たとえば古代西アジアからギリシアにかけての地域が一つの重要な地域で、ことにここからキリスト教やイスラム教とともに洪水神話が世界的に拡がっていった。ロシアを除くと、ヨーロッパの他の地域には洪水神話はほとんどなく、アフリカでは、イスラムあるいはキリスト教の影響以外には固有の洪水神話はほとんどなかった。アジアでは、シベリアには点々として分布するが、中央アジアにはなく、インド文明には独自の洪水神話があるが、東北部、中部の少数民族の神話は、東南アジアの型である。中国では古代の禹《う》の洪水神話があるが、これは治水を中心とした特別な形式である。中国南部から東南アジア、インドの一部にかけては、いわゆる兄妹始祖型の分布地域である。オセアニアではオーストラリアにはあまり多くないが、ほとんど全域に洪水神話がある。アメリカ大陸ではほぼ北端から南端まで洪水神話があり、ことに北米北部は、潜水モチーフを伴った地方型の分布地域である。

洪水神話で強調されること

洪水神話は、その地域や系統に応じて、強調されているところ、特徴のある部分が異なっている。たとえば洪水の原因を重視し、西アジアのように人間の邪悪や堕落、太平洋地域におけるように特定のタブーを破ったこと、また同じく太平洋地域で対立抗争を洪水の原因として挙げるところもある。これに反して、洪水の後、新しい世界や人間社会がどのようにして始まったかに大きな関心がよせられているところもある。北米の森林地帯などでは、洪水後に人間や生物が住む大地が水底から取ってこられたことが広く語られており、他方、中国南部からインド中部、東南アジアにかけては、大洪水ののちに、いかにして人類社会が再び始まったかを、生き残った兄妹の結婚や、生き残った人間と動物との結婚によって説明しているのである。

懲罰

かつて民族心理学者ヴィルヘルム＝ヴントは、洪水神話の古い形式には、倫理的なモチーフや、復讐、懲罰、報酬の要素が欠けていると考えた。これに反して法学者ハンス＝ケルゼンは、少なくとも復讐という要素はもっとも古い形式の洪水神話にまでさかのぼるのではないか、と考えた。ケルゼンの説がたとえ正しいとしても、全般的な傾向からいえば、倫理的なモチーフなどは、高度の文化や、階層の発達した社会などにより多く見いだされ、比較的新しい要素と見るのが適当であろう。したがって、その点ではヴント説にはもっともな面がある。さらに、もう一つ考えなくてはならないことは、倫理的なモチーフ、たとえば人間が邪悪になったので、神が懲罰のために洪水を送ったという形式は、しばしば西アジアからの文化的影響、ことに大航海時代以後欧米人によるキリスト教や、イスラム教の宣教に伴って拡がり、ときには土着の洪水神話を変容させていったという点である。

『旧約聖書』の洪水神話は、メソポタミアのものの系譜を引いているが、ヘブライ人の伝承でもいわゆるエホバ資料と、それよりも後代にできた祭司資料という二種の資料にもとづいて聖書は記されている。エホバ資料では雨が四十日間降ったことになっているのに、祭司資料では水が引き始めるまでに百五十日かかり、エホバ資料では洪水を起こしたのは雨だけだが、祭司資料では雨のほかに地下から噴き出した水も洪水の原因である。箱舟に乗せた動物もエホバ資料では清い七対の動物と清くない一対の動物であるが、祭司資料では、清い動物とそうでない動物の区別なく、すべての動物を一対乗せている。いずれにしても、人間の邪悪な行為を見たエホバが地上に人間を造ったことを悔い、正しい人ノアに「洪水を起こすから箱舟を造れ」と警告し、ノアは家族と動物の対を乗せ、洪水から助かった。箱舟はアララト山にとどまり、ノアは烏《からす》を放ち、次いで鳩を二度放って水が引いたかどうかを調べさせた。二度目に鳩がオリーブの若葉をくわえて来たので水が引いたことを知った。また鳩を放つと、もう帰ってこなかった。ノアは神のお告げで箱舟から出た。神は再び大洪水を起こさないという契約のしるしに虹をつくった。

この聖書の洪水神話は、欧米人によるキリスト教宣教とともに、世界各地、ことにいわゆる未開民族の洪水神話に影響を与えた。しかし、懲罰モチーフをもつ洪水神話のなかには必ずしもキリスト教の影響ではないらしいものもある。

たとえば、南米のカライブ族の例では、良い精霊たちの親分は、人間つまりカライブ族がどんどん悪くなって、その父祖のように、自分に食物の一部を供物として捧げてくれなくなったのが不満で、怒って長雨を降らせて大洪水を起こした。そのため人類の大部分は水中に溺死してしまったが、少数の者だけが、小舟に乗って当時ただ一つあった山に逃れた。この洪水によって島々は大陸から切り離され、海岸の砂丘と岩崖が発生した。

マレー半島のセマング族では雷鳴のときに、至高神カレイに自分の足から血をとって、これを供犠として捧げることが義務であって、これを怠ると自分の部族ばかりでなく、全人類を滅ぼす大洪水が生じることになると信じられている。

タブー侵犯と動物虐待

人間の一般的な邪悪を罰するという倫理的なモチーフではなくて、むしろタブーを破ったために洪水が起きるという形式がある。この形式はインドネシアからポリネシアにかけて広く分布しているが、中国や東ヨーロッパのジプシーのところにもある。魚とかヘビを食べた報いで洪水になり、食べなかった者だけが助かるという形式だ。

たとえばニューギニア東北部ベルリンハーフェンのヴァルマン族の神話によると、ある日、一人の大変しっかりした男の妻が、一匹の大きな魚が岸に泳ぎついたのを見た。彼女は夫を呼んだところ、夫は愕然《がくぜん》として家族にこの魚を捕ったり食べたりすることを禁じた。しかしほかの人たちはこの男の警告にもかかわらず、この魚を捕って食べた。これを見て男は急いであらゆる種類の動物を一対ずつ木の上に追い上げた。それから彼も家族とともに一本のココヤシの木に登った。人びとが魚を食べ終わるやいなや、ものすごい勢いで水が地面から噴出し、だれ一人これから逃れることができず、人間も動物も死んでしまった。水は一番高い木の梢にまで急速に高まっていったが、水が引くときも急速だった。男は家族とともに地面に下りて、新しく畑を作った。

この形式とは少し違うが、近いものに特定の動物を虐待したために洪水が生じたという話がある。北米北西海岸のチムシァン族によると、かつてスキーン河上流では人びとは幸せに暮らしていた。しかし何人かの性悪な若者が一匹の鱒《ます》を虐待し、これをまた水中に投げ込んだ。すると突然天に黒雲が湧き、強い風が吹き、大雨が降り始め、鱒が虐待された小川の水かさが増え始めた。若者たちは、小川の対岸にある家に戻れず、みな溺れ死んでしまった。雨は二十日も続いて降ったので、人びとはみなカヌーに乗り込み、船のなかにオオジカの皮で小屋を造った。洪水はいっそうつのっていき、みな船に乗り、ただ大変年とった人びとや、貧乏な人たちだけが溺死した。山の半分の高さまで水かさが増すと、錨の綱が短すぎて、何隻かの舟は漂流し始め、何人かは山頂に流れついたが、雨風の激しさに死んでしまった。すべての船が漂い出したところで増水はやんだ。こうして大草原《プレーリー》にあった都市の住民はアラスカにまで拡がったのであった。

闘争が原因

洪水発生のしかたの一つは、二者が相争う過程で洪水が生じることである。マレー半島のケランタン州のマレー人の伝承によると、昔だれかの割礼が行われ、これを祝って宴会が催された。この機会にあらゆる種類の動物の闘いが行われた。象・水牛・山羊などの動物の間での闘いが行われたが、しまいに犬と猫の間の闘いが始まると、大洪水が山から降下し、平地に住んでいたすべての人間は溺死してしまった。ただ、これを逃れたのは、たまたま薪を取りに山に行かされていた召使いたちだけだった。洪水になると、太陽や月や星も消え、大暗黒が生じた。そして光明が戻って来たときには、陸はなくて大きな海があるだけで、人びとの住家はすべて水中に沈んでいた。

インドネシア西部のニアス島の神話では山と山の闘争が洪水の原因である。昔、山と山の争いが始まりどの山も自分が一番高い山だと主張した。このことはバルグ＝ルオメウォナ神を憂鬱にさせた。この神は窓際に行って、山々に向かって「私はおまえたち全部を覆ってしまおう」と言った。一本の黄金の櫛を取って海中に投げたところ、この櫛は巨大な蟹《かに》に変身し、海の流出口をとめてしまった。おまけに大雨が降り、この二つの原因が重なって、膨大な量の水が発生し、しかもどんどん水かさが高くなって、しまいには闘っている山々は三つ（別伝では二つ）を除いて、水に覆われてしまった。家畜を連れてこれらの山に逃げた人たちだけが助かり、その他の人たちは、みな溺れ死んでしまった。このような驚くべき方法でバルグ＝ルオメウォナは山々の争いをさばいたのであった。あの蟹は今なお、その鋏で世界のヘビの口をふさいで、潮の干満を生じさせる。それは、このヘビは大地をとりまいていて、その口のなかに海が注ぎ込むからである。海は、大洪水が発生したときになって、はじめて生じたものという。

対立や闘争を契機として洪水が生ずる神話は、たとえば日本の海幸山幸神話で、海幸彦と山幸彦との争いの過程で、山幸彦が海神の宮からもらってきた塩満珠《しおみつたま》を使って高潮を起こして兄の海幸彦を溺れさせて懲らしめたのもその一例であるように、東アジアにも例がある。

この東アジアから東南アジアにかけての、争闘を契機として洪水が生ずるという観念はポリネシア神話にも見られ、東南アジアとの連続性を考えさせる。マンガイア島では、アオケウ神と海神アケは、どちらが有能かと争い、アケは海水を上昇させ、アオケウは大雨を降らして洪水を起こしたといい、サモアでは月の女神シナは太陽神マウイと闘い、洪水を起こしたという。

このマンガイアとサモアの例には、相争う

ものが、日本の海幸彦と山幸彦のもつ海と山のように、宇宙の二大原理の代表者だという性格がみられる。つまりマンガイアの神話では、アオケウは洞穴で生まれ、アケは大洋に住むから、アオケウは陸、アケは海の代表者である。同時にアオケウは雨で、アケは海水で洪水を起こしたから、天と海との対立でもある。またライアテア（タヒチ諸島）の場合、漁夫が海神ルアハトの髪に釣り針をからませたので、海神は復讐として陸地を破壊すると脅かしている。つまり海と陸との対立である。東南アジアの対立型の洪水神話でも、ベトナムのバナル族の場合、鳶《とび》と蟹、つまり天界と水界の代表者の争いによって洪水が生じたというように、宇宙論的争闘の例は少なくない。

陸地造成　洪水後の秩序設定のなかでも、まず陸を造るのが主眼だとする神話がある。たとえば、北米のドッグリブ＝インディアンによると、昔、チャペウィ（エテウェクウィともいう）という老人は二人の子供を追い出して、北の二つの海が一緒になる海峡に行った。彼はそこで一人で、不機嫌に暮らしていた。子供たちが彼の言うことを聞かなかったからである。突然恐ろしい嵐の音が聞こえ、拡がっていった。突然のどしゃ降りとなり、老人が眠っている間に海の水は高まり、大地を覆いそうになった。するとチャペウィは彼の場所に仁王立ちになり、足を川の両岸に立て、巨大な両手で、波間に囲まれた人間たちを摑み、陸の上に置いた。しかし水はますます高まって行き、彼はそこで大きな筏を作り、その上に一群の人間を乗せ、また一対の動物たちも乗せ、水が全地上を覆ってしまったのち、水上を漂っていた。動物たちはみな陸を恋しがった。

そこでチャペウィはカワウソ、ビーバー、鴨をつぎつぎに水中に潜らせて大地を求めさせたが、無駄であった。最後にジャコウネズミを潜らせたが、空気がないので死んで浮かんできた。しかし、この小さなジャコウネズミの前足の指の間に少しばかり泥がついていた。これをあの老呪術師は静まった水面に置いた。彼が力強く息を吹きかけると、この泥は大きくなり、小さな鳥なら一羽乗せることのできるほどの大きさの円盤となった。それから大地は拡大を続け、しまいには以前のように、他の生き物もその上で生活できるほど大きくなった。呪術師はこの円盤に、一本の大きくてしっかりした支柱をとりつけ、こうしてすべては完成した。

　この水底から取って来た泥から大地を創造する神話は、潜水神話と呼ばれ、中央アジアから北米にかけて広く分布する世界起源神話の一つの形式である。つまり北米では、この世界起源神話としての潜水神話と洪水神話とが結合して、いま見たようなドッグリブ族のような形の洪水神話ができたのであろう。

　この北米の神話では、水底の泥から陸を作る方法だが、洪水神話のなかには、洪水で溜った水をいかに排水するかに重点を置いたものがある。治水神話という名で呼ばれることもあるが、古代中国のいわゆる洪水神話もこの部類に入る。帝堯のとき洪水が起こったが鯀《こん》は治水に失敗して殺され、その子の禹が成功したという神話であって、『尚書』の禹貢や『史記』の夏本紀などさまざまな古典に載っている。『国語』周語によると、共工や鯀が治水に失敗したのは、自然の理に背いて河川をせき止めようとしたことにあり、禹の成功の理由は、自然の勢いを助けて、河川を疏通したことにあると言っている。

山間に溜った水を、山を破って水路を通じて流し、干拓して人間生活の場にしたという伝承は、必ずしも洪水の発生を物語らないこともあるが、中国のほかにギリシア、インド北西部のカシミール地方、チベットにも伝えられている。たとえば、『ニラマタ＝プラーナ』の伝える伝説によると、今日のカシミールは昔はサティサラスという大きな湖だった。この湖にはヤロドバヴァ、つまり《水から生じたもの》という魔物が住んでいて、しばしば周囲の地域を荒らしていた。そこで賢者カシャパはブラフマー神に助けを求めた。ブラフマー神の命令で、神々は湖にやって来て、この湖を見下ろすナウバンダナ山の頂上に勢ぞろいした。この山はマハーバーラタによると、大洪水のときにマヌの舟が錨を下ろした山である。それはともかくとして、この魔物は自分の本性に合う水中にいれば天下無敵だから、湖から立ち去ろうとしなかった。そこでヴィシュヌ神は弟のバラバルダ神を助けに呼び、湖を干上がらせた。バラバルダ神は、彼の武器である犂《すき》の刃で、山に穴をあけ、そこから水が流れ出た。そこにヴィシュヌ神がやって来て、ヤロドバヴァを殺した。こうして干上がった土地に人間が住むようになり、こうしてカシミールが発生した。

　そして日本においてはこの排水伝承は神や英雄が山を蹴《け》破ったり、裂いたというので、蹴裂伝説という名で知られており、阿蘇、甲斐などもかつては湖だったのがこうして干拓されたのだと語られている。

　この種の伝承で代表的なものの一つは、南米コロンビアのボゴタにかつて王国を造っていたチブチャ族の神話である。原初、まだ月がなかったころ、クンディナロルカの高原は閉じられていて、チクェンバナ峠はまだ開かれていなかった。当時人類つまりムイスカ（チブチャ）族は、農耕も、宗教も、道徳も、国家ももたない野蛮人だった。するとある朝のこと、一人の鬚《ひげ》の生えた老人が現れた。ボチカ、ネムクェチェバ、ズヘという三つの名をもち、また三つの頭があるように描かれることもある人物だ。この男は人びとに、着物を着、土地を耕し、神々を崇拝し、国家を造ることを教えた。彼の妻も、フィタカ、チア、ユベカイグヤという三つの名をもっていた。彼女は輝くばかりの美人だったが、大変邪悪な女で、夫の有益な事業を片っ端から破壊しようとした。そして彼女は陰険な魔術を使ってフンジャ河（いまのボゴタ河）をひどく増水させて、高原全体を大洪水にしてしまった。住民のうちごくわずかの者だけが、山の頂に登って難を逃れることができた。ボチカは怒って妻を永久に地上から追放して、彼女を月に変身させた。それ以来月があるのだ。地上の災難をとり除くために、ボチカは岸壁を開いて、水を流し、五百七十フィートの堂々たるテクェンダナの滝ができた。陸が乾くと、生き残った少数の者は耕作するように呼び寄せられ、祭司団、定期的な集り、供犠と巡礼を伴った太陽崇拝が始まった。国家の長として、彼は一人の世俗的な長と、一人の宗教的な長を置き、一年の秩序を定め、二千年生きたのち、イダカンサスという名で隠退した。

人間社会の創設

ところで洪水神話で、洪水後に物理的な世界がいかにでき上がったかに、これほど大きな関心を寄せている例はあまり多くない。これら北米の例や蹴裂型の神話はむしろ例外と言ってもいいかもしれない。これに反して、洪水後の人間社会がどのようにできたかにより大きな興味を示す例は数多い。ことに華南から東南アジアおよび中部インドにかけての地域は、生き残った兄と妹が結婚して人類社会が新たに始まる形式が分布しており、兄妹始祖型洪水神話と呼ばれている。なかには母子が結婚したり、犬と結婚する例もある。

中国雲南の彝《イ》（ロロ）族の洪水神話には、いろいろな伝承があるが、ポール＝ヴィアルの報告したものによると、神は土をこねて人間を造り、生気を吹き込んで男女二人ができた。これから人間が増え、耕作や機織りをすることを覚えた。そのうち旱魃《かんばつ》時代になり、次に洪水の時代になった。洪水の前に、男三人女一人の一家四人がそろって畑を耕していると、そこに神が現れて、洪水が来るから用意しろと言った。そこで一番上の兄は鉄の舟を造り、次兄は銅の舟を造った。末弟と末の妹は木の舟を造った。洪水になると、鉄の舟や銅の舟はすっかり沈んでしまったが、木の舟は水に浮かんで、水とともに上昇し、しまいにある山の中腹にひっかかった。だんだん水が引いてくると、身動きがとれなくなってしまった。幸いその上に竹があったので、末弟と妹の二人は竹の枝にすがって舟から出ることができた。二人は結婚して彝族の先祖となった。これ以来彝族はこの竹を神として崇拝するようになった。

中国西南部には兄妹始祖型の洪水神話が多いが、その多くにおいては兄妹が結婚するにあたっても、石臼とその蓋を山から投げ下ろすと、二つが一つになったので、二人の結婚は天によって認められたのだとか、二人の間に生まれたのは肉塊で、これを切り刻むと、それぞれが人間になったというように、原初の近親婚が行われ、子供を儲けるのが並み大抵のことでなかったことが強調されている。

ミャンマー（旧ビルマ）のチン族の場合は、何百年も前のこと、地上に滝のような雨が降り、地上全体は、一番高い山の頂上を除いて水に覆われた。雨雲が消えると、今度は太陽がものすごく照りつけたので、洪水を逃れた者もみな死んでしまった。ただ例外は幼い男児とその妹の二人だけであった。二人はある山に登り、一個の巨大な土製の甕《かめ》に隠れたのであった。洪水の水かさが増してくると、甕は漂い始め、こうして洪水から助かったばかりでなく、焼けつく日光からも守られていた。この二人からすべての民族は発祥したのである。

インドのムンダ族によれば、シングボンガ神は大地を創造し、その土で、人間の男児の形をつくり、これに生命を与えた。この神はのちに少女も創造した。この最初の夫婦の子孫は邪悪になり、体も洗わなければ、働きもせず、ただ踊りかつ飲もうとするだけであった。そこに《火の水》と呼ばれる洪水がやって来て、すべての人間は溺死した。ただ兄と妹一人ずつだけが、一本の木に隠れて助かった。この二人が結婚し、すべての民族の先祖になった。カーストの相違は職業の相違から発生した。洪水によって人類が新たに滅びることを防ぐために、シングボンガはルルビングヘビを創造した。これが虹となって、あまりに激しい雨を阻止するというわけである。あまりたくさん雨が降ると、このヘビはシングボンガの命令によって、自分の魂を虹として天に向かって吹き上げ、こうして雨を終わらせるのである。虹が天にとどまっている間は、ルルビングヘビは死んでいる。こういうわけで、一般にムンダ族は虹をルルビングと呼んでいる。

兄妹始祖型の洪水神話は、華南・東南アジ

ア地域以外では北米カリフォルニアのワイオット族から報告されている。創造神《上の老人》は、最初に造った人類が、ちゃんとした言葉をしゃべらないので、これに不満で、この人類を絶滅させることを考えた。洪水がやって来るのから逃れるため、英雄コンドルは、籠を編んで、妹と一緒にその中に隠れていた。洪水で古い世界が破壊され、清められたのち、二人は出て来た。二人は結婚し、人類の先祖となった。

洪水後に人間社会が成立するにあたって、最初の結婚が異常であることは、近親婚の形で表されるのが多いが、そのほか動物との結婚の形をとることがある。

ベンガル湾のニコバル諸島民の神話によると、原初に大洪水があって、人間も動物も溺れ死んだ。けれども一人の男が、ロアングの一番高い山の一番高い木に登って、そこで水が引くのを待った。水が引くと彼は地面に降りて、人間や動物を探し求めた。しかし一匹の牝犬以外には生き残った生き物はいなかった。この牝犬との間に生まれたのが、ニコバル諸島民の先祖である。

犬との結婚のモチーフは中米の洪水神話にも多い。フィチョル、トトナク、トラパネクなどの諸族では、洪水を生き延びた男のために、犬が女の姿になって家事をやってくれ、これを知った男は、この牝犬の脱いだ皮を焼き、もう犬の姿に戻れなくなった女と結婚するという形式である。

人間社会の創設とは、別々の人間集団の並存という状態が生み出されたことである。そして別々の集団は、ことに言語の相違によってしるしづけられることを、次の神話は語っている。

北米北西沿岸のトリンギット族では、大洪

水のとき人びとは大きな浮かぶ建物の上に乗って助かった。水が引くと、この乗り物は大きな岩の上の真ん中に止まり、あまり重いので二つに割れた。一方にはトリンギット族がいたが、もう片方にはその他の民族がいた。これが人間の間に言語の相違がある理由だ。

洪水の警告

洪水神話の多くは、無警告で、ある日突然始まるのが多い。しかし西アジアではギルガメシュ叙事詩のなかでもエア神がギルガメシュに洪水の来襲を予告し、旧約聖書でもノアは神から洪水の予告を受けている。またギリシアでプロメテウスがデウカリオンに洪水を予告しているのも、古い西アジアからの影響によるのかもしれない。この西アジア系の洪水神話以外にも、中国の彝《イ》族の例のように予告が行われる例はあるが、西アジア系、ことにノアの洪水神話の影響で拡がった例が多い。マジャール（ハンガリー）人の場合もそうであるし、またあとで挙げるヴォチャク族の例も、おそらく予告が行われたと見てよかろう。

ところが、ノアの洪水神話とは別に、予告が行われる例としてインドの洪水神話がある。これは伝統的に、長い間、さまざまな書物に繰り返し述べられている神話である。『シャタパタ＝ブラーフマナ』によると、ある朝、いつものように人びとはマヌのところに水浴び用の水を運んで来た。マヌが体を洗っていると、一匹の魚が彼の手の中に入った。魚はマヌに、「私を育ててくだされば、あなたを助けてあげましょう」と言った。魚はマヌを洪水から助けてあげるというのである。マヌが魚を育て、大魚になると、魚はこれこれの年に洪水が起こるから舟を造れと教えてくれた。マヌは魚を海に放してやった。洪水になるとマヌは舟に入った。すると例の魚が泳いで来たので、その角に舟の綱を縛りつけると、魚は遠くの北の山に舟を引いて行き、こうしてマヌは助かった。しかしマヌは一人だった。子孫がほしかったので、供犠を行った。バター、サワー＝ミルク、乳漿、凝乳を水のなかに供えた。一年たつと供えた品々は女に変わり、マヌは彼女を妻とし、子孫を儲けた。

予告モチーフは、中国において特殊な発達を遂げた。ある石像の眼が赤くなったら洪水になるという形式で晋の干宝の『捜神記』巻二十にすでに出ているが、ここでは現代の民間伝承を紹介しよう。

中国の山東省の漢民族の民間の伝承によると、一人の少年が一人の老女を祖母代わりに世話してくれた。この老女は大変汚かったので、洗って蝨《しらみ》も取ってやった。すると老女は「この蝨を捨てないで、庭の中で壺に入れて埋めておき、大洪水が来たら掘り出しなさい」と少年に言った。少年が「いつ洪水が来るのか」と尋ねると、「牢屋の前の石獅子の眼が赤くなったらだ」と言い、小さな舟を木で作って、小箱のなかに入れてしまっておくようにと命じた。少年は言われたとおりにし、毎日、石獅子を見に行った。ところがある男がこの少年の答えを聞いて、石獅子の眼に血を塗った。眼が赤くなったのを見た少年は家に走って行き、母と老女にこれを知らせた。老女は壺を掘り出し、箱から舟を出すように命じた。壺を掘り出してみると、なかには本物の真珠がいっぱい詰まっており、舟はどんどん大きくなって本物の舟になった。「壺をもって舟に乗り込みなさい。もし洪水になったら、流されてきた動物を救うのはいいが、黒い頭の人間は助けてはいけません」と言った。母と子が舟に乗ると、老女はたちまち姿を消した。すると雨が降り始め、大洪水になった。二人はあらゆる動物ばかりでなく、一人の頭の黒い人間も救った。やがて水が引き、男と動物は別れて行った。舟はまた小さくなり、二人はこれを箱にしまった。その後、例の男は真珠をほしがり、母子を不幸な目に遭わせようとしたが、恩を感じた動物たちが、この悪事の邪魔をした。

この形式は日本では《高麗島伝説》として知られており、むしろある特定の島が陥没した伝説の形をとっているが、本家の中国では元来は洪水神話の一種だったのである。

ノアの洪水神話の影響

一神教的なセム系

世界の洪水神話の歴史を考える場合、東南アジア、北米森林地帯など、いくつかの中心を認めることができるが、ことに大きな影響をふるったのは西アジアの中心である。ここからはことによると先史時代からギリシアなどにもなんらかの影響があったかもしれないが、何よりも、キリスト教やイスラム教とともにノアの箱舟の話が世界各地に拡がっていった。ことに欧米人によって拡められた場合が多い。

プラハのインド文学者ヴィンテルニッツは洪水神話研究の先駆者だったが、彼もまた、すでに一九〇〇年に聖書のノアの箱舟伝説に代表される西アジア系の洪水伝説が、世界各地に影響を与えたことを論じた。その際、彼がその影響を物語る特徴として、次のようなものを挙げた。まず「大変特徴的な要素」としては、蓋の閉まる箱舟、《生命の種子》を持参すること、鳥などを派遣して洪水が終わったかどうかを知ること、洪水が終わると供儀を行ったこと、虹が出たこと、である。それよりも証明力の劣る、「特徴的な要素」としては、人間が悪くなったという倫理的モチーフ、英雄が一人助かること、洪水の襲来の予言、人類の更新である。「大変特徴的な要素」を一つ以上と「特徴的な要素」二つ以上をもつので、この系列に属するか、少なくても影響が考えられる神話として、彼は西アジア、ギリシア、インド、インドネシア、メラネシア、ポリネシア、南米、中米、北米の例を挙げ、全世界に広がっていることを示した。いうまでもなく、オセアニアやアメリカ大陸の例は、キリスト教の影響によるものなのである。祭儀のところで挙げたマンダン族もその一例である。

しかし、なかにはキリスト教のノアの洪水神話の影響があったとしても、あまり顕著でなく、本質的には土着の神話と思われるもののなかにも、倫理的なモチーフを含むものがあることは前に述べたとおりである。

二元論的なイラン系

ところが、西アジアに発する洪水神話の影響は、すでにファン＝ヘネップが指摘したように、セム系の一神教的なものばかりでなく、イラン系の二元論の色彩の著しいものもある。たとえば、ヨーロッパ＝ロシアに住むウラル語系の少数民族ヴォチャク族には、『旧約聖書』からかなり変化した洪水神話がある。大昔、インマル神はノイという男がお気に入りだった。このノイは「大水が世界中に氾濫するだろう」と言って、大きな船を建造し始めた。三年間、彼は毎日この仕事に出かけた。サタン（悪魔）はノイが毎日出かけるのに気づいて、あるとき、ノイの妻に「旦那さんはどこに行くの？」と尋ねた。しかし妻は、夫に尋ねたことがあったが教えてくれなかったから知らない、と答えた。するとサタンは、「いい方法がある」と言ってノイの妻にホップを見せ、「このホップを桶に入れ、水や穀粉と一緒に煮るとビールができる。このビールを飲ませると、ノイはどこに行くのかしゃべるよ」と言った。こうしてノイは船を造りに行くのだとしゃべってしまった。するとサタンはノイの造った船をすっかり壊してしまった。ノイは新たに船を造りだした。二か年かけて造っていると、大水が地上に氾濫し始めた。ノイはインマル神の命令に従って船に乗り込み、妻を呼んだ。しかし妻が船に来ないので、ノイは怒って「そんなら、悪魔め、入れ」とどなった。するとサタンが妻のあとについて船に乗り込んだ。サタンは鼠に船に穴をあけろと命じ、水が船のなかに入り始めた。船の上にはライオンが一匹いて、鼻の穴の一つからはヘビ、もう一つからは猫を出した。ヘビと猫は鼠を殺した。こうしてサタンはノイに危害を加えることはできなかった。

東ヨーロッパから西シベリアにかけてはイラン的な二元論の影響がいろいろな形で及んでいるが、この洪水神話も、ノイあるいはその背後の神と、サタンとの対立が主題になっているのである。

儀礼との関係

ノアの洪水の影響との関連で、ここで儀礼について触れておきたい。洪水神話は一般にただ話として語られていて、儀礼を伴っていることはほとんどない。その珍しい例として、北アメリカの平原インディアンの一つのマンダン族のものがある。そしてそれはキリスト教の影響下に発生したものであった。

マンダン族の神話では、大洪水のため一人

の男が舟に乗り、西の山に逃れたのを除いては、すべての人類が死滅したことになっている。マンダン族では、単に聖書の洪水神話によく似たこの神話があるばかりでなく、洪水を記念しての毎年の祭りがあった。この祭りの中心をなしていたのは、一つの木製の構築物であって、これはどの村にも造られ、マンダン族の祖先が乗って、助かったあの《箱舟》を表しているのであった。この祭りは柳が芽を出すころに催された。というのは、鳥が柳の小枝をくわえて箱舟に戻ってきたからである。この祭りには、カトリンの報告によると、家々から小刀や斧やそのほかの鉄製の道具を持ち寄り、水中に供えられた。これは、《箱舟》が、これらの道具で造られたことを記念してであった。すでに人類学の父タイラーが指摘したように、マンダン族は一七〇〇年までは石器しか知らなかったのである。ここで鉄器を備え、鉄器で箱舟を造ったと明言されていることからみて、マンダン族の洪水神話とその記念祭は、一七〇〇年よりも後になって始まったものであろう。それは、マンダン族が、すでに宣教師を通じてノアの洪水の伝説を聞き知っていた時代のことであったということである。

未来の洪水

洪水神話は原古における大災厄を語っている。しかし大災厄は原古だけとは限らない。エッダに遠い未来にも起きるかもしれない。北欧神話のなかで語られた《神々の黄昏》は、北欧神話のなかでももっとも印象の強い話である。遠い将来、大神たちはみな死に、世界は業火に焼きはらわれ、それに続いて洪水となり、陸は海中に没してしまう。一切が終わるが、それはまた一切が新しく始まるのである。新しい世界が現れ、新しい神々も、そして人間もまた現れるのである。

このゲルマンの世界終末神話は、近隣の北欧のサミ(ラップ)族のところにも影響を与えた。ラップランドに、アロマ＝テレスという大きな山の精霊が住んでいる。彼は牡牛ほどもある大きな犬たちを連れて、黒い頭と金の角をもった大きな白トナカイの狩猟に出かける。この狩りはもう何年も続いているが、もしもアロマ＝テレスの最初の矢が白トナカイに当たると、最初の地震が起きるであろう。するとすべての古い岩山は裂け、火が噴き出し、河川の水は逆流し、湖沼の水は流れ出、海は涸れてしまうだろう。アロマ＝テレスの第二の矢が白トナカイの金の角と角との間の黒い額に当たると、火が大地全体を取り巻き、山が湯のように沸騰し、海の代わりに他の山々が聳え出てきて、それらの山は松明《たいまつ》のように燃え、極北の住民たちを照らすであろう。また住民のところには、今や山々から氷と北風もやって来るだろう。しかし、もしも犬たちがトナカイに襲いかかり、引き裂いたりしたら、またもしもアロマ＝テレスが小刀を震える心臓に突き刺したりしたら、そのときには天から星が降り、月は光を失い、太陽はここからはるか遠くで溺死し、地上には生命あるものは残らないだろう。世界の終わりであろう。

全体が著しく狩猟民文化的色彩を帯びている。そしてここでは未来の大災厄は洪水というよりも、大火として表象されている。ところが、洪水が生ずる世界終末神話もある。マレー半島のセノイ(サカイ)族では、イア＝プデウつまり祖母プデウと呼ばれる大女神が、時間の終わりに大変な勢いで息を吹くので、嵐が全世界を破壊する。大洪水が地上を覆うであろう。死者の骸骨は一か所に寄せられる。この日は全人類復活の日になろう。イア＝プデウ神は新しい世界を創造し、そこに善い人たちは戻って来て花の真っ只中で、何の心配もなく暮らすだろう。ところが悪人たちはそうはいかない。イア＝プデウ神は大釜の煮えたぎる湯の中に彼らを放り込むであろう。セノイ族はマレー半島山中の焼畑耕作民である。これはインド文明の世界時代とその終わりの災厄の観念がここにも及んでいたことを示唆しているのである。

洪水神話の分類

洪水神話の資料が数多く蓄積されるにつれて問題となってくるのはその分類である。いくつかの先駆的な試みはあるものの、全世界については、まだ本格的な試みはない。私が本章で試みた、洪水神話のどの部分が強調されているかによる分類も、まだ暫定的なものである。

これに反して、一定の限られた地域、一定の形式の内部をさらに細かく分類する研究は、かなり詳しいものがある。たとえばウィーンの神話学者レオポルト＝ヴァルクは東南アジア（華南やインドの一部も含む）における兄妹始祖型の洪水神話について、当時（一九四九年）知られていた資料をほとんど網羅的に利用して、これを四形式に分類した。

原初洪水型

原初には万物を覆う洪水があった。その水中から原初の岩が聳え出てき、この岩がその後の出来事の出発点である。この岩に上（月）から最初の一組みの人間（兄妹）が降り、この岩が拡大して今日の大きさの大地となり、最初の人類が地上に拡がった。分布はインドのビーララ族を除いては、すべて東南アジア島嶼部《とうしょ》（スラウェシ島バランテ、ニアス島南部、フローレス島リオ・シカの両地域、西部アドナーレ島、北ルソンのイフガオ族）である。

宇宙闘争洪水型

この形式に特徴的なのは、宇宙的な闘争をする対があることとである。つまり上界を表す雷神と下界を表す地神であって、後者は神話的原人、始祖と同一人物である。雷神が雨を降らせ洪水を起こす。舟としてのヒョウタンに入って洪水を生き残ったのは一組みの兄妹だが、時には地神自身とその妹の例もあり、時には地神（原人）の子供たちのこともあり、時には（中国で加工された形では）由来の不明な二人という形をとっている。この形式では近親婚の問題が大変強調されているが、配偶者を求めて兄妹が地上を放浪すること、亀や竹（および煙）による占いが特徴である。近親婚の結果、一個のヒョウタンないし、丸くて無定形で血だらけの塊が生まれ、これを細断した後、各部分から人類（諸民族）の祖先が発生した。

この宇宙闘争型はインドシナのモンタニャール（山地民）諸族およびマン（ヤオ、苗《ミャオ》、彝《イ》）諸族に分布し、隣接のカチン（チンポー）族にもある。ヴァルクはこの形式は元来オーストロアジア語族に特有の起源神話だったと考えている。この形式にとって本質的な諸要素は、次の宇宙洪水型や神罰洪水型にも現れているし、また個々の要素は宇宙起源神話的な原初洪水型にも組み込まれている。

宇宙洪水型

これは東西両群に分かれる。西群はスラウェシ島中部のママサ河流域のトラジャ族、北ボルネオのムルト族、アッサムのマラム族、それにマレー半島のジャクン族がこれに入る。大洪水は、（ことによると一般的に）地中からの水の突然の湧出によって、あるいは流水をせきとめたことによって生じた。この形式では、ある人格神が洪水を起こしたとか、洪水の発生を道徳的に理由づけることも固有でない。兄妹の対は、木製の舟（木の幹、帆船《プラウ》）に乗り、あるいは山頂に逃げて洪水を生き延びる。近親婚問題の統一的かつ特徴的な解決は与えられていない。この群の固有の特徴らしいのは、男児と女児の双生児が生まれ、これが人類の始祖とみなされていることである。

東群は、台湾のアミ族とサイセット族、北ルソンのナバロイ・レパント・ボントックなどのイゴロット諸族とイフガオ族である。洪水は地中から水が突然湧き出し、あるいは海が溢れ出た結果である。イゴロット諸族の神話では、文化英雄（始祖？）が洪水を起こしたことになっている。洪水の道徳的動機づけは確認できない。兄と妹が木製の舟（臼、箱）に乗って、あるいは一つあるいは二つの山（双峰山？）の上に逃げて洪水を生き延びた。近親婚は（イゴロットとイフガオの神話では）神（文化英雄ないし老人）の勧めで行われるか、事後承認によって行われる。人類の始祖としての双生児の誕生は、この群の特徴でもあるらしい。

宇宙闘争型も宇宙洪水型も、洪水の前、洪水の間生きていた人類としては、ただ兄妹の一組みしか知らない。これが本来の、そして現今の人類の祖となる。洪水で滅ぼされた人間が語られている場合、この要素は次の神罰洪水型から入ってきたものである。

神罰洪水型

この形式は、北部インドシナのタイ諸族、北ベトナムのマン＝クァン＝コク族、中国南西部の彝《イ》族、フローレス島西部のダウェー＝ヌガダ族、中央インドのビール族で、カチン族もこの形式の神話をもつ。この形式の本質的な要素は、洪水以前にも人類が存在していたこと、至高神が洪水を起こしたこと、かつ洪水には道徳的な動機づけがあることである。これらの基本的な要素は、宇宙闘争型の構成要素と結びついている。

このヴァルク説は東南アジアの洪水神話研究にとって基本的なものであるばかりでなく、東アジアの神話にも示唆するところが大きい。たとえば原初洪水型は、日本古代のイザナギ・イザナミの国生み神話や琉球のアマミク＝シネレク神話や、宮古の古意角《こいつの》・姑依玉神話も基本的にはこの範疇に入るのである。

洪水神話の意味

世界の洪水神話を概観したのち、フレイザーは、全体として見た場合、いくつかの、おそらくは多数の洪水神話が、現実に起こった地方的な洪水の誇張された記録であると考える理由は十分あるが、他方、純粋に神話的な、つまり一度も起こったことのないような物語を述べているものも存在することを指摘した。このようなレベルから一歩進めて、洪水神話の意味は何か、という点になると研究はまだ不十分な段階である。

精神分析からの解釈

洪水神話の意味を精神分析の立場から明らかにしようとしたのは、アメリカの民間伝承研究者アラン＝ダンダスである。彼によれば、洪水神話は男性的な創造神話であり、家父長的な神話である。洪水神話の多くにおいては、男神が世界を滅ぼし、男性を一人だけ生存させ、これがのちの人類の先祖となる。女性にほとんど、あるいはまったく言及しない創造神話である。それではそれがなぜ洪水という形式をとったのかというと、子供を出産するとき女性の体内から羊水が放出されるのを宇宙に投射したのである。男の場合、性器から羊水を出せないから、放尿がそれに代わる。男性の側における妊娠願望と放尿洪水との関係が存在しているのである。女性の分娩の苦しみは、世界に全体的破壊を課するという男性の夢想に変貌される。

これは面白い見方であるが、東南アジアの兄妹始祖型を見ても、生き残るのは男ばかりではないから、ダンダス説がどこまで一般論として認められるかは疑わしい。

洪水神話は創世神話の一種

私の考えでは洪水神話は、世界の破滅を前提にしてはいるが、新しい、現在につながる人類の歴史の開始を語る神話であるから、世界起源神話や人類起源神話、つまり創世神話の一種である。そしてその基本的な主題は他の創世神話と同様に、混沌から秩序へである。大洪水という混沌状態から、新しい人間生活という秩序への移行がその主題である。しかし、普通の創世神話とは違う点は、洪水の前にも世界があり人間生活があったわけであるから、洪水という混沌は、いわば二つの世界時代の移行期であり、境界的な性格をもっている。それだけにこの洪水は世界と人類に大きな被害を与え、猛威をふるったとされるのである。

洪水神話を考える場合に考慮に入れてよい点の一つは、原初海洋の観念との関係である。つまり、原初にはまだ陸がなく、すべてを水が覆っていたが、そのあとで陸ができ、人間生活が始まったという観念である。この原初海洋の観念は、世界的に広く分布しており、海から遠く離れた中央アジアなどにも見られる。人類のもっとも古い神話的イメージの一つであると言ってもよいかもしれない。ある意味では、洪水神話はこの原初海洋の観念を発展させ、複雑にしたものであると言えよう。つまり、それまでの人類や時代は洪水で終わり、この新しく創り出された原初海洋から、現在の人類の歴史がまた始まるというように複雑になっているのである。

そしてその一方では、世界の洪水神話のなかには原初海洋の表象との関係を明瞭に示しているものも少なくない。例を挙げれば、北米の潜水神話の要素をもつ洪水神話もその一つだし、東南アジアの原初洪水型の神話もその一つである。またなかには、次のように原初海洋を基礎にした話もある。

スマトラのバタク族の考えでは、ナガ＝ポダハヘビは、原初から大地をその三本の角の上に載せていた。ナガ＝ポダハが、この重荷を背負うのに飽きて、頭を揺すると、大地は水中に沈んでしまった。するとバタラ＝グル神が娘のプティ＝オルラ＝ブランを、彼女自身の希望に応じて下界に降下させた。彼女は一羽の白い梟《ふくろう》に乗り、一匹の犬をお供にやって来たが、一面が海で覆われているので、足を下ろすところがなかった。そこでバタラ＝グル神は彼の娘の住むところとして、バッカラ山を天から降ろした。すると、その後、そのほかの陸地がここから拡がっていってできた。それから彼女は三人の息子と三人の娘を儲けたが、父がだれかは語られていない。これが全人類の先祖になった。大地が再建されてのち、ナガ＝ポダハは、これをまた角の上に載せなくてはならなかった。しかしナガは、いつも大地を揺すり落とそうとしているので、バタラ＝グルはヘビが頭を揺するのを邪魔しようとし、いつも新たに努力しなくてはならなかった。地震は、ナガが頭を揺するために生じるのである。しまいには、大地はもう一度水中に沈み、太陽は大地から一エル（前腕の長さ。約六〇センチ）の距離にまで近づくことになるだろう。

死の起源

吉田　敦彦

前史

われわれが所属する人類の種であるホモ＝サピエンスにとって、死は、地上に発生してから今日まで常に神秘であり、神話と宗教の主要なテーマの一つであり続けてきた。現在の人類ホモ＝サピエンス＝サピエンスより古い、ホモ＝サピエンスのもう一つの亜種のネアンデルタール人が、死についてどのような神話を語っていたかは、わからない。しかし彼らは明らかに、死をただ単なる自然現象とは見なさず、その内に超自然的なものの働きを認めて、なんらかの神話的と呼べるような観想を、持っていた。そのことは、宗教の最古の形跡でもある、彼らが死者に対してした、特別の儀礼的な取り扱いによって、はっきり確かめられる。

たとえばパレスチナのワディ＝エル＝ムガラでは、洞窟内に穴を掘ったなかに、死体が食物および燧石《すいせき》の石器とともに横たえられていた。旧ソ連領中央アジアのテシク＝タシュでは、小児の骨が板石で囲まれた墓に葬られ、その周囲に野山羊の角が取り巻くような形で発見された。またフランスのドルドーニュ地方のラ＝ファラシーでは、石の蓋で保護された成人の墓とともに、丸いくぼみのつけられた板石で覆われた、小児の墓が発見されており、その小児の墓のそばには、穴を掘ったなかに獣の骨と灰が埋められていた。

石器時代の大女神

ホモ＝サピエンス＝サピエンスの最古の文化である後期旧石器時代に、宗教と神話の中心を占めていたのは明らかに、母神としての性質が著しい大女神だった。その姿は、「先史時代のヴィーナス像」と通称されている、乳房、腹、臀部、女性器などの異常に巨大化された像や浮き彫りによって表現されている。南仏からスペイン北部にかけて数多く発見されている、壁や天井に、当時の人びとの狩りの獲物だったおびただしい数の獣などを、びっくりするほど迫真的に表現した絵の描かれている洞窟は、この大女神の祭りのための聖所で、長い険阻な通路を通ってようやく到達できる、岩壁画のある場所は、無数の獲物などを人間のために妊娠しては産み出してくれる、大女神の子宮として観念されていたと思われる。この大女神は、ありとあらゆるものをその巨大な腹から絶えず無尽蔵に産み続ける母神である反面で、また生きとし生けるもののすべてが、最後には死んでその腹に呑み込まれねばならぬ死の女神でもあったに違いない。そのことはフランスのドルドーニュ地方のローセルで発見された有名な浮き彫りに、妊娠した姿で表されたこの女神が、右手で三日月を表すと思われるものを掲げ持ち、その三日月の面に一年の太陰月の数と合致する数の刻み目が、つけられていることからも想像できる。

なぜなら満ちてはまた欠けることを繰り返す月は、自身が夜空で死と再生を太陰月の数だけ何度となく遂げているように見える。そのため人間の死を、なんらかの形で月と結びつけて説明する発想は、後に見るようにほうぼうの神話に共通して見られ、その起源を後期旧石器時代の大女神信仰にまでさかのぼる可能性が強いと考えられるからだ。

万物の母であると同時に、死の女神でまた月でもあったこの大女神は、新石器時代になると作物の母とも見なされ、もともと持っていた大地母神の性質を、ますます顕著に表すようになる。そして死は相変わらず、再生のための母体でもあるこの地母の胎内に、呑み込まれることとして観念され続けたが、農耕を通じて、地中に埋めた種から作物が生え出て実を結ぶという事実を生々しく実感することで、人びとは地母の腹に呑み込まれる死がそこからの再生につながるという信仰を、いっそう強くもつようになったと思われる。

「一粒の麦が地に落ちて死ななければ、それはただ一粒のままである。しかし、もし死んだなら、豊かに実を結ぶようになる」。「ヨハネによる福音書」の十二章二十四節に記されたこの有名なイエス＝キリストの言葉には、新石器時代に人びとが、作物の母であると同時に死と再生の女神として崇められた大地母神についてもつようになった、神話的観念の明瞭な名残が見られる。

縄文時代の土偶

わが国で縄文時代のとくに中期以後に数多く作られた土偶も、すべて女性像でしかも乳房が強調されたり妊娠の状態を表したものが多いことから、形態的にも明らかに、「先史時代のヴィーナス像」の系統を引いており、地母神を表したものだったと思われる。その地母神を縄文時代の人びともやはり、万物の母であると同時に死の女神と見なして、死をこの女神の腹に呑まれることと、神話的に観念していたに違いない。縄文時代の晩期には、まさに人を取って食ってしまいそうなほど不気味な面貌をした、容器型の土偶が作られたが、その一つの体内からは実際に、嬰児の骨が発見されている。

メソポタミア

『ギルガメシュ叙事詩』

現存する最古の死の起源神話と見なすことのできる話は、メソポタミアの『ギルガメシュ叙事詩』のなかに出てくる。その主人公の英雄でウルクの王であったギルガメシュは、不死を求めて長い冒険の旅をし、恐ろしい怪物のサソリ人間が入り口を守っている、太陽の通路の地下道を通り抜けて、海岸にある楽園に至り、そこでシドゥリという宿屋の女主人の不思議な女性から、不死を得ることは人間には不可能なので、あきらめて生を楽しむようにと忠告される。だが彼はなお旅を続けて、ウルシャナビという名の船頭の助けで死の海を渡る。その向こう岸の二つの河の合わさる場所には、神々が昔、大洪水を起こして人間を滅ぼしたときに、知恵の神エアの教えに従って作った箱舟に乗って生き残り、現在の人間たちの祖先となったウトナピシュティムが、妻とともに神々から永遠の生命を与えられて住んでいた。

「どうやって永遠の生命を得たのか」と、ギルガメシュが尋ねると、ウトナピシュティムは彼にその洪水の話を語って聞かせたうえで、「永遠の生命を得たいのなら、六日と六晩、一睡もせずに過ごしてみろ」と言う。ところがそう言われたとたんにギルガメシュは、猛烈な睡魔に襲われて目を開けていられなくなり、ほんの一眠りしたつもりで六日の間眠り続けてしまう。

六日目に起こされて、そのことを教えられたギルガメシュは、愕然として永遠の生命が得られぬことを悟り、帰途につくが、その彼を憐れんでウトナピシュティムは、海底のある場所に、食べると若返りができる草があることを教えてやる。ギルガメシュはさっそく、そこに行って足に重い石を縛りつけて海に飛び込み、その草を取って来た。ところがウルクに帰る途中で、泉で水浴した間に、ヘビが出てきて草を食べてしまって抜け殻を残して去り、そのためにヘビは脱皮しては若返れることになったのだという。

この最後の事件は、なぜヘビなどの爬虫や昆虫の類は脱皮によって若返れるのに、人間はそれができず、老いて死なねばならぬかを説明している。これと似た「脱皮型」の死の起源神話は、後述するように沖縄をはじめほうぼうにある。

『ギルガメシュ叙事詩』にはこのほかにもまだ、世界中の多くの死の起源神話に共通するモチーフが見られる。それは人間は自然で無垢であれば不死でいられたのに、性交をし文化をもったために、死なねばならなくなったという発想だ。

ギルガメシュが不死を求め旅に出たのは、無二の親友のエンキドゥの死に遭い、突然激しい死の恐怖に取りつかれたためだった。エンキドゥは死ぬ前に、「自分が死なねばならぬのは、遊女の誘惑に負けてウルクに連れてこられたせいだ」と言って、嘆いたといわれている。

なぜならエンキドゥは、もとは全身が獣とそっくりに毛むくじゃらで、野原で獣たちと暮らしていた。ところが、ギルガメシュに命令されてやって来た遊女に誘惑されて、七夜にわたって関係をもつと、人間らしくなり、そうするとたちまち獣たちが彼のそばから逃げ去ったので、その遊女の勧めに従ってウルクに来た。そしてそこで出迎えたギルガメシュと格闘をしたうえで、互いの力を認め合い、親友となって、人間の仲間入りをしたとされている。

つまりエンキドゥは、「自分がもし野性児のまま、性交もせず人間の文化にも染まらずにいたら、死ぬことはなかったのに」と言って嘆いたとされているわけで、この話では人間は明らかに、性交をし文化をもつことで死なねばならぬことになったと見られている。

アダパ神話

メソポタミアの神話には、人間が不死になるのに失敗したことを物語った話がもう一つある。その主人公のアダパは、海で魚を捕って暮らしていたが、あるとき南風が吹き荒れ、乗っていた舟が転覆したので怒って、巨大な鳥の姿をしたその風の翼をへし折り、南風が吹かないようにしてしまった。そのことを知った天空の神アヌは、腹を立ててアダパを自分のもとに呼び寄せた。

そうするとアダパの父神のエアが、彼を助けてやろうとして、こう注意した。

「アヌの宮殿に着いたら、まず入り口にいる二人の神、タンムズとギズジダの機嫌をとりなさい。それからアヌがパンを差し出しても、死のパンだから食べてはならず、水を差し出しても、死の水だから飲んではならない。また衣服が差し出されても、着てはならず、油が差し出されても決して体に塗ってはいけない」。

アダパがこの助言のとおりにすると、機嫌をとられ彼に好意を持ったタンムズとギズジダが、アヌの前で「南風のほうが悪い」と言って熱心に弁護してくれた。それでアダパに対し立腹したことを後悔したアヌは、罰する代わりに彼を不死にしてやろうとした。ところがアダパは、エアから受けた注意を守り続け、命の食べ物が差し出されても食べず、命の水が差し出されても飲まず、神々の衣服が差し出されても着ず、香油が差し出されても体に塗らなかった。

それでアヌは、「人間はやはり、どうしてやっても決して不死にはなれないのだ」と言って、アダパを地上に帰らせたという。

日本

イザナギとイザナミ

『古事記』と『日本書紀』には、人間にどうして死の運命が定められたかを説明した神話が二篇ある。一つの話はイザナギとイザナミを主人公にする神話のなかに出てくる。

太古に天の神々から、まだ一面の海原であった下界に、国土を造れと命令された両神は、まず最初に陸地のオノゴロ島を造り、そのうえで結婚して、日本の国土の島を生み、それから多くの神々を産んだ。ところがその神生みの途中で、イザナミは火の神のカグツチを産んだために、陰部に火傷を負って死んでしまった。イザナギは妻をなんとか生き返らせて地上に連れ戻そうとして、地下の死者の世界の黄泉国まで、はるばる迎えにいった。ところがそこで、「どうか自分の姿を見ないでください」と言ったイザナミの懇願を聞かずに、腐乱して蛆が涌き蠢《うごめ》いている妻の死体の見るも無残な有様を見てしまって、怖気《おじけ》をふるい一目散に地上へと逃げ出した。

　怒り心頭に発したイザナミは、黄泉国の不気味な女怪であるヨモツシコメたちに跡を追わせ、そのあとからさらに死体から生じた雷神たちの率いる黄泉国の大勢の軍勢にも追跡させた。イザナギがこれらの追跡をかわすと、イザナミはしまいに自分で追いかけてきた。そしてイザナギが慌てて、黄泉国と地上との境のヨモツヒラサカを、巨大な石で塞ぐと、イザナミはその石を間に置き、イザナギと向かい合って、「あなたがこんなひどい仕打ちをされたので、私はこれから地上の人間を、一日に千人ずつ殺します」と宣言した。それに対してイザナギは、「それなら自分は、一日に千五百ずつ出産のための建物を建てる」と、言い返した。それで毎日、大勢の人間が死ぬが、それよりももっと大勢の人間が生まれることになったのだという。

性の起源

　この神話でも死の起源はやはり、性の起源とも、文化の起源とも、結びつけられて語られている。なぜならまず、オノゴロ島で結婚するにあたって二神は、『古事記』によればこんな問答を取り交わしたとされている。

「ここにその妹《いも》伊耶那美《いざなみ》の命に問ひたまひしく、『汝が身はいかに成れる』と問ひたまへば、答へたまはく、『吾が身は成り成りて、成り合はぬところ一処あり』とまをしたまひき。ここに伊耶那岐《いざなぎ》の命詔《の》りたまひしく、『我が身は成り成りて、成り余れるところ一処あり。故《かれ》この吾が身の成り余れる処を、汝が身の成り合はぬ処に刺し塞ぎて、国土《くに》生みなさむと思ふはいかに』とのりたまへば、伊耶那美の命答へたまはく、『しか善《え》けむ』とまをしたまひき」。

つまりこの太古の時には神々もまだ、男女の体の違いも性交のしかたも知らなかったので、二神の結婚が性行為の起源となったとされているわけだ。

文化の起源

それからまたカグツチの火で火傷を負ったイザナミは、死ぬまぎわに苦しんで嘔吐《と》し、吐瀉物《しゃぶつ》から大小便を垂れ流した。そうすると吐瀉物からカナヤマヒコとカナヤマヒメという男女の金属の神が、大便からハニヤスヒコとハニヤスヒメという男女の粘土の神が、小便からミツハノメという水の女神とワクムスヒという穀物の神が生まれたと語られている。

つまり最初の性交をしたために、イザナミは結局、人間の文化のもとになる火を発生させながら死んで、それがこの世で最初の死になった。また金属、粘土、水、穀物などもそのイザナミの死の苦しみから発生して、そのおかげで人間は、金属を利用したり、粘土を水とまぜてこね、火で焼いて土器を作ることや、穀物の栽培などができることになったとされているので、ここでは明らかに死の起源とともに文化の起源が語られている。

岩と花の姉妹

もう一つの話は、九州の南部の日向を舞台にして語られている神話の冒頭に出てくる。「国土の支配者になれ」とアマテラスに命令されて、日向の高千穂の峰に降りて来た、天孫のホノニニギは、笠紗《かささ》の岬で花のように美しい乙女の神コノハナノサクヤヒメを見初めて、その父の山の神オオヤマツミに、妻にもらいたいと申し入れた。オオヤマツミは大喜びして、姉娘のイワナガヒメまで付け、たくさんの贈り物を持たせて、姉妹二人を妻に奉った。ところがホノニニギは、石のように醜い姉のほうを嫌って、手をつけずに送り返してしまって、妹のほうだけを妻にした。そうするとオオヤマツミは怒って、『古事記』によれば、「イワナガヒメを妻にされることで、あなたのお命が、石のようにいつまでも堅固であられるように、またコノハナノサクヤヒメを妻にされることで、花のように栄えられるようにと祈願して、二人を奉ったのに、イワナガヒメを返し、コノハナノサクヤヒメだけを妻にされたので、あなたの寿命は花のようにはかなくなるでしょう」と言って、ホノニニギと、その子孫の代々の天皇の命を短くしてしまったといわれている。

『日本書紀』には、イワナガヒメ自身が、自分を嫌って妻にしなかったことを恨んで、コノハナノサクヤヒメの生むホノニニギの子孫に呪いをかけ、天皇の寿命を短くしたと語られており、その後にまた、こう記されている。

「一《ある》に云はく、磐長姫恥じ恨みて、唾《つは》き泣《いさ》ちて曰はく、『顕見蒼生《うつしきあをひとくさ》は、木の花の如《あまひ》に、俄《しばらく》に遷転《うつろ》ひて衰去《おとろ》へなむ』といふ。此世人《これひと》の短《いのち》折《もろ》き縁《ことのもと》なりといふ」。

つまりイワナガヒメは、人間の寿命を花のように短くしたというので、この話は、人間が短い生命しか生きられずに死なねばならぬわけを説明した、死の起源神話になっている。

バナナ型

セレベス島

インドネシアには「バナナ型」と呼ばれている死の起源神話があり、その一つにセレベス（スラウェシ）島のアルフール族の神話がある。

大昔には天地の間が今よりずっと近くて、

人間は創造神が天から縄に結んで下ろしてくれる贈り物によって暮らしていた。ある日のこと、創造神が石を下ろしたところが、人類の始祖の夫婦は受け取らずに、ほかの物が欲しいと要求した。神がそこで石を引き上げて、バナナを下ろしてやると、夫婦は喜んで食べた。すると天から、こういう声が聞こえて来た。

「石を捨ててバナナを選んだのだから、おまえたちの寿命は、子供をもつとすぐ親の木が死んでしまうバナナのようにはかなくなる。もし石を受け取れば、寿命が石のように永久になれたのに」。

石を受け取らずにバナナをもらったために、人間の生命がバナナのようにもろくなったというのだから、この話は、ホノニニギが石のようなイワナガヒメを返し、花のようなコノハナノサクヤヒメをもらったために、天皇または人間の生命が、花のように短くなってしまったという、日本の神話とよく似ている。

モルッカ諸島

バナナ型の神話は、モルッカ諸島のセラム島のウェマーレ族の間では、こんな形で語られている。

太古にバナナの木と石が、人間がどのようであるべきかということで、激しい言い争いをした。石は言った。

「人間は石と同じ外見を持ち、石のように固くなければならない。人間はただ右半分だけを持ち、手も足も目も耳も一つあればよい。そして不死であるべきだ」。

バナナの木は、こう言い返した。

「いや、人間はバナナのようであるべきだ。手も足も目も耳も二つずつ持ち、バナナのように子を生まねばならない」。

言い争いが昂じ、しまいに石が激昂してバナナの木に飛びかかって打ち砕いた。だが翌日にはもう、同じ場所に前の木の子供たちが生えて、そのなかの長子が、石と同じ論争をした。

このようなことが何度か繰り返されたすえに、新しいバナナの木の長子が、断崖の縁に生えて、石に向かって、「この争いは、どちらかが勝つまで、終わらないぞ」と叫んだ。怒った石は、飛びかかろうとして狙いを外し、深い谷底へ落ちてしまった。

バナナたちは大喜びして、「そこからは飛び上がれまい。私たちの勝ちだ」と叫んだ。すると石は言った。「よろしい。人間はバナナのようになるがいい。だがその代わりにバナナのように、死なねばならぬぞ」。

ウェマーレ族の神話では、この事件の後で最初の人間の祖先たちが、ヌヌサクという山の頂上に生えたバナナの木の実から生まれたことが語られている。つまり人間の運命に関する論争にバナナが勝ったために、人間は石からではなくバナナから発生することになり、そのためにバナナのように死なねばならなくなったというのが、この神話の趣旨と思われる。

ニアス島

スマトラの西のニアス島では、「バナナ型」と前述した「脱皮型」とが結びついた、こんな死の起源神話が見られる。

大地が創造されたとき、神によりその上に天から下ろされた最初の使者が、まずバナナを食べたために、人間は死なねばならなくなった。もしバナナの代わりに蟹を食べていれば、蟹のように脱皮して、いつまでも死なずにいられるところだったのだが。

マレー半島

マレー半島のメントラ族の次の神話では、「バナナ型」の話のなかに、これも前述した月の満ち欠けを人間の運命になぞらえるモチーフが含まれている。

　この世のはじめには、人間は不死だった。ただ月が欠けるときは人間も痩せ、満ちるときは太っていた。

　そのうちに死がないため、人間の数が増え過ぎるのを見て、最初の人間の男の息子が父に、どうしたらよいかと尋ねた。そうすると、その男は「そのままにしておけ」と言ったが、彼の弟は「いや、人間をバナナのように子孫を残して死なせろ」と言った。どちらの主張を選ぶかは、地下界の主が決めることになり、彼は弟の言い分を取ったので、人間はバナナのように、死なねばならなくなった。

脱皮と月

宮古島の変若水と死水

脱皮のモチーフと月との結びつきは、沖縄の宮古島に伝わる、次の死の起源神話にも見られる。

　昔、太陽と月が人間に長寿の薬を与えようとして、節《しつ》祭の新夜《あらゆ》にアカリヤザガマという男を、使者として遣わした。彼は一方に若返りの水である変若水《おちみず》を、他方には死水《しにみず》を入れた、二つの桶を担いで下界に降りて来た。

　この男は、「変若水を人間に、死水はヘビに浴びせよ」と、命令されていた。ところが途中で小便をした間に、ヘビに変若水を浴びられてしまって、しかたなく人間に死水を浴びせて天に帰った。

　それで怒った天道様は、この男に罰として、桶を担いだまま月のなかにいつまでも立っているように命じた。このときからヘビは、変若水を浴びたおかげで、脱皮して生まれ変っていつまでも長生きできることになり、死水を浴びた人間は、死の運命をもつことになった。

ただ神が人間を憐れみ、永久の生命でなくても多少の若返りはさせてやろうとして、毎年、節日の祭日に向かう夜に、天から若水が下ろされる。それで今でも、その祭日の明け方に井戸から若水を汲んで、家族みんながそれを浴びるのだという。

日本本土の脱皮信仰の痕跡

このように人間の死を、脱皮および死と結びつけて物語った神話は、もとは日本の本土にもきわめて古い時代からあった可能性が強いのではないかと思える。なぜならまず関東の北部から東北地方にかけて点々と、六月朔日のことをムケゼックであるとか、ムケノツイタチ、ムケカエリツイタチなどと呼んでいるところがあり、たとえば岩手県九戸《くのへ》郡では、この日にはヘビが桑の木の下で皮を脱ぐと言われ、同県下閉伊《しもへい》郡では、虫けらの皮剝《む》けを祝う日だと言われているが、同県東磐井《いわい》郡では、この日に人の皮も剝けるが、それを見ると死ぬと言い伝えられている。また山形市付近でも、この日には人間の皮が剝け変わるから、きれいになるように芋汁を食べるのだと言っており、群馬県芳賀郡でも、この日は麵類を食べて皮を剝く日で、朝に尻を水につけ逆さになって見ると、人間の皮が桑の木に引っかかっているのが見えるが、だれもそんなことを試してみるものはいないと言われているという。そしてこれらについて、大林太良が、「これは、以前に人間が脱皮して若返り、不死の生命をもっていたが、それが失われてしまったという神話があり、この神話に対応して、その後の人間も六月一日にせめて少しでも若返るために特別の食物を摂ったり、あるいは水に尻をつけたりする儀礼があったなごりが、これら一連の習俗だと思われる」と、適切と思える解釈をしているからだ。

『万葉集』の変若水信仰

また『万葉集』の巻十三にはこんな歌がある。

天橋も　長くもがも　高山も　高くもが
も　月読の　持てる変若水《をち》　い取り来て
君に奉りて　変若得しむもの

月読は言うまでもなく、『古事記』や『日本書紀』の神話にも出てくる月の神の名で、変若水とは明らかに、前掲した宮古島の神話でシジミズと言われていたのと同じ、若返りの水を意味する。つまりこの歌の作者は、想っている人が老いていくことを惜しみ、天からの通路が、もっと長くて地面まで届いているか、高い山がもっと高くて、天に達していれば、天に行き、月神のもっている若返りの水を取って来て、あなたを若返らせてあげられるのに、と言って嘆いているわけで、これによって、わが国にも上代に、人間が死なねばならぬのは、月にある若返りの水が得られないからだという信仰があったことが知られる。

月の蛙と不死の飲料

中国

月に人間を不死にする薬があるという神話としてとくに有名なのは、常娥《じょうが》という女神を主人公にする中国の話だ。彼女はもとは非常な美女で、羿《げい》という勇士の神の妻となって、地上で暮らしていた。羿はあるとき、世界の西の果てにある崑崙《こんろん》山まで旅をして、そこに住む西王母から、人間のために不死の薬をもらって来た。ところが常娥がそれを盗んで、月に逃げたために、人間に死が不可避となった。常娥はこの悪事の報いで、醜いヒキガエルに姿が変わって、不死の薬を持ったまま月に住んでいるので、その姿が月面の陰になって見えるのだという。

不死の飲料、酒

月の女神が人間を不死にする飲料を持っていて、蛙の姿をしており、その形が月面の陰として見えるという信仰は、わが国にも縄文時代にすでにあった可能性が強いと考えられる。なぜなら縄文時代の中期に、関東から中部・北陸地方にかけての東日本で、有孔鍔付土器と呼ばれている、独特の形をした土器が作られた。この土器は、酒造具だったと推定されているが、大きな丸い両目を持ち四肢を開いた蛙を表していると思われる、文様の付いているものが多い。

出土する数が他の土器よりずっと少ないことから、この土器は日常生活で用いられたものではなく、そのなかで醸された酒は神聖な飲み物で、それを造って飲むことは、それ自体が宗教の儀礼だったと思われる。沖縄の多良間島のスツウプナカという祭りでは、参加者が「ユナオス皿」と呼ばれる大皿を廻しながら、それになみなみと注がれた粟の神酒を飲み干す儀礼があり、その間じゅう、この皿が黄金の皿で、それから酒を飲むと「ユヤナオル」、つまり生命が更新されるという意味の歌が唱和されている。

酒は言うまでもなく、飲む人の肌を、まる

で一皮剝けでもしたように赤く艶やかにする。有孔鍔付土器で神酒を醸して飲むことで、縄文時代の人たちはおそらく、完全な脱皮のできぬ自分たちもそれに似た若返りができると考えていた。そしてその縄文の飲酒儀礼の背景にはたぶん、蛙の姿をした月の女神が持っている不死の飲料が手に入らぬために、人間は死なねばならぬという神話があった。だからこそ人びとは、姿が月面の陰になって見える蛙の文様を付けることで、月を模した酒造具を作り、そのなかでできる神酒を、月の女神が持っている、真の脱皮を可能にする不死の飲料に近づけようと意図していたのではないかと想像できる。

月の女神と地母神

この蛙の姿にもなる月の女神は、前述した縄文時代の土偶が表していたと思える地母神とも、別の存在ではなかったと考えられる。なぜなら有孔鍔付土器の文様のなかには、蛙を表した典型的な形と明らかに酷似したところがあるのに、土偶の顔とそっくりな人間の顔と、両の乳房を持つものがあるからだ。このように地母神がまた月の女神でもあるという点でも、この縄文神話の女神は、前述した後期旧石器時代に「先史時代のヴィーナス像」や洞窟内の聖所などによって表されて崇められた大女神の性質を、受け継いでいたと目せられる。

脱皮モチーフの広がり

台　湾

脱皮型の死の起源神話は台湾にも数多くあり、またインドシナやインドネシア、メラネシア、ポリネシア、南米などにも分布している。台湾の例の一つはタイヤル族の神話で、それによると昔ある男が祖先たちに、「自分に糞を塗り続けてくれれば、あなたたちは、ヘビが脱皮していつも若いように、老いることも死ぬこともないだろう」と言った。それで人びとははじめのうちは毎日、代わるがわるその男に糞を塗ってやっていたが、そのうちにその作業をする者が一人減り二人減りして、数か月も経たないうちにもう糞を塗るのをやめてしまった。そうすると男は憤慨して、糞溜めのなかに身を投げて死んでしまい、このときから人間の寿命が短くなった。また同じ台湾のセデク族の神話によれば、昔、神が人びとに「豚の糞で常に体を洗っていれば、人間は、百日紅《さるすべり》の木が夏に皮がはげ落ちても冬には美しい皮ができるように、いつも若く死なずにいられる」と教えた。ところが人びとは、この言葉に従わずに清水で体を洗ったために、人間の寿命が短くなってしまったのだという。

メラネシア

ソロモン諸島のガダルカナル島の神話によれば、かつては人間もヘビと同じように脱皮によって若返り、いつまでも老いることがなかった。ところがある日、一人の母親が幼い自分の娘をその祖母に預けて、畑に仕事に行った。すると子供が寝入ったので、祖母はその間に若返りをすませ、古い皮を河岸に脱ぎ捨てて村に戻って来た。ところが子供が目を覚ましてみると、若返った祖母の見分けがつかなかったために、祖母を求めて泣き叫び、どうしても泣きやまなかった。祖母はそこでしかたなく、また河のところに行き、捨てた古い皮を身に着けてきた。すると子供は泣きやんだが、祖母は悲しそうにこう言った。

「これからは人間はみな、年を取って死ななければならぬ。ただヘビだけが、脱皮して若返ることができよう」。

これとそっくりの話は、同じメラネシアのバンクス諸島にもあるが、その話では、脱ぎ捨てた古い皮は、川を流れて木の枝に引っかかっていたので、泣く子に負けてその皮をまた着たといわれている。よく似た話は、インドネシアのセレベスのト＝コーラウィ族の神話にもあり、この場合には、祖母は若返りに水浴に行ったとき、脱いだ皮を自分で木の枝に掛けてきたことになっている。これらの南方の話は、前述したムケゼックに関する群馬県芳賀郡の言い伝えで、この日の朝に尻を水につけ逆さになって見ると、脱いだ古い皮が桑の木にかかっているのが見えると言われているのと、奇妙に吻合《ふんごう》したところがある。

テネテハラ族（南アメリカ）

南米の脱皮型神話の例の一つに、テネテハラ族のこんな話がある。

昔、一人の娘が、ヘビの愛人となって子を産んだ。その息子は生まれたときから一人前の若者で、毎日森へ行ってたくさんの矢を作り、母のもとに持ち帰ったが、帰って来ると母の子宮に潜り込んでいた。そのうちにヘビの息子が出入りする現場を目撃して、この秘密を知ったその女の兄弟が、彼女に、息子が出て行ったら隠れてしまうように説得した。それで息子は、帰宅しても母親が見つからず、その胎内に入ることができなかった。

困惑した息子は、祖母のヘビに相談した。祖母は、父のヘビのところに行って一緒に暮らすように勧めた。しかし息子はこの勧めに従わずに、夜の間に一条の光に変身し、弓と矢を持って天に昇った。そして天上で、弓矢を細かい破片に砕いたので、それが夜空にきらめく無数の星になった。

　このことが起こったとき、生物たちはみな眠っていて、ただ蜘蛛《くも》だけがその素晴らしい光景を目撃した。それで蜘蛛の類は年を取っても死なずに、皮を脱ぎ変えて若返ることができるようになった。それより以前には、人間もその他の生物もみな脱皮して若返れたのだが、このときからそうできなくなってしまったのだという。

南アメリカ

カドゥヴェオ族

　南米にはほかにも実にさまざまな、死の起源神話がある。その一つのカドゥヴェオ族の次の神話は、他界で見てはならぬと言われた女性の姿を見てしまったという事件が語られているところが、イザナギとイザナミの神話に似ている。

　昔、一人のシャーマンが、老人を若返らせ枯れ木に芽を吹かす方法を教わりに、創造神のところに出かけて行った。他界で彼は、つぎつぎに出会った者たちを、創造神と思い違えては話しかけたが、彼らは自分たちは創造神の髪の毛、爪の切り屑、小便などにすぎないと言った。最後にやっと創造神の前に出たシャーマンは、守護霊から与えられていた注意をよく守って、死者を生き返らせる櫛と、枯れ木を緑にできる樹脂を首尾よくもらい受けて帰途についた。

　その注意の一つは、「創造神の娘の姿を、決して見てはならぬ」というものだった。ところが彼は、創造神のもとに煙草を置き忘れて来たために、それを返そうとして創造神の娘が追って来て、大声で呼びかけた。それでその声を聞いて、うっかり振り向いて娘の足の指の一本をちらりとだけ見ると、その一瞥によって彼女は妊娠した。そのため創造神は、シャーマンが家に帰り着くとすぐに死なせ、自分のもとに呼び寄せて妻と子の面倒を見させた。だから人間は、死を免れることができなくなったのだという。

テネテハラ族

テネテハラ族は、前掲した話のほかに、こんな死の起源神話ももっている。

創造神が造った最初の人間の男は、性のことを知らず、無邪気に暮らしていた。ただ男根が勃起したままだったので、彼はそれを柔らかくしようとして、マニホットのスープをかけてみたが効果がなかった。

その間最初の人間の女は、水中に住む蛇形の精霊から性行為を教えられ、水面でヒョウタンを叩きそのヘビを呼び出しては性交に耽っていた。そのことを知った男は、ヘビを捕らえ去勢して殺してしまった。快楽の相手を失った女はそこで、男に自分と交われば勃起した男根が柔らかくなると教えてやった。ところが言われたとおり性交し、柔らかくなった男の男根を見ると、創造神は怒ってこう宣言した。

「今後おまえは、柔らかい男根を持ち、子供を作り、そして死ぬだろう。おまえの子も、同じように大人になったら子を作って、死なねばならない」。

この神話には、死と性の起源が結びつけられて語られている点で、多くの神話に共通する発想が見られる。

カヤポ＝ゴロティレ族

死と文化の起源を結びつけて語っている神

話は、南米にもある。その一つに、カヤポ＝ゴロティレ族のこんな話がある。

昔、人びとは作物の栽培を知らず、キノコと腐った木の粉を食べて暮らしていた。だがある日、一人の女が水浴の最中に鼠から、トウモロコシの実をいっぱいつけた大木の存在を教えてもらった。人びとはさっそく、その木を伐り倒し、樹上のトウモロコシを手に入れようとしたが、幹がとても太かったために、作業の途中で斧が毀れてしまって、村から新しい斧を取って来ることが必要になった。ところがこの役を言いつけられた少年たちは、途中でフクロネズミを殺して、その肉を食べた。すると彼らは、たちまちよぼよぼの老人になって、呪術師たちがどう試みても、もとの姿に戻らず、このときから人間は老いて死なねばならなくなった。

木を伐り倒してトウモロコシを手に入れ、それを栽培するようになった人びとは、暮らしが豊かになったので数が増え、言語と習慣の違う多くの部族に分かれて暮らすようになった。

アピナイェ族

アピナイェ族の神話によれば、大昔には人間は火も弓矢も知らず、ジャガーがその両方を持っていた。あるとき一人の少年が、ジャガーに生命を助けてもらったうえに、養子にされ家に連れて行かれて、初めて火が燃えているのを見て、おいしい焼き肉を食べた。ジャガーはまた彼に、弓矢を与え、その使い方を教えてやった。それから彼に焼き肉をどっさり持たせて、こう注意したうえで、人間の村に帰らせた。

「途中で呼び声が聞こえたら、岩とアロエイラの樹の呼びかけにだけ答えなさい。腐った木のささやくような呼びかけには、決して答えてはいけない」。

しかし少年はこの注意を忘れてしまって、最初と二番目の呼びかけに答えたあとで、三番目の腐った木の呼びかけにも答えてしまった。そのために人間の寿命が短くなってしまったので、もしこのとき少年がジャガーの注意を守っていたら、人間は岩やアロエイラの樹と同じくらい長生きできるはずだった。

村に帰った少年は、ジャガーの家にある火のことを、人間たちに話して聞かせた。人びとはさっそく、火をもらいにジャガーのところに行った。ジャガーは彼らを温かく歓迎し、少年の父に「私はあなたの息子を養子にした」と言って、火を人間たちに贈り物として与えてくれたのだという。

この神話でも人間は、弓矢と火を手に入れることで文化をもつようになったのにともなって、死の運命を定められたのだと物語られている。この話はまた、人間がどうして石のように不滅になれなかったかという形で死の起源が語られているところが、コノハナノサクヤヒメとイワナガヒメの話とも、インドネシアのバナナ型の話とも似ているが、同様の発想を含んだ神話は、北米にもある。北西海岸の原住民の間に伝わる、次の話がその一つだ。

太古に、岩とニワトコの樹が人間を生もうとした。このときニワトコの樹のほうが先に生んだために、人間は死なねばならなくなった。もし岩のほうが先に生んでいたら、人間は不死となれたのだが。

ポリネシア

マオリ族（ニュージーランド）

イザナギとイザナミの話ととくによく似た死の起源神話は、ニュージーランドのマオリ族の間に伝わっている。それによると、タネという神が妻を欲しいと思って、土で女の形を作って生命を吹き込み、その女と交わってヒネという娘を生ませて、成長すると自分の妻にした。だがヒネは自分の夫が父親であることを知って、恥ずかしさのあまり自殺し、地下に行って偉大な夜の女神ヒネ＝ヌイ＝テ＝ポになった。

妻の死を悲しんだタネは、あとを追って自分も冥界に行き、つぎつぎに冥府の番人たちのところを通過して、ついにヒネのいる家に着いて戸を叩いた。しかしヒネは戸を開けず、タネが一緒に戻ってくれと懇願すると、にべもなくこう宣言した。

「あなたは一人で地上に帰って、明るい陽光の下で子孫を養いなさい。私は地下界にとどまり、彼らを暗黒と死のなかに引き下ろすでしょう」。

タネはそこで、しかたなく悲しみの歌を口ずさみながら、一人で地上に帰って来た。

英雄マウイ

マオリ族はまた、ポリネシア神話の有名な悪戯者の英雄マウイの最後の冒険譚として、やはり死の女神のヒネ＝ヌイ＝テ＝ポが登場する、こんな話も語っている。

マウイはあるとき、この死の女神を滅ぼして、人間を不死にしてやろうと企て、あらゆる種類の小鳥たちをお供に連れて、彼女の家にやって来た。そして女神が熟睡しているのを見て、小鳥たちにこう言った。

「私はこれからこの老女神の体内に這い込むが、その格好がどんなに滑稽でも、すっかり入ってしまうまではどうか笑い声を立てずにいてもらいたい。体内を通り抜けて、彼女の口から出てくるときには、どんなに大声で笑ってもよいから」。

小鳥たちは「そんな危険なことをしたら、間違いなく殺されてしまうでしょう」と言って、マウイを止めようとしたが、彼はこう答えた。

「おまえたちがもし笑い声を上げれば、彼女は目を覚まして、必ず私を殺すだろう。だが口から出てくるときまで笑わずにいてくれれば、私は生き、ヒネ＝ヌイ＝テ＝ポは死んで、この世から死がなくなるだろう」。

それから彼は、衣服を脱ぎ捨て、美しい入れ墨の施された尻を剥き出しにして、女神の体内に這い込んで行った。そのおかしな様子を見ながら、小鳥たちはみな小さな頬をしかめて、笑いたいのを懸命にがまんしていた。

だがしまいにティワカワカという鳥が、もうどうにもこらえきれなくなって、さも面白そうに大きな笑い声を上げてしまった。それで老女神は目を覚まし、飛び起きてマウイを殺し、人間を不死にしてやろうとした彼の企ては、失敗に終わったのだという。

マオリ族の神話にはまた、これもマウイが主人公のこんな話もある。

マウイはあるとき、人間が死んだままで生き返ることができぬのを哀れに思って、月の女神のヒナにこう言った。

「死は束の間のものであるべきだ。つまり人間は、死んでもすぐにまた生き返って、いつまでも生き続けるべきだ」。

だがそれに対してヒナは、「いや死は果てしなく長く、人間の悲嘆の種でなければならない」と返答した。

マウィはそこでまた、「月のあなたが、死んではまた生き返るのと同様に、人間も死んでも生き返れるようにすべきだ」と言った。
しかしヒナは、「いや人間は、死んだら土のようになって、二度と生き返れぬことにするべきだ」と言ったので、人間の運命はそのように決まった。

アフリカ

ホッテントット族

アフリカでも、月は死の起源神話の多くに登場する。ホッテントットの神話によれば、昔、月が人間を不死にしてやろうとして、その知らせを伝える使者に兎を派遣した。兎が人間たちのところに行って、伝えるように命じられた月からの伝言は、「私が死んでも生き返るように、おまえたちも死んだらまた生き返るがよい」というものだった。ところが兎は、それを間違えてか、あるいは悪意によって、「私が死んで生き返らぬように、おまえたちも死んだら、生き返ってはならぬ」と変えてしまって伝えた。そして帰って、そのとおりに月に報告した。

これを聞いて怒った月は、棒きれを投げつけて兎の唇を割いた。兎は慌てて走って逃げ、そのまま今日でも、割けた唇を持って走り続けている。またこのとき逃げる前に兎が月の顔を思いきりひっ掻いたので、その傷痕が月面の陰になって見えるのだという人もいる。

ブッシュマン族

ブッシュマンの神話でも、月はかつて人間たちに、「私が死んでも生き返るように、おまえたちも死んでも、すっかりは死んでしまわずに、生き返れる」と、教えてやったといわれている。ところが一人の男が、この月の嬉しい知らせを、なんと言われても信じないで、自分の母が死ぬと大声で泣きわめき、月がいくら「おまえの母は眠っているだけだ」と教えてやっても、「彼女は死んだのだ」と言い張った。それでしまいに月は怒ってしまい、拳固でこの男の顔を力まかせに殴りつけて、口を割き、彼を唇の割けた兎に変えてしまった。そしてその兎には、いつも犬たちに追いかけられながら、飛び跳ねて逃げ、捕まれば八つ裂きにされて死なねばならぬ惨めな運命を定め、また人間たちも死んだら、完全に死んだままになるようにしてしまったのだという。

ブッシュマンの別の神話では、月は、「人間も月のように、死んでもまた生き返れる」という伝言を持たせて、まず亀を人間たちのもとに派遣した。ところが亀はのろいうえに、忘れまいとしてその伝言を何遍でも独り言で繰り返していたので、そのあまりの愚鈍さに腹を立てて、兎に同じ伝言を大急ぎで人間たちに伝えるように命令した。

兎は全速力で駆けて行くうちに、伝言を忘れてしまったが、月にそのことを知られたくなかったので、「死んだら永久に死んでいなければならない」という伝言を人間たちに伝えた。そのあとから亀がやって来て正しい伝言を伝えたが、そのときはもう手遅れで、人間には死の運命が定まってしまっていた。それで激怒した人間の一人が、兎に石を投げつけて上唇を割いたので、今でも兎の唇が割けているのだという。

ガラ族

東アフリカのガラ族の神話では、人間が使者の過失のせいで不死の伝言を受け取ることができなかったという話と、脱皮のモチーフが結びついて語られている。それによると神はかって、ホラワカ（神の羊）という頭にとさかのある暗色の鳥を使者に派遣して、老いて弱ったら、皮を脱ぎ若返っていつまでも死なずに生き続けるようにという伝言を、人間に伝えさせようとした。その鳥は、神から大切な任務のしるしに立派なとさかを与えられて、意気揚々として出発した。

ところが途中でヘビが、腐肉を食べているのを見ると、欲しくてたまらなくなって、食べさせてもらう代償に、人間に伝えるはずだった神からの伝言をヘビに聞かせてしまった。それでヘビが古くなった皮から這い出ては、若返ることができるようになり、人間は老いれば死ぬほかなくなったのだという。また使者の鳥は神の罰を受けて、常に苦痛な病気をもつことになった。それでホラワカ鳥は、今でも羊の鳴き声に似た呻き声を、木のてっぺんにとまって出し続けているのだという。

旧約聖書

文化的にもっとも大きな影響力を持った死の起源神話は、言うまでもなく、『旧約聖書』の冒頭にすぐ近いところに出てくるエデンの園の話だが、そのなかにも周知のようにヘビが登場する。

アダム、エバ、蛇

最初の人間の男女であったアダムとエバは、この楽園でそこに生えている木から、あらゆる種類のおいしい実を取って食べ、性の意識ももたず無邪気に暮らしていた。神はただ、命の木とともに園の中央に生えている善悪を知る木の実だけは、「決して食べてはならぬ、それを取って食べると、きっと死ぬであろう」と言って、食べることを彼らに固く禁止していた。

ところがその「禁断の木の実」を、まずエバが、狡猾《こうかつ》なヘビに言葉たくみに誘惑されて食べ、アダムにも与えて食べさせてしまった。そうすると二人は、たちまち異性どうしであることに気づいて、裸体でいるのが恥ずかしくてたまらなくなり、慌ててイチジクの葉を綴り合わせ腰に巻きつけて陰部を隠した。

するとそのことを知った神は激怒して、まずヘビに対して、腹で這い歩き塵《ちり》を食べる呪われた生物として、人間の仇敵となるという運命を定めた。それからエバに対しては、女が苦しんでお産をし、男の妻となって仕えねばならぬことになると申し渡した。そして神はアダムに対してはこう宣言した。

「あなたが妻の言葉を聞いて、食べるな、と私が命じた木から取って食べたので、地はあなたのために呪われ、あなたは一生苦しんで地から食物を取る。地はあなたのためにイバラとアザミとを生じ、あなたは野の草を食べるであろう。あなたは顔に汗してパンを食べ、ついに土に帰る。あなたは土から取られたのだから。あなたは、塵だから、塵に帰る」。

それから神は、裸でいられなくなったアダムとエバに、皮の着物を作って着せてやったうえで、彼らをエデンの園から永久に追放した。それで人間は、アダムに対して神が言い渡したとおりに、苦労して大地を耕して得られるパンを主食にして辛い暮らしをし、死んで土に帰らねばならなくなったのだ。このとき神によって、死とともに農耕が人間の運命に定められたことは、「そこで主なる神は彼をエデンの園から追い出して、人が造られたその土を耕させられた」とも、言われている。

神はまた、その実を食べると不死になれる命の木が生えている楽園を、燃える剣を持った天使たちに厳重に守らせて、人間がそこに行くことが決してできぬようにした。そのことは、「神は人を追い出し、エデンの園の東に、ケルビムと、回る炎の剣《つるぎ》とを置いて、命の木の道を守らせた」といわれている。

このようにこの聖書の神話でも、人間はやはり、性の意識に目覚め、また衣服を着たり農耕をすることで文化をもつようになるのと一緒に、死の運命ももつことになったとされている。

アダムが犯したこの「原罪」の累がすべての人に及んで、死が人類に不可避になったということは、『新約聖書』でも、パウロによる「ローマ人への手紙」の五章十二節にこう明言されている。「このようなわけで、一人の人によって、罪がこの世に入り、また罪によって死が入ってきたように、こうしてすべての人が罪を犯したので、死が全人類に入り込んだのである」。

共通性とその理由

世界中には、このように実にさまざまな死の起源神話があるが、またそれらの話は、たとえばアフリカの南端と沖縄とニュージーランドというように、ずいぶん遠く離れたところのものを採り上げて比べてみても、びっくりするほどよく似たところがいろいろある。

そしてこういった類似は、おそらく偶然のせいでも、また人間の思考の共通性から、ほうぼうで似た話が自然に生まれたためでもないと思われる。

なぜなら死の起源神話の歴史は、初めに述べたとおり、間違いなくホモ＝サピエンスの地球上での歩みと同じだけ長い。だからその悠久の期間の間に、共通のモチーフが人間の移動の波に運ばれて、世界の果てから果てまででも伝播しえたと思われるからだ。

火の起源

吉田　敦彦

プロメテウス

　火の起源を説明した神話として、真っ先に挙げられるのは、ギリシア神話のプロメテウスの話だ。それを伝えているもっとも古い文学作品である、ヘシオドス作の叙事詩『神統記』と『仕事と日々』には、その話がこう物語られている。

ゼウスとの知恵比べ

　最高神のゼウスが太古のあるときに、自分が神々の王になるより以前には、いろいろな点でまだ曖昧《あいまい》だった神々と人間の違いを、はっきり定めることにした。すると並み居る神々のなかでも、目から鼻へ抜ける非常な利口者であったプロメテウスが進み出て、「その役を自分に任せてください」と言った。ゼウスが承知すると彼は、一頭の巨大な牛を殺して、二つの部分に分けた。

　プロメテウスは自分も神の一人であるのに、得意の知恵によってゼウスをペテンにかけて、神々よりも人間の利益を図ってやるつもりでいた。それで彼は一方には、牛のおいしい肉と内臓の全部を皮にくるんで隠したうえに、それを胃袋のなかに詰め込んで、外から見ると屑を入れた汚い袋に見えるようにしたものを、無造作に転がしておいた。そして他方には、役に立たぬ骨をさも貴重なもののようにきちんと積み、上からおいしそうに見える純白の脂肪で、すっぽり覆い隠したものを置いた。そしてゼウスに、「この二つのうち、どちらが神々の取り分で、どちらが人間の取り分になるか決まれば、神々と人間の区別がはっきりつくので、どちらでも良いと思われるほうを、神々のためにお選びください」と言った。

ゼウスはプロメテウスの悪巧みをすっかり見破っていた。だが騙されたふりをしてわざと、プロメテウスが彼を騙してそうさせようとしたとおりに、脂肪に覆われた骨のほうを神々の取り分に指定した。それで人間は牛を殺すたびに、肉と内臓はすべて自分たちが食べて、神々のためにはただ脂肪にくるんだ骨だけを、供物として祭壇の上で燃やせばよいことになった。

だがゼウスが知っていながらわざと骨を神々の取り分に選んだのは、実は骨はいつまでも腐ることがなく不朽であるので、永遠に不死で不滅な神々の運命を表すのに、もっともふさわしい牛の部分だったからだったのだ。それに対してすぐに腐って悪臭を発して朽ちて無くなってしまう肉と内臓は、はかない命しか生きられず死んで朽ちてしまわねばならぬ人間の運命を表すのに、まさにもっともふさわしい牛の部分だった。それでこれによって神々は不死で、人間には死が不可避だという神と人間のもっとも根本的な違いが、牛が殺されるたびにそれぞれのものになる部分の違いによって、そのつどはっきり表現され確認されることになった。

黄金時代の終焉

しかも、プロメテウスが自分を騙そうとしたことに対して激怒したゼウスは、人間の生活を惨めで辛いものにすることで報復をした。このときまで人間は、食べ物をはじめ必要なものが何でも大地から自然に生えて出たので、労苦をまったく知らずに安楽で至福な生活を楽しんでいた。ゼウスはまずこの楽園の状態を終わらせ、食べ物が大地を汗水を流して耕作する辛い労働によってしか人間の手に入らぬようにした。そしてそのうえに、火も人間から隠して使えぬようにした。それで人間は、プロメテウスのおかげでせっかく手に入った牛の肉と内臓を、火で料理して食べることもできなくされてしまった。

プロメテウスの火盗み

人間のこの窮状に同情したプロメテウスは、ゼウスの怒りを恐れず、天上から火を盗み出して来て人間に与えた。そのおかげで人間は火を持ち、また火の力を利用することでありとあらゆる技術を持つことができるようになった。そうするとゼウスは、この窃盗に対してまたも激怒して、報復のために神々みんなに命令して、協力して最初の人間の女パンドラを造らせた。そしてできあがると、プロメテウスの弟エピメテウスのもとに、贈り物の花嫁として届けさせた。

エピメテウスは、利口な兄とはまるで正反対の愚か者だった。それでこの絶世の美女を一目見ると、たちまちその魅力の虜《とりこ》になって、兄から「ゼウスの贈り物を受け取ってはならぬ」と注意されていたのを忘れてしまった。そして有頂天で妻にもらい受けて、自分の家に迎え入れた。

最初の女パンドラ

ところが、このパンドラの内部にゼウスは、嘘と泥棒の神でもあるヘルメスに命令して、人間の女の本性となる泥棒の性質を入れさせていた。そのためエピメテウスの家で、厳重に蓋のされた大甕を見つけると、パンドラはすぐになかにあるものをむさぼろうとして、その重い蓋を取り除けてしまった。この甕には、人間の死と苦しみの原因となる、病気をはじめとするあらゆる災いが封じ込められていた。それでパンドラが蓋を開くと、それらはたちまち甕から外へ飛び出し、世界中に散らばって充満した。そのため人間はいつどこにいても、それらの災いによって絶えず脅かされ苦しめられながら暮らさねばならぬことになった。

そのうえパンドラから女たちの種族が発生し、人間の男はその一人と結婚して、妻にした女の腹から子孫を得ねばならぬことになった。そしてそのことでも、人間はプロメテウスの窃盗のおかげで火というよいものを手に入れたことに対する報復として、真にふさわしい罰をゼウスから受け続けることになったのだ。なぜなら、まず女はヘルメスにより内部に本性として入れられた泥棒の性質を絶えず発揮して、自分の夫になる男を苦しめるからで、そのことは『仕事と日々』にこう歌われている。

「尻を飾り立てた女に、おまえの理性を惑わされてはならぬ。甘い睦言によって彼女が得ようと狙っているのは、おまえの穀物倉の中身なのだから。女たちを信じるのは、盗人を信じるようなものだ」。

同じ詩にはまた、悪妻が飽くなき貪欲によって夫を苦しめて、命まで縮めてしまうことが、こう歌われている。

「悪妻より以上に苛酷なものは、何もない。食事ばかりしたがり、どんなに強い夫でも、燃え木も使わずに燃やして、若いうちに、老いさせてしまう」。

つまり女には盗人の性質とともに、男を燃やす火としての性質もあるとされているわけで、妻に娶る女の持つこの二重の悪性に絶えず苦しみながら暮らすことで、人間の男はまさに、窃盗により火を手に入れた報いとして、このうえなくふさわしい罰を受け続けていることになるわけだ。

盗みによる火の獲得（南アメリカ）

ギリシア神話のプロメテウスの話にはこのように、火が窃盗によって人間の手に入ったことが物語られている。また火を獲得しそのおかげで文化をもつことができるようになる過程で、人間は死と、性行為によって子孫を得ることも、運命として定められたことになっている。最初の火が盗みによって人間のものになったというモチーフも、また火と文化の起源を、死と性の起源と結びつけて物語ることも、世界中の多くの火の起源神話に共通して見られる。

ガラニ族

たとえばまず、ブラジルとパラグアイの国境付近に住むガラニ族の次の神話は、知恵に長《た》けた神が、得意の機知を働かせて火を盗み、人間に利用できるようにしてくれたことを物語っているという点が、プロメテウスの神話とよく似ている。

火は昔は、魔法使いの禿鷹《はげたか》たちに占有されていたので、人間はしかたなく、肉を太陽の熱で乾かして食べていた。それでそのことを憐れんだ神の子ニアンデルは、死んだふりをして自分の体を腐敗させた。その臭いを嗅ぎつけて、腐った肉が好物の禿鷹たちがさっそく彼のまわりに集まってきて、死体を料理しようとして火を燃やした。

だが禿鷹たちに火のなかに置かれると、ニアンデルはたちまち生き返って暴れ出した。禿鷹たちはびっくり仰天して、火を残したまま慌てて逃げた。その火をニアンデルは木のなかに入れて、人間が木と木を擦り合わせれば、いつでも取り出して使えるようにしてくれたのだという。

カヤポ=ゴロティレ族

ブラジル中央部のジェ族の神話でも、火はやはり盗みによって、人間の手に入ったことになっている。ジェ族に属するカヤポ=ゴロティレ族のもとでは、その話はこう語られている。

あるとき一人の男が、険しい岩壁の頂上にコンゴウインコの巣があるのを発見した。彼は義弟のボトクという名の少年を連れて来て、にわか拵《ごしら》えした梯子を登って行って、巣から雛たちを取って来いと命令した。巣のところに行き着くとボトクは、雛はおらず卵が二つあるだけだと言った。そして「それなら、それをよこせ」と要求した義兄に、投げてやったところが、その卵は落下する途中で二つとも石に変わり、受け取ろうとした義兄の手を傷つけた。憤慨した義兄は、梯子を外し、ボトクを岩壁の上に置き去りにして家に帰ってしまった。

ボトクは何日間もそこに取り残されたままで、飢えと渇きに苦しみ、やせ細って、しまいには自分の大便を食べて生命をつないだ。しまいに彼は、一頭のジャガーが弓と矢を携え、たくさんの獲物を持って岩壁の下を通るのを見た。地面に映っているボトクの影を見て、ジャガーは獲物と思い違え、捕まえようとしたが、やがて間違いに気づき、上を見て恐ろしさに震えているボトクを発見した。そして「どうしてそこにいるのか」と、大声で尋ねた。

ボトクがこわごわわけを説明すると、ジャガーはそこに倒れたままになっていた梯子を修理して岩壁に立てかけ、「降りて来い」と言った。ボトクが長い間逡巡したすえに、しまいに決心して降りて行くと、ジャガーは彼を自分の背中に乗せ、「焼いた肉を食べさせてやる」と言って、家に連れて行ってくれた。ところが当時は人間はまだ火を知らず、肉を生のまま食べていたので、ボトクには「焼いた」という言葉の意味が、何のことかわからなかった。

ジャガーの家に着いてみると、石がかまどの形に積まれたなかで、木の幹が燃えていた。ボトクはそこで、生まれてはじめて料理された肉を食べた。ジャガーの妻は、ボトクを「余所者の子」と呼んで嫌ったが、ジャガーはかまわずに、「自分には子がないので、おまえを養子にする」と、ボトクに宣言した。

ジャガーは、それから毎日ボトクを妻と一緒に家に残し狩りに出て行ったが、ジャガーの妻はボトクに、古いこちこちになった肉と木の葉しか食べ物として与えず、不平を言うとボトクの顔を爪で引っかいた。ボトクからこのことを聞いたジャガーは、厳しく妻を叱ったが、それでも彼女の仕打ちは少しも改まらなかった。ジャガーはそこで、弓と矢を作ってボトクに与え、その使い方も教えた。そして「必要ならこれを使って、義母の意地悪に対抗するがよい」と言った。ところが、ボトクは矢をジャガーの妻の胸に命中させて殺してしまい、弓矢と焼肉を持って、義父の家から逃げ出して故郷の村に帰ってしまった。

ボトクから火の話を聞かされ、おいしい焼き肉を分けてもらって食べた人間たちは、火を手に入れようと相談し、みんなでジャガーの家に行ってみた。ジャガーは留守で、妻が死んでしまったために、前日に捕ってきた獲物が、料理されずにそっくり残っていた。人びとはそこでさっそく肉を焼いて食べ、それから火を盗んで村に持ち帰った。それでこのときから人間は料理した肉を食べ、体を火で暖めることができるようになった。

一方、恩知らずの養子のせいで、妻に死なれたうえに火と弓矢の秘密を人間に盗まれてしまったジャガーは、このときから人間に対して激しい憎悪を燃やし、「二度と焼いた肉を口にしない」と誓って、爪で狩りをし、生の肉を食べるようになった。現在では火の反映だけが、ジャガーの瞳のなかで輝きを放ち続けているのだという。

他のジェ族の話では、このとき人間はジャガーの家から火と弓矢とともに、ジャガーの妻が紡いでいた木綿の糸も盗んで来たと物語られている。つまりこのジェ神話でも、人間は火の獲得にともなって、弓矢を使って狩りをしたり糸を紡ぐことなども覚え、文化をもつようになったとされているわけだ。

アピナイェ族

ジェ族の一つのアピナイェ族のもとでは、この神話は死の起源神話にもなっている。なぜならその話では、ジャガーの養子にしてもらった少年が義父の家を出て人間の村へ帰る途中で、こんな事件が起こったと物語られているからだ。

この神話ではジャガーは、少年が妻を殺してしまっても怒らず、彼に焼き肉をどっさり与えたうえに、村への帰り道まで教えて、送り出してやったことになっている。そのときジャガーはまた少年に、「途中で呼び声を聞いたら、ただ岩とアロエイラの木の声にだけ答えるように。腐った木のささやくような声には決して答えてはならない」と注意した。ところが、少年はこの注意を守らずに、腐った木のささやきかけにも返事をしてしまった。人間が短い生命しか生きられずに死なねばならなくなったのはそのためで、もしこのとき少年がジャガーの注意を守っていれば、人間は岩やアロエイラの木のように、いつまでも死なずに長生きできるようになれたはずだったのだという。

火を盗む鳥

アンダマン諸島

火が盗みによって人間の手に入ったことを物語っている他の多くの神話では、その冒険をした主人公は鳥であったことになっている。その一つに、たとえばインドネシアのアンダマン諸島に伝わるこんな話がある。

人間の形をして地上に住んでいた、ペルガまたはビリクという名の創造主が、火を作って持っていたが、人間はまだ火を持っていなかった大昔に、一羽のカワセミが、創造主が火のそばに座っているところにやって来て、くちばしに燃え木をくわえて盗んで行こうとした。それに気づいた創造主は、怒って燃え木を投げつけ、それがカワセミの首の後ろに当たってそこに火傷を負わせた。それでもカワセミは火を運んで来て人間に与えたとも、また創造主の投げた燃え木が人間たちのいる場所の近くに落ち、それでその火を人間が利用できるようになったのだともいわれている。この話に出てくる種類のカワセミには、首に斑紋のような形に赤い羽毛が生えているが、それは創造主に投げつけられた火で焼かれた痕だという。また、このことを怒って創造主は地上を去り、天に昇ってそこに住むようになったのだといわれている。

ブリアート族（シベリア）

シベリアのブリアート人の神話によれば、大昔にまだ人間たちが火を持たず、食物を料理することも暖をとることもできずに、いつも空腹と寒さに苦しんでいるのを気の毒に思って、燕《つばめ》が天神テングリから火を盗んで来てくれた。このとき怒ってテングリが射た矢が尾に当たったために、燕は今でも尾が二つに裂けている。この恩に感謝して人びとは、燕に決して害を加えず、また自分たちの住む小屋のなかに、燕が巣を作るのを歓迎するのだという。

ハイダ族（北アメリカ）

北アメリカ北西海岸の沖のクイーン＝シャーロット諸島に住むハイダ族の神話では、大昔に大洪水があってすべての生物が滅んだとき、生き残って現在の生物の祖先となったワタリガラスが主役として登場し、火を盗んで来たのも、この知恵者の鳥がしたことになっている。自分の子孫の人間たちに、現在ナース河の流れている土地に住んでいたセトリン＝キ＝ジャシュという神のもとにあった火を盗んで与えたいと思ったワタリガラスは、松葉に変身してこの神の家の近くの水の流れに浮かんでいた。

そこにやがて神の娘が水汲みに来て、持って来た容器のなかに水と一緒に松葉も汲み入れ、そのことに気がつかずに水を飲んで、松葉も飲み込んでしまった。すると彼女はたちまち妊娠して男の子を産んだが、その子は松葉になって彼女の胎内に入り込んだワタリガラスだった。

こうして、まんまと家族の一員として神の住居の小屋に住むことに成功したワタリガラスは、ある日、みなが油断しているすきに火種を盗み、もとの鳥の姿に戻って屋根の煙出し穴から飛び出し、地上のあちこちに火を広めながら飛び回った。このとき彼が最初に火を置いた場所の一つが、ヴァンクーヴァー島の北東の端であったので、それで今でもそこに生えている木に、黒い色のものが多いのだということ。

フランス

鳥によって神のもとから最初の火が人間にもたらされたという話は、フランスのノルマンディー地方やブルターニュ地方などにもある。鳥のなかでもとりわけ小さいキクイタダキが主人公になっている、次のノルマンディーの話もその一つだが、そのなかではこの鳥は火を盗んだのではなく、神からもらって来てくれたことになっている。

まだ地上に火がなかった大昔に、人間たちは、鳥のだれかをはるばる神さまのところまで使いに出して、火をもらって来させることにしようと相談した。それでまず大きな鳥たちに話を持ちかけてみたが、そんな長旅を引き受けてくれるものはなく、次に中ぐらいの大きさの鳥たちに頼んでみたが、同じことで、しまいに小さな鳥のヒバリにも、断られてしまった。人びとが困ってどうしようかと相談していると、それを聞いたちっぽけなキクイタダキが、「だれも行くものがないのなら、私が行きましょう」と、自分から申し出た。人びとは驚いて、こう言って止めた。「おまえは小さすぎるし、羽も短すぎる。着く前に疲れて、死んでしまうだろう」。だがキクイタダキはけなげにも、「やるだけやってみましょう。途中でもし死んでも、決して悔いはありません」と言って、勇ましく飛び立ち、気の遠くなるほど長い長い間飛び続けて、ついに神さまのいるところに着いた。神さまは驚いて、その鳥を自分の膝の上に載せて休ませてやった。

鳥の頼みを聞いた神さまは、最初は「地上に着く前に、おまえは焼け死んでしまうだろう」と言って、火を与えるのをためらった。だがそれでも熱心に頼み続けると、しまいにこう言って承知した。「よろしい。おまえの欲しがっているものをあげよう。だがくれぐれもゆっくり時間をかけ、速く飛びすぎないように気をつけなさい。速く飛びすぎると、羽に火がついてしまうだろうから」。

キクイタダキは、「必ず用心します」と約束して、喜び勇んで火を持って地上へと飛び始めた。地上からまだ遠いところを飛んでいた間は、気をつけてゆっくり飛んだが、地上に近づいて、人びとが自分を見て、待ちこがれ、「速く、速く」と呼んでいるのを見ると、うっかり飛ぶ速度を速めてしまった。それでこの鳥の身には、神さまの言ったとおりのことが起こった。

それでもこの鳥は、地上まで火を運んで来て、人びとはその火を手に入れた。だがそのときには、羽がすっかり焼けてしまって、一本も残っていなかった。そこでこれを見た鳥たちが、心配して周りに集まって来て、それぞれ自分の羽を一本ずつ抜き、それで羽衣を作って着せてやった。それでキクイタダキの羽には今でも、斑紋がたくさんあるのだ。

このとき梟《ふくろう》だけは、自分の羽を惜しんで与えなかった。それで鳥たちはその冷酷さを怒って、今でもみんな梟を目の敵にしているので、梟は昼間は隠れていて、夜の間しか出てこないのだという。また、もしも悪童がキクイタダキを殺したり、巣を荒らしたりすることがあれば、その子の家は落雷の火で焼かれる。また悪行の罰として、その子は、家のない孤児になると信じられているという。

虫による火盗み

タイ

タイの神話には、このノルマンディーの話でキクイタダキが果たしているのとよく似た役を、小鳥よりももっとずっとちっぽけな虫の虻がしたことになっている話もある。それによると昔、現在の人類の祖先である七人兄弟の少年たちが、地上にない火を探しに、自分たちのなかの一人を天に派遣した。天の精霊は、この使者に火を与えたが、天の宮殿の門を出ようとしたところでその火は消えてしまった。使者は地上に帰って、その失敗を兄弟たちに報告した。彼らはそこでまた相談して、今度は火をもらうために、ヘビとミミズクを天に派遣することにした。ところがミミズクは、途中の最初の村で鼠を捕まえるのに熱中してとどまってしまい、ヘビは沼で蛙を狩るのに夢中になって、どちらも役目を放棄してしまった。

兄弟はまた相談して、火を天から盗って来

る役を今度は虻に頼んだ。虻は承知したが、その条件として、「苦労の報酬に、自分の渇きを、水牛の腿の上や大人や子供のふくらはぎの上で癒やすことを認めてもらいたい」と言った。兄弟はしかたなく、そのことに同意した。

天に着くと虻は、「自分はすきまだらけの籠の中に入れられると、何も見えなくなります」と言って、天の霊を言葉たくみに騙した。この言葉を信じた天の霊は、虻をすきまだらけの籠に入れ、そのそばでいつもしているとおりのやり方で火を作って、地上に持って行くようにと言って、それを虻に与えた。虻が持ち帰ったたいまつの火は途中で消えてしまったが、天の霊が火を造るところを見てその秘密を知ってしまった虻は、平気でそのまま地上に戻って来た。

兄弟たちはさっそく、「火はどこにあるのか」と言って、虻を夢中で質問ぜめにした。虻はそこでこう言った。

「ノロジカの脚のようにほっそりしていて、小エビのひげほどの厚さしかない木切れに刻み目をつけて、その周りに麻くずを山積みになさい。それから縄を、煙が顔に立ち昇って来るまで、前後に勢いよく引いてごらんなさい」。

兄弟たちが言われたとおりにすると、やがて煙が上がるのと一緒に火が燃え上がり、その火で食物を料理することができた。それで今でも人間は、このやり方で火を造って使い、虻は水牛の腿と、大人や子供のふくらはぎの上で、渇きを癒やしているのだという。

トラジャ族

そっくりの話は、スラウェシ（セレベス）のトラジャ族のもとにもある。

火が無いために、米を炊いて食べることができずに困った人間たちが、当時はまだ今ほど地上から遠く離れてはいなかった天に使者を送って、神々から火を分けてもらうことにした。使者に選ばれたのは、タムブーヤという昆虫だった。天に着いて、火をもらいたいと頼むと、神々はこう言った。

「火はあげるが、おまえは手で両目を目隠ししていなければならぬ。われわれがどうやって火を造るかを、おまえに見せるわけにはいかないのだから」。

　昆虫は、言われたとおりにした。ところがこの虫には、両肩の上にも一つずつ眼があることを、神々は知らなかったのだ。それで彼は頭にある眼は手でちゃんと目隠ししても、その別の一対の眼で、神々が火打ち石を鉄《おの》で打って火花を出し、それで乾いた木を燃やして火を造る一部始終を、しっかりと見とどけた。こうして彼は神々からもらったその火と一緒に、火の造り方の秘密まで地上に持ち帰って、人間がトラジャ族の住む地方の山や川で見つかる、火打ち石から火を造って使えるようにしてくれたのだという。

獣による火盗み

パプアニューギニア

　太古に火を人間のために盗んで来てくれたものが、獣だということになっている神話もほうぼうにある。パプアニューギニア北西部のオロカイヴァ族の神話では、それは犬がしてくれたことだったとされている。人間がまだ火をもたず、料理されていないまずい食物に飽き、寒さに苦しんでいた大昔に、海辺の村に住んでいた人びとが、海の向こうで煙が立ち昇っているのを見て、何であろうかといぶかり、その煙を出しているものを何とかして手に入れたいと思った。そうすると一頭の犬が突然、「私が取って来ましょう」と言って、海を泳いで渡って煙の上がっている村に行き、火種を取ってそれを口にくわえて、また泳いで帰って来た。

だが、この犬はずいぶん大きくて力も強かったにもかかわらず、火を波がかからぬように持ち上げていることはできなかった。火は途中で水に濡れて消え、帰り着いたときにくわえていたのは、火の消えたただの棒きれだけだった。そのあとで他の犬たちもつぎつぎに試みたがみな同じ失敗をした。

最後に全身が皮膚病にかかり傷だらけで、背中の毛が一本しか残っていない、ちびのパグ犬が、「私が取って来ましょう」と言ったので、みんなは馬鹿にして笑った。だがこの犬は、向こう岸に泳ぎ着いて火種を取ると、それを口にくわえる代わりに、自分の尻尾の先に結びつけて泳ぎ帰って来た。そしてこうして首尾よく持ち帰った火を、「自分の父さんと母さん」、つまり世話をしてくれていた男と女に渡したので、彼らは大変に感謝してその火を他の人たちみんなに分けた。だからこのようにして人間の手に入った火は、本当は犬のものであるので、それで今でも犬は火のそばや灰の上に横になるのが好きで、そこから追い払おうとすると、唸ったりキャンキャン甲高い声で鳴いて抗議するのだという。

シルク族（アフリカ）

白ナイル河流域のシルク族の神話でもやはり、火が人間の手に入ったのは犬のおかげだったことになっている。人間がまだ火を知らず、食物を日光に当てて温めて食べていた大昔に、一頭の犬が偉大な精霊の国から、火で焼かれた肉を一切れ盗み出して、人間たちのところに持ち帰った。食べてみると生の肉よりずっとおいしかったので、人びとは火を手に入れるために、その犬のしっぽを乾いたわらで包んで、また偉大な精霊の国へ行かせた。そこに着くと犬は、習性のとおりに灰の山の上で転げ回ったので、まだ赤かった灰からしっぽの周りのわらに火がつき、苦しがって吠えながら全速力で人間たちのもとに帰って来た。そして苦痛を和らげようとして、枯れ草のなかを転げ回ったので、草に火がつき、その火事から人びとは今も大切にもち続けている火を得たのだという。

クリーク族（北アメリカ）

北アメリカ南東部のクリーク族の神話には、火を盗んで来てくれた獣として兎が登場する。火が無かった昔に、人間たちみんなが集まって、どうしたら火を手に入れることができるか相談した。そして兎に火を探しに行ってもらうことに、みんなの意見が一致した。

兎はそれで東の大洋を越えて、向こうの土地に行ってみた。そこで彼は大歓迎を受け、盛大な踊りが開催された。兎は派手な服を着て、樹脂でできた棒を四本さした奇妙な帽子をかぶって、踊りの輪に仲間入りをした。踊りながら人びとは、だんだん輪の中心に燃えている神聖な火に近づいて、その火に向かって拝礼を始め、低く頭を下げた。兎もそのとおりにすると、頭をうんと低く垂れたところで、突然帽子にさしてあった樹脂の棒に火がつき、こうして盗んだ火を兎はまた大洋を泳ぎ渡って人びとのもとに持ち帰ったので、このようにして人間は東方（大西洋の彼方をさす）から火を得ることができたのだという。

トラトラシコアラ族（北アメリカ）

北アメリカ北西海岸のクワキウトル族に属するトラトラシコアラ族の神話では、火の窃盗は鹿によってされたことになっている。この話でも、大昔に火を隠し持って人間に与えずにいたナトリビカクのもとに、最初に火を盗みに派遣された使者は、盗んだ火を口のなかに入れて持ち帰ろうとしたが、発見されてしまい失敗したと物語られている。その後で派遣された鹿は、髪のなかに乾いた木を入れてナトリビカクの家に駆けて行き、戸口に立って、「火をもらいに来た」と歌った。そして家に入り、火の周りで踊った後で、頭を火のなかに突っ込んだ。すると髪に入れておいた木に火がつき、鹿は逃げ出した。ナトリビカクは火を取り戻そうとして追って来たが、追いつかれそうになると鹿はまず、脂肪を後方に投げた。すると、それが大きな湖となり、次に何本かの毛を投げると、それが深い森となり、最後には四個の石を投げると、それが四つの高い山となって追跡を阻んだので、鹿は捕まらずに火を持ち帰り、その火が人びとに分け与えられたのだという。

日本神話

火の神カグツチの誕生

日本の神話では、火の起源は言うまでもなく、太古に天から下界に降りて来て、そこでイザナギと最初の結婚をして、国土の島と多くの神々を産んだ女神のイザナミが、その神産みの最中に火の神のカグツチを産んだという話によって、説明されている。そのときイザナミは、カグツチの火に焼かれ陰部に大火傷を負って、苦しみながら死んだ。だがその間にも、病床でイザナミが吐いた吐瀉物や垂れ流した大小便から、さまざまな神々が誕生し続けたといわれ、そのことは『古事記』には、こう記されている。

「次に火《ほ》の夜芸《やぎ》速男《はやを》の神を産みたまひき。またの名は火《ほ》の炫毘古《かがひこ》の神といひ、またの名は火《ほ》の迦具土《かぐつち》の神といふ。この子を産みたまひしによりて、御陰《みほと》炙《や》かえて病み臥《こや》せり。たぐりに生《な》りませる神の名は金山毘古《かなやまひこ》の神。次に金山毘売《かなやまひめ》の神。次に屎《くそ》に成りませる神の名は、波邇夜須毘古《はにやすひこ》の神。次に波邇夜須毘売《はにやすひめ》の神。次に尿《ゆまり》に成りませる神の名は弥都波能売《みつはのめ》の神。次に和久産巣日《わくむすひ》の神。この神の子は豊宇気毘売《とようけひめ》の神といふ。かれ伊耶那美《いざなみ》の神は、火の神を産みたまひしに因りて、遂に神避《かむさ》りたまひき」。

文化、死、性との関連

つまりこのとき、イザナミの「たぐり」すなわち吐瀉物からは、男女の金属の神カナヤマヒコとカナヤマヒメが、大便からは、男女の粘土の神ハニヤスヒコとハニヤスヒメが、小便からは、水の女神ミツハノメと、それにワクムスヒという、食物の女神トヨウケヒメの親神になった神が生まれたとされているわけだ。ワクムスヒについては『日本書紀』に、「此の神の頭の上に蚕と桑と生《な》れり。臍の中に五穀生れり」と言われて、その体から、五穀と蚕と桑の木が発生したことが語られている。この話では明らかに、火とともに、金属・粘土・水・穀物・蚕・桑などの起源も説明されている。そして金属の利用や、粘土を水と捏《こ》ね火で焼いて土器を作ることや、農業や、また養蚕などが、どうして可能になり、人間が文化をもてることになったかが、物語られているので、火の起源神話は日本の場合にも、文化の起源神話にもなっている。

そのうえまたこの神話は、イザナミの死を語ることで、世界に最初に起こった死を物語ってもいる。そしてその最初の死を遂げたイザナミは、地下の死者の世界である黄泉国に行き、そこで迎えにはるばるやって来たイザナギに対して最後に、「汝の国の人草《ひとくさ》、一日《ひとひ》に千頭《ちかしらくび》絞り殺さむ」と言って、一日に千人ずつ人間を殺し続けることを宣言した。それで人間に死が不可避になったとされている。また火神の誕生の原因となった、イザナギとイザナミの結婚は、そのときに男女の体の違いと性交のやり方が、はじめて明らかになったと言われており、『日本書紀』には、両神がそれまでだれも知らなかった交合の方法を、セキレイから教わったことが、こう語られてもいる。

「遂に合交《みあは》せむとす。而も其の術を知らず。時に鶺鴒有りて、飛び来りて其の首尾《かしらを》を揺《うごか》す。二《ふたはしら》の神、見《みそなは》して学《なら》ひて、即ち交《とつぎ》の道を得つ」。

つまりこの結婚は、性行為のまさに嚆矢だったとされているわけで、このように日本の神話でも火の起源は、死の起源とも性の起源とも密接に結びつけられて語られている。

女性器から出た火

マリンド＝アニム族（パプアニューギニア）

ニューギニアの南海岸のマリンド＝アニム族の神話では、火の起源は次のように物語られている。あるとき男の祖先のウアバは、女の祖先のウアリワムブがいやがって逃げるのを追って行って、小屋のなかにいるのを見つけ、隠れていて暗くなるのを待ってから、こっそり自分もその小屋に忍び込んで、無理に犯した。そうするとそのまま体が離れなくなってしまって、翌朝になってもまだ、交合したまま引き抜けずに、うめき声をあげて苦しんでいるのが発見された。それで仲間の祖先たちは二人をそのまま担架に載せ、上から何枚も筵をかぶせて、道々さんざんからかいながら村まで運んで来て、小屋の寝床の上に置いた。そのうちにそこにアラメムブという男がやって来て、まだ交合したままでいるウアバの体を摑んで、揺すぶったりぐるぐる回したりした。そうするとその摩擦から、煙と炎が立ち上り、これが火の起源となった。ウアリワムブはこのとき、火と一緒にヒクイドリとコウノトリも生んだ。それで火で焼かれながら誕生したこれらの二種の鳥の羽は、今でも焼け焦げたような黒い色をしている。またコウノトリの脚が赤く、ヒクイドリの頭に赤い冠があるのも、同じ理由によるのだという。

この神話は、火の起源を男女の性行為と結びつけて語っている点が、日本の神話と共通している。火が女の体から出て来たという火の起源神話は、このほかにもニューギニアからメラネシア、ポリネシア、南米にかけての地域のほうぼうにある。パプアニューギニアの東南端にあるミルン湾の付近で語られたという、次の話もその一つだ。

人びとがまだ火を持たずに、ヤムイモやタロイモを薄く切って日干しにして食べていた昔に、一人の老女がいて、十人の若者たちをこのやり方で養っていた。彼らが森に野生の豚を狩りに出かけて留守になると、彼女は自分の食事だけを、体から出した火で料理して食べ、その後で若者たちが帰って来る前に、灰や薪などをすっかり掃除してしまって、自分が料理したことがわからないようにしていた。

ところがある日、若者たちの食事に煮たタ

ロイモが混じっていた。それをもっとも年下の若者が食べてみて、美味であったのでびっくりして、仲間にも食べさせた。それで彼らは、なぜタロイモがこんなに美味になるのか知りたいと思って、翌日みんなで狩りに出かけるときに、もっとも年下の若者だけは残って家のなかに隠れていた。そうすると老女は、若者たちのための食物は、天日で乾燥させておいて、自分の食事だけ両脚の間から火を出して料理した。そのことを見とどけた若者は、狩りから仲間たちが帰って来ると、晩の食事の間にみんなに報告した。彼らは火が便利なものであることを知り、それを老女から盗むことに決めた。

それで彼らは、翌朝またいつものように狩りに出かけたが、少し行くとみんな戻って来て、九人は隠れ、もっとも年下の若者だけはこっそり老女のいる家のすぐそばまで行って身を潜めた。そして老女が自分のタロイモを料理し始めようとした瞬間に、背後に忍び寄って、火を奪って逃げた。

だが逃げる間に彼は、手を焼かれて持っていた火を取り落としたので、火は草に燃え移り、それからそこに生えていたタコの木にも燃え移った。この木には洞があって、そのなかにガルブイイエというヘビが棲んでいた。火はそのしっぽにも燃え移って、たいまつのようにそれを燃やした。老女は大雨を降らせて火を消したが、木の洞のなかにいたこのヘビのしっぽの火だけは消えずに残った。

それで雨がやむと、若者たちは苦労して火を探し回った末に、この木の洞を見つけてヘビをそこから引き出し、まだ燃えているそのしっぽを折り取った。そして木を高く積み上げて、ヘビのしっぽから点火した枝でそれに火をつけ、そこにすべての村々から人びとがやって来て火を持ち帰り、こうしてどこの村でも人間が火を使って、便利な暮らしができるようになったのだという。

トロブリアンド諸島（メラネシア）

この話は、火が女性の両脚の間、つまり股間から出たと語っているところが、前掲したマリンド＝アニム族の神話とも、また日本の神話ともよく似ている。よく似た神話は、メラネシアのトロブリアンド諸島にもある。太陽と月の母親となった女に、一人の妹がいて、二人は一緒に暮らしていた。二人が食物にしていたのは、野生のヤムイモだったが、それを森の中を歩き回って探して取って来るのは、妹の役目で、姉はその間村に残っていた。そして妹が持ち帰るヤムイモを、姉はいつも料理して食べ、妹は生のままで食べていた。それで妹は毎晩、咳をして苦しんだが、姉のほうは料理したヤムイモを食べたおかげでいつも安眠した。

ある日のこと、妹は森に出かけた後で戻って来て、隠れて姉のすることを見ていた。そうすると姉は体内にある火を、両脚の間から取り出し、その火で自分のヤムイモを料理した。妹に見られたことを知った姉は、「この秘密はだれにも知らせずに、火で料理して食物を食べることは、自分たちだけの大切な財産にしておこう」と提案した。だが妹はそれに反対し、「火をみんなに与える」と言って、多くの木に火をつけて燃え上がらせ、姉に向かってこう言った。

「これでもまだあなたは、自分の食物だけ料理して食べ、こんなに大勢いる他の人たちには、生の食物を食べさせておくことができると思うの」。

マウイの冒険

ポリネシアの神話では、もとは女神の体内にあった火を、人間に使えるようにしたことは、愉快な悪戯者の神として有名なマウィがした、冒険の一つだったことになっている。ニュージーランドのマオリ族は、その話をこのように伝えている。

ある日、母の跡を追ってこっそり地下の世界に入り込み、そこで祖先のマフイケが火を持っていることを教えられたマウイは、さっそく地下にあるその女神の住居に、火をもらいに出かけて行った。眠っていた女神を起こして、マウイが「火はどこにあるのですか、火をいただきに来たのですが」と言うと、マフイケはマウィに、「何者でどこから来たのか」と尋ね、問答を交わしたすえに彼が自分のかわいい子孫だということがわかると、求めに応じ、「よく来た、よく来た、火はここにあるよ」と言って、自分の手の指を一本引き抜いた。そしてたいまつのように燃えているその指を、マウイに与えた。

ところが女神の住居の外に出ると、マウイはその指を水に入れ火を消してしまって、また女神のもとに戻って行き、「いただいた火が消えてしまったので、別の火をください」と言った。マフイケは、また指を一本抜いてマウイに与えたが、マウイはその火も前と同じようにして消してしまい、また戻って来て女神に、別の火を求めた。このことを何度も繰り返しているうちに、マフイケの両手の指が、マウイに全部与え尽くしてなくなってしまった。それでもマウイは、もらった火を消しては別の火をもらいに来ることをやめなかったので、マフイケはしかたなく、足の指をつぎつぎに抜いて彼に与えた。

こうしてしまいに片方の親指が一本だけ残ったところで、マフィケはようやく、マウイにからかわれていたことに気づいた。それでマウイがまた火をもらいに来たのに向かって激怒して、「これで全部だよ」と叫んで、その最後の指を引き抜き地面に投げつけた。

そうするとその火は、たちまち猛烈な勢いであたり一面に燃え拡がり、マウイは焼き殺されそうになったので、慌てて鷲に変身して飛び上がって逃げた。だが下界一面が火の海になって、降りる場所がなかったので、困った彼は、天上にいる祖先たちに、「どうか水でこの火を消してください」と叫んだ。

するとたちまち激しい嵐が起こり、天から雨と雪と雹が同時に降って来て火が消えた。雨に打たれたマフィケは、息もたえだえになって苦しみ、猛烈な叫び声をあげた。それでも全部の火が消えてしまう前に、彼女はいくつかの火花を救って、それらをいろいろな種類の木や火打ち石のなかに入れて保護した。それで人間は、それらの木を擦り合わせ、または火打ち石を打ち合わせることで、なかの火を取り出して使えるようになった。

また一伝によれば、大雨に打たれて、火がすっかり消えてしまいそうになったとき、火を木や火打ち石のなかに避難させて、人間が使えるようにしたのは、マウイだったとも言われている。

イザナミ神話と南アメリカ神話の類似

ワラウ族

南米ガイアナのワラウ族の神話では、原初に体内に火を隠し持っていたのは、ナニヨボと呼ばれる蛙の姿の老女だったとされている。

この蛙女は、マクナイマとピアという双児の兄弟、彼らを妊娠したまま死んでしまった母の腹を開いて取り出し、養子にしてかわいがって育てた。彼女は子供たちが留守の間に、彼らが取って来る魚を、口から吐き出した火で料理したが、彼らが帰宅する前にその火をまた呑み込んでいたので、子供たちにはなぜ自分たちの食べる魚がいつもおいしく料理されているのかわからなかった。

それである日、兄弟の一人が家を出た後でトカゲに変身し、戻って来て家の屋根に登って、そこからなかでナニヨボのすることを覗き見した。すると彼女は、口から火を吐き出し、また自分の首のあたりから、バラタ＝ゴムの木から採れる澱粉とそっくりの白いものを出して、それを火で料理し終わったあとで、また火を呑み込んだ。

このことを見た少年は、兄弟の一人に打ち明け、二人はよく相談したすえに、育ての親の老女を殺すことに決めた。そして広い畑を開墾したうえで、その真ん中に一本だけ伐らずに残しておいた大木の幹に彼女を縛りつけ、周りに薪の山を積み上げて火をつけた。するとナニヨボが焼け死ぬ間に、彼女の体内にあった火が、薪に使われたヒマ＝ヘルの木の枝のなかに入り、それで人間はこの枝を擦り合わせ、なかの火を取り出して使うことができるようになった。

タルマ族

同じガイアナのアラワク族の一派のタルマ族の神話では、日本やマリンド＝アニム族やトロブリアンド諸島などの神話と同様に、火はそれを体内に持っていた女の陰部から出て、人間に使えるようになったことになっている。

この世の初めに、地上にはただアジジェコ

という兄と、ドゥイドという弟と、二人の人間だけが住んでいた。二人はカワウソから川の底の溝のなかに女が住んでいることを教わり、苦労したすえに結局、弟のドゥイドが彼女を釣り上げることに成功し、自分の妻にした。

ドゥイドが結婚した後、兄弟はすぐ近くに別々の家を建て、暮らしていたが、彼らはいつも食物を生のままで食べているのに、ドゥイドの妻は、果物以外は何も生では食べないので、いつも一人で食事をしている彼女に何か隠しごとがあるに違いないと思った。だが何と言って聞かれても、彼女は火の秘密を彼らに教えようとしなかった。

長い年月が過ぎて、彼女がもう老女になって、子供も大勢いるようになったある日、アジジェコは弟夫婦の家を訪問し、日暮れに別れを告げて家路についた。ところがその後で、ドゥイドと彼の妻は、兄が奇妙なことに、大切な呪物の入った袋を忘れたまま出て行ったことに気づいた。

そのときアジジェコが、義妹にそれを自分のところまで持って来てくれと、大声で叫ぶ声が聞こえた。彼女はそれを持って行き、離れたところからアジジェコに、「ほら、ここにあります」と言った。だがアジジェコは、「だめだ、もっとそばまで持って来い」と言った。彼女は近寄って、両手を伸ばしてそれを差し出したが、アジジェコはそれでも、「だめだ、もっとそばまで、私のすぐ近くまで持って来い」と言った。彼女は怯えて、「では投げます」と言ったが、彼は「そんなことをしたら壊れてしまうから、だめだ、私のいるこの場所まで持って来い」と言った。そして彼女がそうすると、たちまち飛びかかって彼女を捕らえ、火の秘密を明かさねば犯すと言って脅した。

彼女は何度も逃げようと試みたが失敗したので、ついに秘密を教えることに同意した。そして両脚を大きく開いて地面に座ると、自分の腹の上部を摑んで強く揺すぶった。そうすると火の玉が、彼女の産道から地面に転がり出た。だがそれは今日われわれが知っているような火ではなく、燃えもせず、物を煮るのにも使えなかった。これらの性質は、女がそれを出して与えたとき、火から失われてしまっていたのだ。だがアジジェコは、それは自分が直せると言って、舌を焼くような味のするあらゆる樹皮と、果物と、赤いコショウを採って来て、それを女から出た火と混ぜ、今日われわれが使っている火を造ったのだという。

縄文土器に見る火の神話

女神が体を焼かれて苦しみながら火を生み出して、人間の手に火が入ったという神話は、わが国では、縄文時代にすでにあった可能性が強いと思われる。なぜなら縄文時代の中期に、主として関東地方の西部から中部地方にかけての地域で、釣手土器という複雑で特殊な形の土器が作られたが、油煙や煤による汚れや焼け焦げの跡があることからこの土器は、釣手と呼ばれる部分に縄などを通して吊るして、なかで油を燃やすことで、ランプのような使われ方をしたと推定されている。また他の土器と比較して、発見される数がきわめて少なく、完形かそれに近い状態で出土する場合が多いことから、単なる日用品ではなく、丁重な取り扱われ方をされていたことがうかがえるので、この土器のなかで火を燃やすことは、それ自体が重要な宗教の儀礼であったと思える。考古学者の藤森栄一は、この釣手土器のなかで燃やされた火は、それ自体が神として崇められたと考え、それを「中期縄文人の神の灯」と呼んだ。

ところがこの釣手土器のなかには、釣手部の頂点に人の顔がはっきり表されたものがあるが、その人面付き釣手土器は、全体が明らかに腹が大きく膨れ妊娠した女体を思わせる形をしている。そうするとこの土器のなかで燃やされる火は、土器の表す女体の胎内に妊娠された子で、母の体をまさに燃やしていることになる。

つまり釣手土器は、火の母神を表した女神像であり、そのなかで火を燃やすことで当時の人たちは、その母神が体を焼かれ苦しみながら人間のために、貴重な火を子として産み出してくれる有様を表して祀っていたので、母神が火神を産むことで火傷を負って、苦しみながら死んだという、『古事記』と『日本書紀』の神話のイザナミの話は、その起源を縄文時代にまでさかのぼる、きわめて古いものと想定できるわけだ。

神と自然への反逆であった火の獲得

ヒト科の動物による火の使用の歴史は、はっきり確定はできないが、五十万年以上前までさかのぼることは確実だという。われわれが属するヒトの種のホモ＝サピエンスは、発生の当初から火を使い、その火の使用は、人間と他の生物とのもっとも重要な違いの一つだった。

火の神話はだから少なくとも、われわれが属するホモ＝サピエンスの亜種のホモ＝サピエンス＝サピエンスと同じだけ長い歴史をもっているに違いない。そう考えれば、至るところの火の起源神話の間に、本当にびっくりするほどの類似があることも、そう大きな不思議ではなくなる。

世界中の火の起源神話にもっともひんぱんに見られるのは、火が盗みによって人間の手に入ったという発想だ。また、日本およびメラネシア、ポリネシアから南米にかけての地域の神話には、共通して火が女神的存在の体から出て人間のものになったというモチーフが見られるが、それらの神話でもしばしば女神の体内から火を人間が獲得したのは、やはり盗みによってであったと語られており、ほとんどの話では、また、火が人間に利用できるようになるために、それをもと自分の体内に持っていた女神は、ひどい苦しみに遭ったり、死なねばならなかったと物語られている。

つまり、火を持つことで人間は文化をもち、他の生物と区別されたわけだが、その人間をまさに人間たらしめている文化の営為が、火の獲得というそもそもの出発点からして、すでに神と自然に対する反逆であり侵害であったことを、人間は常に意識し、火の起源神話でそのことを語り続けてきたのだ。

作物の起源

吉田　敦彦

オオゲツヒメ、ウケモチ、ワクムスヒ

オオゲツヒメ

日本の神話では作物の起源は、一見すると奇妙に思える話で説明されている。『古事記』の神話では、その主人公はオオゲツヒメという女神で、体の中にさまざまな食物を持っていて、それらを鼻と口と尻から、どんどん出すことができた。あるときスサノオがやって来て、食物を求めたので、このやり方で出したものを、いろいろな御馳走に作って食べさせようとした。ところがスサノオは、食物を出すところを覗き見していて、体から出した汚いものを食べさせようとしていると思い、怒って女神を殺してしまった。するとその死体の頭からは蚕が、目からは稲が、耳からは粟が、鼻からは小豆が、陰部からは麦が、尻からは大豆が発生した。そこでカミムスヒがそれらのものを取って来させ、種にして農業を創始したと物語られている。

ウケモチ

『日本書紀』の神話の主人公のウケモチもやはり、体内にありとあらゆる種類の食物を持っていて、それらを口からいくらでも吐き出

すことができた。あるときアマテラスが弟の月神ツクヨミを地上に降ろして、この神を訪問させた。ウケモチはそこでまず顔を国の方に向けてご飯を吐き出し、次に海の方に向いていろいろな魚を吐き出し、それから山の方に向いてさまざまな鳥や獣を吐き出した。そしてそれらで作った御馳走を大きな台の上にどっさり盛り上げて、ツクヨミをもてなそうとした。ツクヨミは顔を真っ赤にして怒って、「口から吐き出したものを食べさせるとは、何という汚いことをするのか」と叫び、剣を抜いてウケモチを斬り殺した。そして天に帰ってそのことを、詳しくアマテラスに報告した。アマテラスはたいへんに立腹して、「あなたは悪い神なので、顔を合わせないことにする」と、言い渡した。それでこのときから、太陽のアマテラスと月のツクヨミとが、昼と夜の空に別れて出るようになった。

アマテラスはそれから、アマノクマヒトという神を地上に様子を見に派遣した。するとウケモチの頭には牛と馬が、額には粟が、眉の上には蚕が、目には稗《ひえ》が、腹には稲が、陰部には麦と大豆と小豆が発生していたので、それらをすべて天に持ち帰った。するとアマテラスは喜んで、「これは人間が生きて行くための食物です」と言って、粟と稗と麦と大豆と小豆を畑の作物にした。また稲は田の作物にし、天上に田を作って植えたところ、その年の秋にはみごとな穂がたわわに実った。またアマテラスは、蚕を自分の口に入れてそれから糸を引き出し、それによって養蚕も始めたと言われている。

出てくる神々の名はすっかり違うが、二つの話は筋は明らかに共通している。どちらの話も主人公は、体から食物を無尽蔵に分泌したり排泄して出すことができた女神で、そうやって出した御馳走を食べさせてやろうとした神に、食物を出すところを見られたために、汚物を食べさせると思われて殺された。そしてその死体のいろいろな部分から、それぞれ種類の違う作物など、人間の暮らしに役に立つものが発生し、そのおかげで農業や養蚕などが始まったとされている。

ワクムスヒ

『日本書紀』にはまた、こんな記事がある。

「即ち軻遇突智《かぐつち》、埴山姫《はにやまひめ》を娶きて、稚産霊《わくむすひ》を生む。此の神の頭の上に、蚕と桑と生《な》れり。臍の中に五穀生れり」。

つまり、火の神のカグツチと土の女神のハニヤマヒメが結婚して、その間にワクムスヒという神が生まれ、その頭から蚕と桑の木が、臍からは五穀が発生したというのだ。ここではワクムスヒが生きていたときに、体から食物を分泌したり排泄できたとも、またそのやり方を見られて殺されたとも言われていない。だが前の二つの話と比べてみれば、ワクムスヒがオオゲツヒメやウケモチと、同類の神であることは明らかなので、これもやはり殺された神の死体から、作物が発生したことを物語った神話の異伝の一つを、簡略化して記したものと思える。

ハイヌヴェレ型

セラム島（インドネシア）のハイヌヴェレ神話

これらの日本の神話とそっくりな作物の起源神話は、インドネシア、メラネシア、ポリネシアからアメリカ大陸にかけての広大な地域に分布している。ドイツの民族学者イェンゼンはそれらの神話を、インドネシアのセラム島の原住民の神話の次のような話の主人公の名にちなんで、「ハイヌヴェレ型」と呼ぶことを提唱した。

さまざまな貴重な宝物を、大便として出すハイヌヴェレという名の妙齢の乙女がいて、踊りの間にその宝を人びとに、気前よく分けてやることを続けていた。ところが人びとはしまいにそのことを気味悪く思って、踊りながらハイヌヴェレを生き埋めにして殺してしまった。そのあとでハイヌヴェレの父親が、娘の死体を掘り出して切り刻み、破片を一つ一つ別々の場所に分けて埋めた。するとその破片がそれぞれ種類の違う芋に変わって、そのおかげで人間は、それらの芋を栽培し、食物にして生きていくことができるようになった。

この話ではハイヌヴェレが生きていたとき体からどんどん排泄できたものが、食物ではなく宝物であったとされている点が、日本の神話とやや違っている。またその宝物を出すところを見られたことが、ハイヌヴェレの死の原因になったということも、オオゲツヒメやウケモチの話のようにはっきりとは語られていない。だがセラム島の同じ原住民の神話には、これらの点が日本の神話といっそうよく似た、次のような話もある。

ライという名の老女が、孫息子と一緒に住み、その子に毎日おいしいお粥を食べさせてやっていた。少年はある日、祖母がどうやってお粥を作るのか知りたくなって、こっそり覗き見してみた。するとライは、体から垢《あか》をこそげ取り、それをお粥にしていた。食事どきになると少年は、「祖母のしていることを見たので、もう食べたくない」と言った。するとライは、「三日後に帰って来て、家の下を見るように」と言って、少年を家から出て行かせた。言われたとおり三日後に帰って来たときには、ライが家の下で死んでいて、死骸の頭からはビンロウジュが、女性器からはココヤシが、胴体からはサゴヤシが生えていた。

二つの話を合わせてみれば、セラム島の原住民は、自分たちにとって主な作物であり続けてきた芋と果樹の起源を、日本の神話とまさにそっくりな話によって説明している。これらとほとんどそっくりな話は、前述した広大な分布圏の東の端にもある。ミシシッピ河の下流域にいたナチェズ族の次の神話が、その例の一つだ。

ナチェズ族（北アメリカ）

一人の女が、二人の少女と暮らしていた。食物がなくなると彼女は、両手に一つずつ籠を持って、ある建物のなかへ入り、じきに籠を両方ともいっぱいにして出て来た。そしてその中身でおいしい料理を作って、少女たちに食べさせていた。ところがあるとき少女たちが建物のなかを見てみると、からっぽで食物などどこにもなかった。少女たちは相談して、次に女が籠を持って建物のなかに入ったとき、なかで何をするか覗き見した。すると彼女は、まず籠の一つを床に置き、その上に股を開いて立って、体を擦ったり震わせた。たちまちがさごそと何かが落ちる音がして、籠はトウモロコシでいっぱいになった。次にもう一つの籠の上で同じことをすると、同じようにしてその籠が豆でいっぱいになった。

少女たちは顔を見合わせて、「彼女は大便をして、それを私たちに食べさせていたのだから、あんな汚い物を食べるのはよしましょう」と言い合った。料理を与えても、少女たちが食べないので、覗き見されたことを知った女の人は、こう言った。

「これが汚く思えて食べられないのなら、私を殺して死体を燃やしなさい。そうすると夏にその場所からいろいろなものが生えてくるから、それを畑に植えなさい。実が熟すとおいしい食物になって、おまえたちはこれからは、私がこれまで与えてきた食物の代わりに、それを食べて生きていけるでしょう」。

言われたとおりにすると、女の死体を焼いた場所から、夏にトウモロコシと豆とカボチャが生えた。

古栽培民文化

イェンゼンはこのハイヌヴェレ型の作物起源神話は、もとは熱帯でヤムイモとタロイモの二種に大別されるさまざまな種類の芋と、バナナや椰子などの果樹を主作物にする、原始的な作物栽培をしてきた人たちの文化を母体にしてできた話だと主張した。そしてこのような作物栽培こそ、地上でもっとも古い栽培文化だと見なし、それを実施してきた熱帯の原住民を「古栽培民」と名づけた。

古栽培民の文化と、ハイヌヴェレ型の神話との間には、イェンゼンが主張したように確かに、あらゆる面で切っても切れない密接な関係がある。それがもっとも顕著に見られるのは、古栽培民の血なまぐさい儀礼で、そのなかで人間や豚などの動物が犠牲にされて殺され、肉の一部が祭りの参加者たちによって食べられ、残りの死体は破片にされて、畑などに撒かれたり埋められた。これによって彼らは、神話に語られたハイヌヴェレが殺され、死体が分断されて埋められたことで作物が発生したという事件を、作物を豊かに生え出させ実らせるために、祭りのなかで繰り返してきたのだと思われる。

土偶と土器に見る縄文の神話

破壊される女神像

　ハイヌヴェレ型の作物起源神話は、わが国には、縄文時代の中期にはすでにあったと思える。なぜならこの時期には、ほとんどすべて女性像である土偶がさかんに作られたが、それらは決まって破壊された状態で発見されるうえに、同じ場所から出土した破片を合わせて、完全な形の土偶が復原できることも皆無に近い。またときには、破片になった土偶が、住居内の穴や囲いのなかとか、土器の内部や壇の上などに置かれ、明らかに祀られていたと思える状態で発見されることもある。

　このことから土偶は、破片になってもなお崇められるほど尊い、女神を表した像であったと推定できる。そのような女神像を、当時の人たちはわざわざ作っておきながら、決まって破壊した。そして破片の一部は家のなかなどで丁重に祀り、他の破片は分けて、離れた場所に持って行くことを繰り返していたと思われる。

　縄文時代の人たちが土偶に対してした、このような取り扱い方は、前述した古栽培民の儀礼のなかで、犠牲にされた人間や動物が受けた取り扱われ方と、本当によく似ている。つまり、土偶が大量に作られては破壊されるようになった時代には、おそらくわが国では、サトイモなどの芋の類の栽培や、実が重要な食物となる果樹の類の半栽培的管理がすでに始まっており、それらの芋や果樹などの起源が、ハイヌヴェレ型の神話によって説明されていた。だから人びとは、その神話の主人公の女神の像として土偶を作っては、それを破壊することで女神を殺しては分断した。そしてその破片を大切に祀る一方で、離れた場所に撒いたり埋めたり、それらから作物を生え出させ実らせようとする祭りを、繰り返していたのだと思える。

女神の体としての土器

土偶がその像であったこの女神を、縄文時代中期の人たちはまた、土器によっても表して崇めていたと思える。なぜならこの時期に作られた、深鉢と呼ばれる煮炊き用の大形の土器に、土偶の顔によく似た、人の顔を表した飾りが、口の縁のところに付けられたものがある。人面把手付き深鉢と呼ばれるこの型の土器は、胴体のなかほどが大きく膨らんでいるので、全体がみるからに、妊娠した女性の体とそっくりに見える。

そのうえ、この型の土器は実用だけが目的だったにしては、あまりにも複雑で手の込んだ作られ方をしている。また深鉢の部分が失われ、人面把手だけが発見されることも多く、その場合にはその人面部の底がしばしば安置できるようにわざわざ磨かれているという。

そのことから、この土器に付けられた人面は、やはり土偶によって表されたのと同じ女神の顔で、だから土器が壊れその部分だけ残っても、丁重に祀られ崇められたのだと想像できる。つまりこの土器も、女神の像の意味を持っていたと思われるわけで、もしそうなら、そのなかで煮炊きされてどんどんできる御馳走は、まさしく女神の体のなかから出てくることになる。

つまりオオゲツヒメやウケモチと同様に、この縄文時代の女神も、生きた体から人間のためにあらゆる御馳走を出して与えてくれる力を持つことが、当時の神話に語られていた。だから人びとは、女神のその力を、人面把手付き深鉢によって表して崇めた。そしてまたこの女神は、これもオオゲツヒメやウケモチと同様に、殺されて死体の各所からいろいろな作物などが発生したということも、やはり神話のなかで物語られていた。だから人びとは他方でまたその女神の働きを、土偶を作っては破片に分断することによって、それらの破片から作物を生じさせようとする祭りを繰り返すことで、生々しく表現しながら崇めていたのだと思える。

昔話とハイヌヴェレ

「天道さん金の鎖」

ハイヌヴェレ型の作物起源神話の性格を持つ話は、わが国の昔話のなかにも、数多く見つかる。昔話の「天道《てんとう》さん金《かね》の鎖」の結末には、腐った縄にすがって天に登って行こうとした山姥が、縄が切れて畑のなかに落ち、石に当たって血を流して死んだ。それでその血に染まって、蕎麦《そば》の根とか茎、あるいは葉などが赤くなったのだという事件が語られることが多い。この話に大林太良は、次のような至当と思える解説をした。

「山姥が死に、その血によって現在のような蕎麦が発生した。そう言いかえてみればはっきりするように、この昔話は、死体化生型の作物起源神話につらなる性格を持っている」。

「牛方山姥」

よく似た結末は、昔話「牛方山姥」のいくつかの話の結末にも見られる。この話の結末では山姥は、釜などのなかに入って熟睡したところで、牛方あるいは馬方によって蓋をされた上から重石などを載せられ、下から火を燃やされて、苦しみながら焼け死ぬ。そうするといくつかの話では、蓋を取って見ると山姥の死体が溶けて赤い血になっていて、それを畑に流して捨てたために、蕎麦とかその他の作物の根とか茎などが赤くなったのだと語られている。前掲した大林の解説が、これらの話にもそのまま妥当することは、言うまでもない。

宮城県栗原郡で語られたこの型の昔話は、まさしくニンジンという作物の起源譚になっている。なぜならこの話では、山姥は大きな釜に湯を沸かして入ったところで、他の話と同じように焼き殺されるが、そうすると次のようなことが起こったと物語られているからだ。

「馬方は、よし、こんどきだと思って、そうっと下りで、『ああ、いいお湯だ。いいお湯だ』って言ってる後ろから、いきなり蓋をして、その上さ碾臼を載っけだど。ほうして、のんのんと二日も火を焚き続けだど。三日目になって、おっかなびっくり蓋を取って見たら、真っ赤などろどろしたものがあっただど。馬方は気持ち悪くなって、畑さ投げだど。

それから何日かして、馬方が馬っこを引いてその畑さ行って見たら、根っこの赤え物がいっぺえおがってだど。馬っこは手綱を振り切って、畑さ駆け込んで、『ヒヒーン、ヒヒーン』て鳴きながら、夢中で食っただど。それから馬っこは、うんと力が出たど。これが今のニンジンの始まりだとしゃ」。

「瓜子織姫」

「瓜子織姫」の話のなかには、古栽培民の間で語られるハイヌヴェレ型の作物起源神話との類似が、いっそう著しい話が見つかる。なぜならこの型の昔話の多くの結末では、瓜子姫を虐待し、その姿になりすましていたアマンジャクが、正体が暴露して体をいくつかの断片に切り刻まれたり引き裂かれて殺される。そしてその断片が、別々の場所に分けて埋められたり捨てられたので、その血に染まって、一種ではなく幾種かの作物の根などが赤くなったのだと語られているからだ。島根県邑智郡の話では、そのことがこう言われている。「かごの中から引きずり出し、天《あま》ん邪鬼《じゃく》の体を三つに切って、粟の根へ一切れ、蕎麦の根へ一切れ、黍の根へ一切れ埋めました。それから粟の根と蕎麦の根と黍の根は、天ん邪鬼の血に染まって赤いのだそうです」。

いくつかの話では、主人公の瓜子姫自身が、アマンジャクにこれとそっくりな殺され方をしたことが語られている。広島県比婆郡の話ではそのことが、「怒って瓜姫の手足を切って、手を蕎麦のなかへ、足をススキのなかへ投げこんだので、そのために蕎麦とススキの根は赤い」とも、「殺して三つに切り、カヤと蕎麦と黍のなかに投げたので、それらの根は赤くなった」とも、物語られている。

この昔話のなかで語られている、アマンジャクあるいは瓜子姫が受けた取り扱われ方は、林田史子が指摘したように、セラム島の神話でハイヌヴェレについて語られていることと、まさにそっくりだ。つまり縄文時代から現代の昔話まで、わが国では連綿として、作物の起源がイェンゼンがハイヌヴェレ型と呼んだタイプの話によって、説明され続けてきたのだ。

プロメテウス型

ドゴン族（西アフリカ）

西アフリカのマリとブルキナ＝ファソ（旧オート＝ヴォルタ）の国境地域に住むドゴン族

は、彼らにとって主な作物である八種類の穀物の起源を、こんな神話によって説明している。

最初の人間の男女から生まれた八人の子供たちは、神アンマと大地との交合から生まれた二者一体の双児の精霊ノンモによって、つぎつぎに大地の胎内に入れられては、そこで精霊に変えられ、昇天して天上で暮らしていた。彼らは食物として、神から八種類の穀物を与えられ、互いに分かれて住み、決して会わぬように命令されていた。

ところが、まず長子と次子がこの禁止に違反して、天上での暮らしができなくなり、他の六人も一緒に地上に帰ることに決めた。天から逃げ出すにあたって、彼らは地上での生活に役立つものをすべて持って行くことにした。

そのためにまず長子が、口が円形で底が正方形をした巨大な籠を、底を上に伏せた形に作り、天上の土を練り土にして厚く塗りつけてから、東西南北を向いた四面の中央にそれぞれ、十段ずつ階段をつけた。そして北側の階段の六段目に入り口を設け、そこからドゴンの穀物倉と同様に、上下の二階がそれぞれ四つの区画に仕切られている、建物のなかに入れるようにした。

それから彼は、北側の階段に人間とあらゆる種類の魚を、南側の階段には家畜を、東側の階段には鳥を、西側の階段には野獣と植物と虫を、それぞれ全種類載せ、内部の八区画に八種類の穀物の種を分けて入れた。この建物は世界を象徴すると同時に、仰向けに寝て手足をまっすぐ上に伸ばした女体でもあり、北側の階段の六段目に開けられた入り口が、その女性器だった。

次に、この建物の正方形の屋根の上に、鍛

冶の用具と設備を置いた上で、弓と糸巻き棒の矢を持ち、その矢の一本をまず屋根の中心に射当てると、それに長い糸を巻きつけた。そしてその糸の端を結びつけた別の矢を、天蓋に射当てて、建物が天から糸でぶら下がり、回転しながら地上に降りて行けるようにした。それから彼は、先が丸く曲がり割れ目のある「泥棒杖」を使って、天上の鍛冶師でもあったノンモの仕事場から、太陽の破片を一かけ盗んで来た。そしてその火を自分の鍛冶場のふいごのなかに隠してから、建物を虹に沿って下界に向け降下させ始めた。するとこれに気がついたノンモが、雷を投げつけたが、彼は建物についた火を消し止めた。

建物が着地したとき、激しい衝撃によって、四方の階段に載っていた動植物と人間が、埃の雲になって世界中に飛び散った。この衝撃によってまた、人間の手足に関節ができ、人間はこのときから、農耕にも鍛冶の仕事にも適した手足を持つようになった。

着地の衝撃がおさまったところで、長子の精霊は、北側の階段を通って地上に降り、正方形の畑地を区切って、それをドゴンの八つの家族に分け、天から持って来た八種類の穀物を栽培させた。畑の土には、天からもたらされた建物の壁土が混ぜられ、それによって以後、開墾が進み畑が拡がるにつれて、大地の汚れが清められていくことになった。

なぜなら大地は、ノンモを産むより前に、最初の子として、邪悪な性質を持った一頭の牡ジャッカルを産んでいた。そしてノンモが誕生し昇天した後で、この牡ジャッカルが、いやがる母の大地にむりやり凌辱を加えたために、大地はこの近親相姦によって汚れ、神の妻であり続けることができなくなっていたからだ。だから人間の行う農業は、この大地の汚れを少しずつ取り除いて、再び神の妻にふさわしく清くしていくという、重要な意味も持つことになったわけだ。

長子の精霊は、畑地の北に鍛冶場を建て、地上で最初の鍛冶屋になった。彼に続いて、他の七人もつぎつぎに、それぞれ違う技術とそのための用具を持って天から降りて来て、人間にそれを教えた。

この神話は、天上から火が巧みに隠されて盗み出され、地上にもたらされて人間の手に入ったことが語られている点で、ギリシア神話のプロメテウスの話とよく似ている。イェンゼンはこのように、もとは天にあった穀物が、そこから何者かによって盗み出されて地上にもたらされ、人間がそれを栽培し、食べて暮らせるようになったという神話が、新旧両大陸の穀物栽培民の間に広く分布していることに注目した。そして前述した「ハイヌヴェレ型」より新しく、穀物栽培の文化を基盤にして発生したと思われるこのタイプの神話を、右のドゴン神話によって代表させ、「プロメテウス型」と呼ぶことを提唱した。

ケチュア族（南アメリカ）

南米の例としてイェンゼンが挙げている話の一つはペルーのケチュア族の神話で、それによると、コンドルによって天に運ばれ、神々の宴会に参加した狐が、神々の食物を盗み飲み込んで、縄を伝って地上に帰ろうとしたが、途中で鳥たちに縄を断ち切られてしまい、墜落して地面に激突し粉々になった。穀物の種は、このときこの狐の腹から飛び出して地上にばらまかれ、そのおかげで人間がそれを栽培することができるようになったのだという。

プロメテウス型と日本

『古事記』と『日本書紀』に記された神話のなかには、イェンゼンの言う「プロメテウス型」に該当する作物起源神話はない。だが大林太良は、わが国でも民間伝承では、稲や麦などの穀物が、まさに盗みによって初めて日本にもたらされたと語り伝えられていることに注目した。その一つは「狐の稲盗み」の話で、それによると一匹の狐が、中国で稲穂を一つ竹の棒のなかに隠して盗み、それを日本にもたらしたので、だから今でも苗代の水口に、苗見竹と呼ばれる竹棒を立てるのだという。また麦の起源に関しては、関東から南九州にかけての各地に次のような話が語られている。

「狐の稲盗み」

弘法大師の麦盗み伝説

弘法大師が中国に留学し、そこで日本にまだ知られていなかった麦が畑に植えられているのを見て、日本に持ち帰るためにひそかに麦の種を盗み、自分の足に傷をつけてそのなかに隠した。畑の持ち主の飼っていた犬が、この盗みを発見して激しく吠えたが、持ち主は盗みに気がつかず、坊さんに失礼なことをしたと言って、犬を殴り殺してしまった。

大師はこうして隠した麦の種を日本まで持ち帰り、そのおかげで麦の栽培がわが国でも始まった。そのために犠牲になって殺された犬に大師は同情して、麦の種は戌の日に播かれることに定めたのだという。

アイヌの神話

大林太良はまた、一千年ぐらい前から雑穀

を栽培してきたと思われる、北海道南西部のアイヌたちの間に、彼らにとって最古の穀物である稗の起源を説明した、こんな神話があることにも注意した。

オキクルミが天上界で、下界には魚や動物はたくさんいるが、穀物はないだろうと考えた。そこで一摑みの稗の種を盗み、自分の脛を裂きそのなかに隠して、天上界から抜け出そうとした。すると戸口にいた犬がそれを見つけて、「オキクルミが、稗の種を盗んで脛のなかに入れ、逃げて行こうとしているぞ」と言って、騒ぎ立てたので、オキクルミは怒って灰を犬の口に投げ入れて、こう叱りつけた。

「これからはもうおまえは、ものを言うことができないぞ。下界へ降りて行って、鹿を追い駆ける手伝いでもしろ」。

それでこのときから、犬は口がきけなくなり、ただワンワンと吠えるだけで、アイヌの狩りの手伝いをすることになった。またこうしてオキクルミが天上界から盗んで来てくれたおかげで、稗は、米・麦・豆・粟などが日本からもたらされるより前から、アイヌの国土にあったのだという。

この神話は脛の傷のなかに穀物の種を隠して盗み出したと言われ、また犬がその盗みを見つけ騒いだために罰を受けたとされている点で、前掲した本土の民間伝承の弘法大師の麦盗みの話とそっくりだ。そのうえこの話では、穀物が天から盗まれて来たことになっているので、イェンゼンの言う「プロメテウス型」にまさにぴったり該当している。これらの話によって日本も、北海道の南部まで、イェンゼンの言う「プロメテウス型」の穀物起源神話の分布圏に含まれることになると思える。

トリプトレモス、朱蒙《しゅもう》、ホノニニギ

トリプトレモス

ギリシア神話では麦の栽培の起源は、アッティカのエレウシスの王子であったとされるトリプトレモスを主人公とする、有名な話によって説明されている。それによると、農業の女神のデメテルがあるとき、神々の王ゼウスと仲違いをして、神々の間から姿を隠し、人間界を放浪したすえに、エレウシスにやって来て、土地の王ケレオスとその妃のメタネイラに正体を示し、自分のために神殿を建てさせてそのなかに籠った。ゼウスと仲直りして天界に戻るときになると、女神はそれまでわが児のように可愛がっていたトリプトレモスに、麦の種と、翼の生えた竜の引く車を与えた。そしてその車に彼を乗せて、空中から地上に麦の栽培を広めて回らせたという。

朱蒙

女神が自分と母子のような関係にあった若者に、穀物の種を授けて旅立たせたと語られている点で、この神話とよく似た話は、三品彰英が指摘したように、高句麗と日本の神話にもある。高句麗の神話によれば、この国を建国して初代の東明王となった朱蒙は、天帝の太子の解慕漱《かいぼそう》という神を父とし、河の神の娘の柳花という女神を母として、中国の東北部にあった夫余《ふよ》という国で生まれた。彼がこの国を出て、高句麗の建国に旅立とうとしたとき、母神の柳花は彼に、親子の別れの形見として、五穀の種を入れた包みを与え送り出したという。

ホノニニギ

よく似た話はわが国では、『日本書紀』に出てくる。それによるとアマテラスが愛児のオシホミミに、中つ国つまり日本の国土の支配者になれと命令して、高天原から地上へ送り出そうとしたときに、宝の鏡とともに稲の穂を授けた。ところがオシホミミは、自分の代わりに生まれたばかりの自分の子のホノニニギを地上に降らせてほしいと願い、アマテラスがその願いを聞き入れたために、この天孫のホノニニギがあらためて祖母のアマテラスから、前にオシホミミに授けられたものをすべて授かって、日向の高千穂の峰に降りて来たと言われている。失われた『日向国風土記』には、この天孫降臨の折に次のような事件があったと記されていたことが、『釈日本紀』などにされた引用によって知られている。

「天津《あまつ》彦彦火瓊瓊杵《ひこひこほのににぎ》の尊、天の磐座《いはくら》を離れ、天の八重雲を排《おしわ》け、稜威《いつ》の道別《ちわき》道別《ちわ》きて、日向の高千穂の二上《ふたがみ》の峯に天降りましき。時に、天暗冥《そらくら》く昼夜別かず、人物道を失ひ、物の色別き難かりき。ここに土蜘蛛《つちぐも》あり。名を大鉗《おおつは》小鉗《をつは》といふ。二人、皇孫の尊に奏言《まを》しけらく、『尊の御手以《も》ちて稲千穂を抜きて籾と為し、四方に投げ散らし給はば、必ず開晴《あか》りなむ』と申しき。時に、大鉗等の奏しが如く、千穂の稲を搓《も》みて籾と為し、投げ散らし給ひしかば、すなはち天開晴《あか》りて、日月照光《て》りき」。

つまりこのとき、高千穂の峰に降臨したホノニニギは、迎えた二人の土豪あるいは土地の神の勧めに従って、たくさんの稲穂を採んで籾にして、その稲種を四方に撒き散らした。そうすると、それまで真っ暗闇で物の区別もつかぬ混乱の状態にあった下界が、たちまち太陽と月の光に照らされて明るくなり、混沌が秩序に変わったというので、この記事はトリプトレモスの話と、本当にびっくりするほどよく似ている。なぜならばそのギリシア神話でも、デメテルはトリプトレモスを竜の引く車に乗せて送り出すにあたって、麦の種とともに、麦の栽培が広められることで人びとが浴することになる文明の光を象徴するたいまつも彼に持たせてやったことになっている。また美術作品には、トリプトレモスが竜車から麦を地上に撒き散らすと、太陽と月が空中に照り輝く場面を表現したものがあるからだ。

ペルセポネと麦

デメテルがトリプトレモスに、麦の栽培を地上に広めさせる前に、ゼウスと仲違いをして、エレウシスまでやって来たわけは、こう物語られている。

デメテルには、ゼウスの愛人になって生んだ、ペルセポネという名の愛娘《まな》がいた。ゼウスはこの娘神を、自分の兄弟で地下の死者の国の王になっているハデスの妃にすることに決めた。そしてデメテルには何の相談もせずに、ハデスを唆し、ペルセポネを冥府にさらって行かせた。それでこのひどい仕打ちに激怒してデメテルは、神々の間から姿を隠し地上を放浪したすえに、エレウシスに来て、そこに建てさせた神殿に籠ったのだという。

このことを知ったゼウスは、エレウシスにいる女神のもとに、つぎつぎにいろいろな神を派遣して、自分と仲直りして神々の仲間に戻るように説得させた。ところがデメテルは、どの神に何と言われても、「ペルセポネを自分に返してくれぬうちは、農業の女神の職分を果たし、地上に作物を生やすことは決してしない」と言い続けた。それで困ったゼウスは、しまいにしかたなく、伝令の役の神ヘルメスを冥府に派遣し、「ペルセポネをデメテルのもとへ返せ」という命令をハデスに伝えさせた。

そうすると、ハデスもしかたなくこの命令に従ったが、冥府から送り出す前にペルセポネの口に、ザクロの実の粒を押し込んで食べさせた。それでペルセポネは、いったんはヘルメスにより母のもとに連れ戻されたが、死者の国で食物を食べたために、冥府との縁を断ち切ることができなくなっていた。

ゼウスはそこで、ペルセポネはハデスと結婚し、死者の国の女王にならねばならぬが、一年の三分の一を冥府で過ごせば、あとの三分の二は地上で母と暮らしてよいことに決め、ハデスとデメテルの両方を満足させたと言われている。

この有名なギリシア神話の話は、ペルセポネがどうして冥府の女王になったかを説明した話であると同時に、作物の起源神話でもある。なぜならデメテルは、農業の女神であると同時に、名前の語源的意味が「地母」であったと思われ、大地母神の性格も持っていた。その愛娘として一年の三分の二は地上で過ごすが、残りの三分の一は地下にとどまらねばならぬペルセポネとはそれゆえ、年ごとに地母の子として地上に生え出て生長し実っては、収穫が終われば翌年の発芽の季節まで、地上から姿を隠さねばならぬ、麦に代表される作物の神格化された女神でもある。ペルセポネとデメテルの話はだから、なぜ作物が毎年、地母の慈愛に育まれて美しく育ち、豊かに実を結んでは枯れて死に、地上から無くなることを繰り返すことになったかを説明した話でもあるのだ。それだから、この麦の起源神話でもある神話の後にすぐ続く事件として、その麦の栽培を、麦の母にほかならぬデメテルが命じて、地上に広めさせたことが物語られているのは、きわめて当然な結びつきであるわけだ。

アドニス（＝タンムズ）とキリスト

アドニス

ギリシア神話には、これとほとんど同じ意味を持つと思える話がほかにもまだある。美と愛の女神アフロディテの恋人として有名な、美少年アドニスを主人公にした話も、その一つだ。

アドニスの母親は、彼を妊娠したまま、樹脂が高価な香料として珍重された、没薬《もつやく》の木に変わってしまった。アドニスはそれでその木のなかで成長し、幹が割れて誕生した。その赤児を一目見て、匂うような美しさに夢中になったアフロディテは、自分の愛人にすることに決めて箱のなかに隠し、冥府の女王ペルセポネに「決して開けて見ないように」と言って、その箱を預けた。

ところがペルセポネは、この頼みを聞かずに、箱を開けて見た。そして、たちまちアドニスの魅力のとりこになって、アフロディテが何と言って要求しても、返すことを拒んだ。二人の女神の間にこのようにして、どちらがアドニスを愛人にするかということで激しい争いが起こったが、しまいにゼウスによって裁定が下された。そして、アドニスは一年の三分の一は地下でペルセポネと暮らし、三分の一は地上でアフロディテと暮らし、残り三分の一は自分の好きなようにしていいことになった。そうすると彼は、自分の自由にまかされた期間も、アフロディテと一緒に過ごすことを選んだと言われている。

こうして、やっと自分のもとに愛人として

取り戻したアドニスを、アフロディテは夢中で鍾愛した。そのために、女神の前からの愛人であった野蛮な戦争の神アレスがしまいに嫉妬して、狩りに熱中しているアドニスのところに猪を送ったとも、自分が猪に変身して襲いかかったとも言われている。アドニスはこの猪の鋭い牙で、急所を突き刺されて惨死し、アフロディテは猛烈に泣き悲しんで、その傷から流れた血を赤いアネモネの花に変えた。またこのとき女神が流した血の涙からは、真紅のバラの花が生じたと言われている。

前の話から明らかなように、このアドニスの死は一回かぎりの出来事ではなく、毎年繰り返される。つまり、ペルセポネとまったく同様にアドニスも、毎年三分の二を地上で、三分の一を地下で過ごすことを繰り返すので、やはり作物の神格化された存在なのだ。アフロディテは、ギリシア神話ではもっぱら美と愛の女神であるように語られているが、もとはメソポタミアではイシュタル、フェニキアやシリアではアスタルテと呼ばれた、セム族の大女神の崇拝が、ギリシアに取り入れられたもので、デメテルと共通する豊穣母神・地母神の性格も持っていた。アドニスはこのイシュタル（＝アスタルテ）の愛人の神タンムズが、ギリシア神話に取り入れられたものだ。

タンムズ

タンムズの年ごとの死を、女たちが集まってイシュタル（＝アスタルテ）とともに泣き悲しむ祭りは、パレスチナでもさかんに行われていた。『旧約聖書』の「エゼキエル書」八章十四節には、その祭りがこの預言者の時代にはなんとエルサレムの神殿の門のところでまで公然と行われていた有様が、次のように記されている。

「そして彼は私を連れて主の家の北の門の入り口に行った。見よ、そこに女たちが座って、タンムズのために泣いていた」。

イエス＝キリスト

エルサレムで十字架につけられて惨死したナザレ人のイエスの死を、生母マリアやマグダラのマリアらの女たちが激しく泣き悲しんでいると、そのイエスが墓のなかから復活して救い主キリストになったという『新約聖書』のキリストの復活譚は、このタンムズの神話の影響を受けている可能性が強いと思える。

「ヨハネによる福音書」十二章二十四節の次の有名な言葉では、事実、イエス自身が自分の死と復活の意味をはっきり麦の死と再生になぞらえて、あらかじめ弟子たちに説明しておいたことになっている。

「よくよくあなたがたに言っておく。一粒の麦が地におちて死ななければ、それはただ一粒のままである。しかし、もし死んだなら、豊かに実を結ぶようになる」。

オオクニヌシとアドニス

アドニスの神話とよく似たところのある話は、日本の神話にもある。それは、オオクニヌシの神話だ。

なぜならこの神はまず、自分たちが恋をして求婚に出かけて行ったヤカミヒメが、その申し込みをにべもなく断って、オオクニヌシを夫に選んだことを恨んだ八十神《やそがみ》によって、狩りに連れて行かれた。八十神は、「自分たちが今から、山の上から赤い猪を追い下ろすから、必ず捕まえろ」と厳命しておいて、麓で待っているオオクニヌシのところに、猪とそっくりの形をした大石を真っ赤に焼いて転がした。それでオオクニヌシは、その石を捕まえようとして、大火傷を負って死んだと言われている。これはアドニスが、自分の愛人であったアフロディテに彼が鍾愛されているのを妬んだアレスによって、狩りの最中に猪を差し向けられて殺されたという話とよく似ている。

このあとでオオクニヌシは、母のサシクニワカヒメの頼みによりカミムスヒが派遣した貝の女神たちに、火傷を治療してもらって生き返る。そうすると八十神は今度は、彼を大木の幹にくさびを打って付けた割れ目のなかにむりやり入らせた。そしてそのくさびを打ち放したので、オオクニヌシは木のなかで挟み殺された。だがその彼をまた母が、木を裂いてなかから取り出し生き返らせたと言われている。オオクニヌシはつまり木のなかから再生をしたわけで、この点でもアドニスが木のなかから生まれたのと似ている。

そののちオオクニヌシは、母の勧めに従って、地下の根の国に行く。そうすると彼を出迎えたスセリヒメが、一目見て恋をし、その場ですぐ彼と結婚したといわれている。これもアドニスがやはり、木から生まれたあとすぐにアフロディテによって冥府に送られ、そこでペルセポネが一目見て夢中になって、彼を愛人にしたというのとよく似た話だ。

オオクニヌシはまた神話のなかで、死んでは生き返ることを繰り返し、地下の根の国へ降りて行ってそこからまた地上に戻って来たことを物語られている。これもアドニスがまさに死んでまた生き返り、冥府に行ってはまた地上に帰ってくることを繰り返すとされているのとそっくりだ。

オオクニヌシがこのように、アドニスとい

ろいろな点でよく似ているのは、おそらく偶然ではない。なぜなら『播磨国風土記』には、稲種山という山の名の由来の説明として、こんな話が記されている。

「大汝命《おほなむちのみこと》と少日子根命《すくなひこねのみこと》と二柱の神、神前《かむざき》の郡聖岡《はにをか》の里の生野の岑に在して、此の山を望み見て、のりたまひしく、『彼の山は、稲種を置くべし』とのりたまひて、即ち、稲種を遣りて、此の山に積みましき。山の形も稲積《いなづみ》に似たり。故、号けて稲種山といふ」。

また『出雲国風土記』では、多禰《たね》の郷という地名が、こう説明されている。

「天の下造らしし大神、大穴持命《おほなもちのみこと》と須久奈比《すくなひ》古命《このみこと》と、天の下を巡り行でましし時、稲種を此処に堕したまひき。故、種といふ」。

これらの記事によって、別名をオオナムチともオオナモチとも言うオオクニヌシが、スクナヒコナと一緒に、国造りをしながら各地に稲の種を広めて回ったという稲作の起源神話があったことが知られる。つまりオオクニヌシは、地上に作物を繁茂させ豊かに実らせることをもっとも主な役目とする神であるので、神話のなかで繰り返し語られているこの神の死と復活には、アドニス（＝タンムズ）らの死と復活と同様にやはり、作物の死と再生を表す意味があると思われるのだ。

粟の穀霊スクナヒコナ

オオクニヌシと一緒に国造りをしたことが、『風土記』にも、また『古事記』と『日本書紀』の神話にも語られているスクナヒコナは、まさに穀物そのものの神格化された存在と思える。『古事記』によればこの神は最初、オオクニヌシがあるとき美保の岬にいたところに、蔓草のガガイモの小さな実の莢を船にし、蛾《ひむし》の皮を剝いで作った衣服を着て、波に乗ってやって来た。名前を聞いても答えず、オオクニヌシのお供をしてそこにいた神たちのなかに、だれもこの不思議な小人の神がだれか知っている者がいなかったが、ヒキガエルが、「案山子の神のクエヒコがきっと知っているでしょう」と言ったので、クエヒコを呼んで聞いてみると、カミムスヒの子のスクナヒコナという神だということがわかった。

それでさっそくカミムスヒにそのことを報告すると、「こは実《まこと》に我が子なり。子の中に、我が手俣《たなまた》より漏《く》きし子なり」と言って、自分の子であると認めた。つまり、親神の手の指の股の間からこぼれて下界に落ちた子であったわけだ。そしてスクナヒコナに、オオクニヌシと兄弟になって、一緒に国造りをするように命じたと言われている。

ところがスクナヒコナは、国造りが完成する前にあるとき突然、海のかなたの不死の世界の常世の国に去ってしまって、オオクニヌシをたいそう悲しませたとされている。そのときのことが『日本書紀』には、「淡嶋に至りて、粟茎に縁《のぼ》りしかば、弾かれ渡りまして常世郷に至りましきといふ」と記され、また『伯耆国風土記』にも、こう書かれていたことが、『釈日本紀』にある引用によって知られている。「少日子命《すくなひこのみこと》、粟を蒔きたまひしに、莠実《みの》りて離々《ほた》りき。即ち、粟に載《の》りて、常世の国に弾かれ渡りましき」。

このようにスクナヒコナは、まさしく穀物の粒か豆粒のように、本当に小さな体をした小人の神で、しかもその正体を地上ではただ、作物の番をするのが役目の案山子だけが知っていた。そのうえ、粟の穂が垂れるほどよく実って収穫されるばかりとなったとき、粟の茎に弾き飛ばされて、他界へ姿を消してしまったというのだから、この神はまさに粟に代表される穀物の精で、穀霊（Corn-Spirit）という呼び名がぴったりあてはまる。つまりスクナヒコナが親神カミムスヒの指の股からこぼれ、波に乗ってオオクニヌシのもとにやって来たという話は、それから行われる国造りによって栽培が広められる穀物の国土への到来を物語った神話であるわけだ。

スクナヒコナが、穀物のなかでもとくに粟の神格化された存在であることは、カミムスヒとの親子関係からも確かめられると思える。なぜなら前に見たようにカミムスヒは、『古事記』のオオゲツヒメの神話のなかで、この女神の死体から発生した五穀などを取って来させ、種にして農業を創始したことを物語られている。ところがそのオオゲツヒメは、死体から生じた五穀のなかでもとくに粟と結びつきが強い。なぜなら『古事記』の神話のなかに、四国のことをこう説明した箇所があるからだ。

「この国は身一つにして面《おも》四つあり。面ごとに名あり。かれ伊予の国を愛比売《えひめ》といひ、讃岐の国を飯依比古《いひよりひこ》といひ、粟の国を、大宜都比売《おほげつひめ》といひ、土佐の国を建依別《たけよりわけ》といふ」。

このように、ここでは四国の阿波の国名が粟と書かれたうえで、別名をオオゲツヒメとも言う女神だとされている。これによれば、オオゲツヒメはまさに粟の女神であることになる。その粟の女神から生じた作物を、カミムスヒが種にした。そして、そのカミムスヒの指の股から種のようにこぼれ落ちた子だったというのだから、スクナヒコナにはこの点からもやはり、粟の穀霊としての性格が認められる。

雑穀栽培から稲作へ

　前掲した『風土記』の記事とは違って、『日本書紀』の神話では、オオクニヌシとスクナヒコナがした国造りによって、栽培が地上に広められた作物は稲ではなく、粟などの雑穀や豆の類であったように語られている。なぜならタカミムスヒがあるとき、国造りのすでに完成された中つ国の様子を見に、牡の雉を派遣したが、その雉は行ったきりになって高天原に戻らなかったという事件のことが、次のように記されているからだ。

「乃ち無名《ななし》雄雉《をのきぎし》を遣はして、往《ゆ》きて候《み》しめたまふ。この雉降来《とびくだ》りて、因りて粟田《あはふ》・豆田《まめふ》を見て、則ち留りて返らず。此、世の所謂《いはゆ》る、雉の頓使《ひたつかひ》の縁《ことのもと》なり」。

つまり、地上に降りて行って見ると、そこには雉の好物の粟と豆がいっぱい実っていたので、喜んで天に帰るのをやめてしまったというのだから、この話には国造りによって地上に粟と豆の栽培が広められていたことが物語られている。『日本書紀』の神話にはまた、その国造りのされた国土を、オオクニヌシに国譲りをさせたうえで、アマテラスがそこに前に見たように支配者として、ホノニニギに稲穂を持たせて高天原から降りて行かせたことが語られている。またウケモチの神話には、これも前に見たように、アマテラスが粟などの雑穀を人間の食物だと言って畑の作物に定め、稲は田の作物にして、天上の田に植えたことが物語られている。

　つまり『日本書紀』の神話によれば、ウケモチの死体より発生した五穀のうち、アマテラスによって、人間の食物と言われ畑の作物にされた雑穀と豆がまず、オオクニヌシとスクナヒコナがした国造りによって地上に栽培を広められた。そしてそのあとから、天孫の降臨にあたって、それまで天上の田で作られていた尊い食物である稲がはじめて中つ国にもたらされ、地上の田でも栽培されるようになったとされているわけだ。

『日本書紀』にはまた、降臨したホノニニギの妻となり、三人の子を生んだ別名をコノハナノサクヤヒメとも言うカムアタカシツヒメが、神の田を卜定して稲を作り、酒とご飯にして新嘗の祭りをしたことが、こう記されている。

「時に神吾田鹿葦津姫《かむあたかしつひめ》、卜定田《うらへだ》を以て、号けて狭名田《さなだ》と曰ふ。其の田の稲を以て、天甜酒《あめのたむさけ》を醸《か》みて嘗《にひなへ》す。又渟名田《ぬなた》の稲を用て、飯に為《かし》きて嘗《にひなへ》す」。

これは天孫によってもたらされた稲が、はじめて地上の田に植えられ、その収穫によって、高天原ではすでにアマテラスによって行われていたことが神話に物語られている、新嘗の祭儀が、地上でもはじめて行われたことを物語っており、地上における稲作と新嘗祭の起源神話の意味を持つ話だと思える。

作物起源神話の多様性とわが国

ブラジルのカラジャ族の神話には、これとよく似たところのある作物起源譚がある。それによると人びとがまだ作物を知らず、野生の実と魚と狩りの獲物を食べて暮らしていた時代に、二人の姉妹の姉のほうが星を見て、父にあれを自分の玩具にしたいと言った。父親はこの願いをあざ笑ったが、翌日に星が降りて来て、家族の小屋に入り、娘に求婚した。だがその姿が、腰が曲がり皺だらけで髪が真っ白な老人だったので、姉娘はその申し込みを断った。そうすると老人は泣き出したので、妹娘が同情して、彼と結婚してやった。

次の日になると彼は、河に行き水のなかを歩きながら、開いた股の間から、トウモロコシやキャッサバをはじめ、カラジャ族が栽培しているすべての作物の種を出した。それから森にそれらを植える畑を作りに行ったが、妻について来ることを禁止した。だが言うことを聞かずに、彼女が見に行ってみると、すばらしい美男子に変わっていた。それを知った姉は、自分の夫になってほしいと言ったが、断られて、憐れな声で鳴く夜行性の鳥になったという。

この話は、天から作物を持って降りて来た男が、地上で二人娘の姉とは結婚せず、妹を妻にしたと語られているところが、ホノニニギとコノハナノサクヤヒメの話とよく似ている。なぜならコノハナノサクヤヒメにも、イワナガヒメという姉があったが、ホノニニギはその醜さを嫌って妻にせず、父の神のもとに送り返したと言われているからだ。

このように世界中には、さまざまなタイプの作物起源神話があるが、神話だけでなく昔話まで含めてみると、わが国の伝承のなかには、その主なタイプのほとんどが入り込んでいる。このことからも、わが国に伝わった作物栽培を伴う文化が、決して一種類ではなく、縄文時代からさまざまな栽培文化の伝播があったことが確かめられると思える。

女性

松村一男

男性の観念の産物

伝統社会では男が権力を握っていたから、神話は男の観点から語られていると思ったほうがよい。神話の女性とは男の観念のなかの女性である。この結果、女性は美しい至上のものとしてか、あるいは忌むべき恐ろしい存在という両極端に分化して語られる。神話のなかには、平凡な、どこにでもいる女性は登場しない。神話の女性・女神たちは、男の目に異性たる女性はどう映ってきたのかを、男性も女性ももう一度振り返ってみるための材料であるし、同時に人間は自然の世界のなかの何を女性的なものとして感じてきたかというう「性の分類学」を知る材料でもある。また、このような状態では神話の主役は男性で、女性は脇役にとどまることが多く、話としてはあまり面白くない場合もある。しかし女性を犠牲にしての男性支配こそが大部分の社会でのこれまでの現実であったのだから、それもしかたないだろう。

日本

アマテラス

天照大《あまてらすおお》(御《み》)神《かみ》。大日孁貴《おおひるめのむち》とも呼ばれ、太陽神の性格を持つ。儀礼的には、皇室の祖神として伊勢神宮の内宮に祀られている。イザナギが夜見の国から帰ってきて、禊《みそぎ》で左眼を洗ったときに生まれた女神。父のイザナギから天上世界である高天原の支配をゆだねられた。弟のスサノオがやって来たとき、彼に謀反の心があるのではといぶかしんだアマテラスは武装した姿で彼を迎え撃ったが、スサノオは自分の心に悪意がないことの証明として、二人で持ち物を交換してそれから子供を産む誓約《うけい》を行おうと提案した。女神も承知して誓約を行った結果、彼女はオシホミミをはじめとする男神を得た。つまり、アマテラスは処女のまま母となったのである。スサノオは誓約によって邪心のなさが証明されたとして、天の稲田を壊したり、神聖な衣を織る忌機殿の屋根から逆剝ぎにした馬を投げ込んだりする乱暴を働いた。これに怒ったアマテラスは天の岩屋戸にこもってしまい、世界は闇になったが、神々の策略で女神が岩屋戸から引き出されると、世界には再び光が回復した。やがてアマテラスは地上の世界である葦原の中つ国を子供のオシホミミに統治させようとするが、オシホミミは生まれたばかりの子のホノニニギを遣わすのがよいとする。アマテラスはこの地上に下る孫のニニギに天上の水田の稲穂を与え、地上を瑞穂の国にするようにさせた。

アマテラスはまず太陽女神である。太平洋の周辺地域には、太陽の消失と再出現の神話が分布しており、太陽はしばしば女性と考えられる。この女神の特徴の一つは、その徹底的な平和主義である。高天原に上ってくるスサノオに向かうときに武装はしても、実際に戦いはしないし、スサノオの横暴な振る舞いに対しては、自らが岩屋戸に閉じこもるだけである。こうした平和主義的な女神のあり方が天皇という元来は祭祀的・宗教的な支配者の形態と類似していたから、アマテラスは皇祖神とされたのであろう。あるいは、「妹の力」「ヒメヒコ制」「甘え」などの名称で呼ばれるところの、女性的なもの（必ずしも母性的に限らない）に霊的守護を期待する日本人に伝統的な態度とも関係しているのかもしれない。また、アマテラスは穀物女神でもあって、日本人にとって聖なる食物である稲をつかさどり、それを孫のニニギに与えて天上から地上に広めさせている。しかし、穀物女神という性格は本来のものではなく、瑞穂の国の支配者である天皇の祖先神という位置づけに付随して与えられたのであろう。一般的に神話では穀物の生長と女性の出産は対応すると理解されており、両者はともに月の影響下にあるとされるからである。ともかく、平和的な穀物女神という性格は消失と再出現のモチーフとも併せてギリシア神話のデメテルに類似しており、黒海沿岸のギリシア人からイラン系の遊牧民、そしてアルタイ系の遊牧民を介しての伝播による影響も考えられる。

もう一つの特徴は、処女にして母というパラドキシカルな存在様式である。普通の女性が同時には属しえない二つのカテゴリーを兼ね備える境界的存在であることは、その超越的な聖性を示す。同様に処女にして母である神話存在としては、ほかにギリシア神話のアテナとキリスト教のマリアがある。

食物女神──オオゲツヒメ、ウケモチ

オオゲツヒメの語源はミケツ［御食］から考えて、「偉大なる食物女神」と考えられる。『古事記』でスサノオに食事を供しようとして、口や鼻から食物を出したので、スサノオによって斬り殺された女神。死後、その死体からはさまざまな穀物が生じた。『日本書紀』では同じような食物女神としてウケモチが見られる。こちらでは女神を殺すのは月の神ツクヨミとなっており、死体の各部分から生じたのは、牛馬（頭）、粟（額）、蚕（眉）、稗（目）、稲（腹）、麦・大豆（陰部）となっている。ウケモチの場合、生じたものとその場所とは、古代朝鮮語では言語的に対応している。オオゲツヒメの場合、そうした対応は見られないし、穀物・食物の女神が月の神に殺されるほうが、月─女性─死─再生─食物という一連のシンボル連合に合致しているから、書紀の伝承がより古形を保っているのかもしれない。

山姥《やまうば》（やまんば）、山の神

山奥に住む老女の妖怪。背が高く、長い髪を持ち、眼光鋭く、口は耳まで裂けている。人間の子供を食べるのを好み、山中で出会ったものは病気などの災厄を受けるという。足柄山の金太郎は山姥の子とされる。「食わず女房」「牛方山姥」などの昔話では恐ろしい面が描かれるが、他方、「姥皮《うばかわ》」「糠福米福《ぬかふくこめふく》」などでは呪宝を与えて援助してくれる良い側面が示されている。「天道《てんとう》さん金《かね》の鎖」では天から下がってきた金の鎖を登って逃げようとする兄弟を人食いの山姥が追いかけるが、彼女がつかまったのは腐った綱だったので、山姥は高所から落下して死んでしまう。その血から生まれたのが蕎麦《そば》で、それゆえ蕎麦の

根元は赤いとされる。山の神は男性とする地方もあるが、大体は女性、しかも醜い大女とされる。彼女は山の獣たちの支配者で、猟師は崇拝を欠かさないし、彼女を怒らせないように儀礼を行う。山中でお産に苦しんでいる山の神を手助けし、その御礼に多くの獣を得たとする伝承は各地に見られる。彼女は多くの子供を産むとされる。

　富の保有者は女神とされることが多い。山には獣をはじめとする富があるから、山の神は女神となる。子だくさんも富の一形態だから、山の神はその多産性を強調される。しかし、山は富の宝庫であると同時に、危険な力も徘徊する両義的な場所である。山姥、山の神はあるときは恵みをもたらすが、あるときは守護するはずの子供でさえ殺しかねない。こうした伝統的な山の神が仏教化したものが、次の鬼子母神であろう。山姥の死体から蕎麦が生じたという伝承の背後には、古典神話のオオゲツヒメ、ウケモチと同一の神話観念があるらしい。

鬼《き》子《し》母《も(ぼ)》神《じん》

鬼神の槃闍迦《はんじゃか》の妻で、数多くの子の母。梵語のハーリティ（訶梨帝）の漢訳。はじめ邪悪で他人の幼児を奪い食べていたので、仏はこれを戒めるため鬼子母の一子を隠した。鬼子母が嘆き悲しんで仏にその子のことを尋ねると、仏は子を失う悲しみは鬼子母に子を食べられた母の悲しみであると責めて戒めた。こうして鬼子母は仏に帰依して善神となり、鬼子母神として崇められるようになった。子授け、安産、子育ての神として信仰される。東京・入谷の真源寺は「恐れ入谷の鬼子母神」として知られている。

中国

西王母《せいおうぼ》

西方の崑崙山に住む神女で、人面、虎歯、豹尾、蓬髪とされるが（『山海経』西山経）、しだいに美化され、不死の薬を持った仙女とされた（『淮南子』覧冥訓）。周の穆王《ぼくおう》は彼女と瑶池で遊んだという（『列子』）。長寿を願う漢の武帝が仙桃を与えられたという伝説ができて、漢代には西王母信仰が盛んになった。

インド

河川の女神たち

インドでは古くから、サラスヴァティー河、ガンガー（ガンジスの古名）、その支流のヤムナー河が三大聖河として崇拝されている。

ドラウパディー

大叙事詩『マハーバーラタ』で主人公であるクル族の王パーンドゥの五王子（パーンダヴァ）に共通の妻。

パールヴァティー、ドゥルガー、カーリー

シヴァの神妃は数多いが、温和なタイプと恐ろしいタイプに大別できる。温和なタイプの代表がパールヴァティーである。

パールヴァティーは「山の娘」、「山に住む女神」の意味で、夫であるシヴァの額の第三の目は、彼女のいたずらによって出現したとされる。シヴァがヒマラヤで精神統一して修行をしていたとき、パールヴァティーはいたずら気を起こして夫の背後から両目を塞いだ。すると宇宙は活動をやめ、太陽は輝きを失って、世界は恐怖に陥った。そのとき、シヴァ

の額に炎のように輝く第三の目が出現し、世界は再び光を取り戻した。二人の子供の一人が象の頭をしたガネーシャ（知恵と幸運の神。密教の大聖歓喜天《だいしょうかんぎてん》、聖天《しょうてん》）である。ガネーシャは母の水浴の番を命じられたが、父のシヴァが入るのも許さなかったので、激怒したシヴァによって首をはねられた。パールヴァティーの悲嘆を慰めるため、シヴァはそこを通りかかった象の首をつけて、息子を生き返らせた。

恐ろしい神妃の代表の二者のうち、ドゥルガーは「近づき難い女神」を意味し、カーリーは「時の女神」あるいは「黒色の女神」を意味する。

昔、神々とアスラ（阿修羅、魔神）が戦ったとき、マヒシャの率いるアスラたちが神々を打ち破った。インドラをはじめ、神々は天界を追われ、ヴィシュヌとシヴァに助けを求めた。ヴィシュヌ、シヴァ、ブラフマーをはじめとする神々が放った光が集まって山のようになると、そのなかからドゥルガーが現れた。彼女は神々から武器を与えられ、世界を覆うような光を発してアスラの王マヒシャに攻めかかった。水牛の姿をしたマヒシャは、ライオン・人間・象などに変身して戦い、再び水牛の姿となって、口から半分人間の姿を出したときに、ついにドゥルガーに殺された。ドゥルガーの像としてもっとも一般的なのは、マヒシャである水牛の尾を摑み、一方の足で背中を踏みつけ、シヴァから与えられた三叉の戟《ほこ》で刺しているものである。

カーリーはドゥルガーの怒りから生まれ、好戦的で血を好み、破壊や殺戮を喜ぶ。昔、アスラの兄弟が神々の世界を支配しようとしたので、神々の援助の要請に応えてドゥルガーが姿を現し、魔神の手下たちと戦った。怒りのために女神の顔が真っ黒になったとき、その顔から、同じように恐ろしい顔をしたカーリーが現れた。カーリーは肩に頭蓋骨の環をかけ、虎の皮を身に着け、口を大きく開いて舌を出し、目を血走らせて、手下たちの首を斬ってドゥルガーに差し出した。次にカーリーは魔神ラクタビージャと戦い、傷つけて血を流させたが、その血から次々と魔神が現れるので、カーリーは大きな口で魔神たちを呑み込み、ラクタビージャの傷口からの血も飲み干して、ついに魔神を殺した。今日、カーリーはベンガル地方ではもっとも崇拝を集める神となっている。一般に、カーリーは四本の手に血のついた剣、三叉の戟、斬り取った生首、生首からの血を受ける頭蓋骨を持った姿で表現される。

シュリー（ラクシュミー）

ヴィシュヌの神妃であるシュリーあるいはラクシュミーは、繁栄・栄誉・幸運・美の女神で、仏教では吉祥天女。昔、神々とアスラが大海を攪拌して不死の飲料アムリタを獲得しようとしたとき、太陽、月に続いて大海から手に蓮の花を持って出現したのがシュリーで、その美しい姿を見たヴィシュヌはただちに彼女を妻とした。このため、彼女は「乳の海の娘」とも呼ばれる。また、別の神話では、天地創造のとき、女神は蓮の花の上に乗って浮かんでいたという。彼女は、神々と人間が望ましいと思うすべてを体現しているとされる。ふつう、赤い睡蓮の花の上に立ち四本の腕を持つ姿で表現される。

メソポタミア

イナンナ

シュメールの豊饒女神で、牧神ドゥムジを夫とする。彼女の姉エレシュキガルは冥界の女王。イナンナは天界での栄誉のみならず、冥界の権力をも得ようとして冥界に下った。その前に彼女は小間使いの女神を呼び、三日経って帰ってこなかったら、神々に助けを求めるように命じておいた。冥界には七つの門があり、一つを通過するごとに彼女の飾りや服が剝ぎ取られ、エレシュキガルの前に来たとき、イナンナは全裸になっていた。冥界の神々は、生者と死者の境界を越境した彼女に死の判決を与えた。三日経ってもイナンナが戻らなかったので、小間使いの女神は神々に助けを求めたが、協力してくれたのは水の神エンキだけだった。彼は爪から二人の神を創り出し、生命の食物と水を与えて、冥界に派遣した。これによってイナンナは生命を回復したが、地上に戻るには代わりの者を冥界に渡さねばならなかった。地上に戻るイナンナには冥界から二人の従者がついてきた。イナンナは夫のドゥムジに会うが、ドゥムジは妻が失踪してもまったく心配した気配がなかったので、怒ったイナンナは冥界からの従者に、ドゥムジを代わりに連れていくように頼んだ。ドゥムジは姉のゲシュティアンナ（「天の葡萄の樹」の意）のもとに逃げ、この結果、一年の半分はドゥムジが、半分はゲシュティアンナが冥界にとどまることになったと思われる。

イシュタル

アッカドの愛欲と戦争の女神で、シュメールのイナンナと同一視された。父は月神シン、兄は太陽神シャマシュ、夫は植物神タンムズである。「天の女王」と呼ばれ、金星と同一視された。イシュタルとタンムズについても、イナンナとドゥムジと同じ冥界下りの神話が伝えられている。また、『ギルガメシュ叙事詩』では、イシュタルは多くの英雄を愛人にするがしばらくすると殺したり、動物に変えてしまうと述べられている。

エジプト

イシス

ゲブ（男神、大地）とヌト（女神、天空）の娘。オシリスの妹にして妻。ホルスの母。彼女の名前は「座席、王座、玉座」を意味し、その像は禿鷹、角、円盤および王座からなる頭飾りをかぶっている。イシスは兄であるオシリスと結婚し、結婚の制度を始め、女性に穀物を挽くこと、糸を紡いで布を織ること、また、母なる女神としてオシリスに農業を教えたともいわれる。しかし彼女への崇拝は、彼女が、夫が殺されてから果たした役割に主としてよっている。オシリスが弟のセトによって殺され、箱に詰められてナイル河に流されて消息不明となると、イシスは未亡人の喪服を着て、髪の半分を切り落とし、夫の遺体を捜す旅に出た。箱は海を渡ってフェニキア（シリアの地中海沿岸）のビブロスに着き、岸辺の御柳《ぎょりゅう》（落葉小高木。檉柳《ていりゅう》）の根元にとどまり、やがて生長した木によって完全に包み込まれてしまった。ビブロスの王はこの巨大な木を切り倒させて王宮の柱として使っていたので、このことを知ったイシスは王から柱をもらい受け、箱を発見した。このときイシスとオシリスの間には子供がなく、セトに復讐して王座を取り返す王位後継者を産むため、イシスは魔法によって、死んだ夫との子供を儲けようとした。しかし彼女が隠しておいたオシリスの死体の入った箱はセトによって発見され、ばらばらにされたうえ、王国の各地にばらまかれてしまった。イシスは再び夫の遺体を捜しに出かけた。そして遺体の部分を集めたが、性器だけはナイル河に投げ込まれて蟹に食べられてしまっていたので別に作り、オシリスの遺体を復元して高貴な油を塗った。こうして彼女ははじめて防腐処置（ミイラ化）の儀式を行い、オシリスを永遠の生命に復活させた。セトの迫害を逃れるため、彼女は沼地に隠れてホルスを産んだが、彼女がいないすきにヘビの姿をしたセトがやって来てホルスを咬み、半死の状態にしてしまう。こうした苦難にも耐えてイシスはホルスを育て、ホルスによってセトを退治し、夫の復讐を遂げた。

イシスが広く崇拝されたのは、彼女が献身的な妻として母として受けた苦しみに対する共感のためであったらしい。「悲しみの母 mater dolorosa」としてのイシスは、この点でキリスト教のマリアに先行する。また、オシリスを復活させ、そのことによって国土の豊饒を確保するという彼女の役割は、きわめて重要だった。さらに死者を救うことから、末期王朝期からヘレニズム期にかけて、彼女は救済の女神として地中海世界の密儀宗教で崇められた。

ギリシア

アテナ

ゼウスとメティス（「思慮」）の娘。ヘシオドスの『神統記』やアポロドーロスによれば、ウラノスとガイアがメティスから生まれる神によって彼の王権が奪われると預言したので、ゼウスはメティスを呑み込み、月満ちたときに鍛冶屋神ヘパイストスに自らの額を割らせると、アテナが完全武装した姿で飛び出してきた。彼女は巨人族との戦い（ギガントマキ）で武勇を示し、ペルセウス、ヘラクレス、アルゴ船の英雄たち、アキレウス、オデュッセウスなどの英雄を援けた。ペルセウスからは援助の礼として、ゴルゴン（メドゥーサ）の首を贈られ、彼女の楯アイギスに飾られた。彼女はオリーヴ栽培の守護者でもある。彼女とポセイドンがアテナイを中心とするアッティカの地を争ったとき、それぞれ最良の贈り物で勝負を競ったが、ポセイドンが塩水の泉を出現させたのに対してアテナはオリーヴを芽生えさせ、審判の神々は彼女に軍配を上げ、アッティカは彼女のものとなった。アテナは処女神であるが、アテナイの神話的な王エリクトニオスは彼女の子供と見なせる。ヘパイストスが彼女に恋して、その望みを果たそうとしたとき、彼女は拒否したが、二人が争っている間に、彼の精液が彼女の足にかかり、女神が怒って羊毛で拭きとって地上に投じたところ、そこからエリクトニオスが生まれ、彼女は自分の子供とした。

都市国家アテナイの守護女神でアクロポリスにパルテノン神殿を有するアテナは乙女（パルテノス）である。母からではなく、父であるゼウスの額――知性の座――から武装した姿で飛び出してきたことからもわかるように、女性性よりも男性的な側面が強く（したがって母を知らずに父から生まれる）、英雄の守護者であり武装した姿で描かれる。とはいえ、彼女が好むのは暴力的よりも知的な男性性であり、英雄のなかでも、暴力よりも知性で勝利を収めるオデュッセウスをとくに贔負にする。いわゆる女性的な生活、とくに結婚とは結びつかず、このことから結婚の女神ヘラや愛欲の女神アフロディテとは仲がよくない。

女性的な部分も持つが、それも織物や陶芸などの知性を必要とする創造的なものが中心で、「梟《ふくろう》の目をした」という尊称を有することからもうかがえるように、ギリシア人侵入以前の地中海域の鳥女神の系譜も引いているらしい。

アテナはギリシア、わけても彼女を守護神にいただくアテナイの男性が夢想した男性の優位性を女性の姿に投射した存在といえるだろう。「羊の皮をかぶった狼」ならぬ「女神の姿をした男性」なのである。アテナイ人の祖先を産み出すのは女性でなければならない。しかしギリシアの男たちは、女神メティスを呑み込んだ最高神ゼウスから直接に武装した姿で生まれさせるという卓抜な形式で、女性という制約のなかで男性性と神性を最大限に盛り込むことに成功している。また処女性と母性の矛盾もエリクトニオスの誕生にみるようになんとか解決している。女神を守護神とすることが必ずしも女性性の賛美に発するものでないことは、アテナとたいへん類似した神話形式で処女にして母であると語られている日本のアマテラスの場合と同じであろう。

ヘラ

ゼウスの正妻で、結婚生活の守護神。クロノスとレアの娘。夫ゼウスの浮気が激しいので、ヘラはしばしば嫉妬に駆られ、夫の恋人の女性や彼女たちが産んだ子供を迫害した。イオは牛の姿に変えられ世界中を放浪させられたし、アルクメーネーの子ヘラクレスはたびたび狂気に陥れられて苦しんだ。ディオニュソスの母セメレーはヘラに騙されて焼け死んだ。一説によれば、アルテミスに従う乙女カリストーはヘラによって熊に姿を変えられた。レトは子供を産む場所を与えられず、アポロンとアルテミスを胎内に抱えて苦しまねばならなかった。ヘラはあるときゼウスと、男女のどちらが性行為でより大きな快感を得るかで議論となり、両方の性を体験した預言者ティレシアスに尋ねたところ、一対九の割合で女性のほうが快感が大きいという答えが返ってきたのに怒って、ティレシアスを盲目にした。またあるとき、ヘラはゼウスと喧嘩をして山中に姿を隠してしまった。ヘラを呼び戻すため、ゼウスは一計を案じ、別の女性と結婚すると称して、木像に花嫁の衣装を着せて馬車で行進した。怒ったヘラが飛び出してきて花嫁の衣装を剝ぎ取ったところ、木像だったのでヘラは笑って機嫌を直し、二人は和解した。

ギリシアの女性は娘になるとすぐに、かなり年配の男と結婚させられるのが普通だった。夫は外で商売女と自由に遊べたが、妻は家にいて機織りと育児に励まねばならなかった。ヘラが嫉妬深く、相手の女性やその子供を苦しめるというのはギリシア男性の偏見の産物だろうが、事実としても、ギリシアの妻たちはできればそうしたかったに違いない。『源氏物語』における源氏の愛人たちに対する六条御息所の嫉妬と同じようなものであろう。

ヘラが女性のほうが性的な快感が大きいと聞いて、ティレシアスを盲目にして罰したというのは一見すると不可解だが、夫が外で他の女たちにそうした大きな歓びを与えていながら、自分の相手はあまりしてくれないことへの不満が、圧倒的な力を持ち刃向かうことのできない夫にではなく、人間のティレシアスに向けられたと考えれば理解できるだろう。

しかし、そうしたゼウスとはいえども、正妻は必要とする。社会の秩序を維持しなければならない最高神は、社会秩序の基盤である家庭を崩壊させるわけにはいかない。家庭での性生活は次の世代の生産のためのみであり、快楽としての性は外に求めるというギリシアの男性中心社会の矛盾、悲劇がもっとも先鋭に表れているのが、正妻の女神ヘラの神話であるのかもしれない。

デメテルとペルセポネ（コレ）

デメテルはクロノスとレアの娘で、穀物の女神。名前は「大地の母」の意味。ペルセポネはゼウスとデメテルの娘で、この名前はギリシア語での分析はできず、ギリシア以前にさかのぼると考えられている。別名のコレは「娘」の意味。以下で述べるような経過で冥界の女王となった。母と娘とはしばしば一緒に祀られるが、もっとも有名なのはアッティカのエレウシスでの密儀宗教である。「デメテルへのホメロス風讃歌」によれば、冥界の王ハデスはペルセポネに恋し、野で花を摘んでいた彼女を誘拐して地下の国に連れ帰った。デメテルは失踪した娘を捜して世界中を巡ったが、ハデスが娘をさらったこと、夫のゼウスもこの計画に加わっていたことを知り、激憤して天界を捨て、老女の姿でエレウシスに隠れた。女神が天界を去ったので大地の穀物は実らず、人間も神々も困り果て、ゼウスはハデスにペルセポネを母に返すように命じた。しかし、ハデスはこのままペルセポネを失いたくなかったので、彼女に冥界のザクロを食べさせた。この結果、ペルセポネは完全に天界には戻れず、一年の三分の一はハデスとともに、残り三分の二は母と暮らすようになった。

この神話には二つの要素がある。一つは大地と穀物の神話で、ペルセポネは穀物の種の象徴である。蒔かれて地下にあり、芽生えて地上に出る。死者の場である冥界と豊饒は結びついている。そして穀物女神の死と再生の神話が人間の魂の不死、再生を願う密儀宗教の教義の中心にあるのは不思議ではない。もう一つは少女の大人への移行の神話である。これは娘にとって暴力的な体験であるばかりでなく、母にとっても娘との一体感を喪失する辛い体験となる。しかし、娘が夫と母の両方を訪問できるようにすることで、新しい事態への移行は成し遂げられる。

アルテミス

ローマ神話ではディアナ（英語名ダイアナ）と呼ばれる。山野の野生動物の女主人で、ゼウスとレトの娘で、アポロンの双生の妹。誕生、多産、人間や獣の子の守護者であるが、彼女自身は男嫌いで結婚を拒絶する乙女（パルテノス）であり、いつも猟犬を連れて山野を駆け巡る女狩人である。また処女を守る誓いを立てたニンフたちも従える。美しい姿にもかかわらず、彼女の怒りは恐ろしく、弓矢によって人をも殺す。アポロドーロスやオウィディウス『変身物語』によれば、アルテミスに従うニンフであったカリストーは、ゼウスに愛されて妊娠してしまい、皆が沐浴のため裸になったときにそれをアルテミスに知られてしまう。アルテミス（一説にはヘラ）は怒ってカリストーを熊に変えた。その後、彼女はゼウスによって天上の星（大熊座）とされた。

アテナイのアルテミスの祭りでは大人になる少女たちが熊の真似をして踊った。このことからすると、少女が大人になり結婚する通過儀礼はアルテミスがつかさどり、その反映がカリストーの神話であると考えられる。アルテミスは出産の女神でもあるが、これも彼女が異なる段階に変化する際の通過過程の女性を守護するからであろう。小アジア半島西部の都市エペソスのアルテミス像は通常のものとは異なっており、胴体部分に多くの房が下がっている。これを乳房と解して豊饒女神とする意見が一般的だが、猟師が獲物の睾丸を奉納したものだとする説もある。アルテミスは日本の山の神が獣と出産の双方を守護する女神であるのと類似している。結婚と出産（伝統社会ではこの二つは同義語である）を経験する以前の少女は、男の手が加わっていない、いわば「文化」以前の「自然」の状態とされるから、山の獣が捕らえられ、自然状態から食料として文化の状態に変容させられるのと同じように、アルテミスによって変容させられるのであろう。ところで、日本では多くの場合、山野の女神は山姥であり、若い美女である例は少ない。こうしたギリシアと日本の違いは、前者が若く美しい肉体に神聖さを認めるのに対して、日本は老人（あるいは子供）の姿に神性を認めるという違いによるものであろう。

アフロディテ

ヘシオドスの『神統記』によれば、愛欲と美の女神であるアフロディテは、クロノスによって切断されたウラノスの性器から滴った精液が、海に落ちて生じた泡から誕生した（アフロディテという名前はアフロス「泡」に由来するという説もある）。したがって、しばしば言われるように単に海の泡から誕生したという美的なものではないし、もっと露骨に性的な官能をつかさどる性格が示唆されている。また、ホメロスの『オデュッセイア』によれば、彼女は鍛冶屋神ヘパイストスと結婚したが、夫を顧みずに戦争の神アレスを情人としたので、ヘパイストスは目に見えぬ網をベッドに張り、二人を捕まえて、神々の前でさらし者にした。また、彼女の無責任な贈り物の約束によって、トロイ戦争が引き起こされた。彼女の崇拝の中心はキプロス島であり、聖鳥は鳩である。

地域的に見ても愛欲のエロティシズムの強調からしても、その存在はオリエントに起源を発すると考えられる。元来、彼女の支配する愛とは本能に発する肉体的なもので、倫理性・社会性は問題とされていなかった。ローマでは本来菜園の女神であったウェヌスと同一視され、ヴィーナスという名前のほうが広く知られるようになった。ヘレニズム期からエロス「愛」（ローマでのアモール、クピド。キューピッドという名称でよく知られる）が彼女の子供と考えられるようになり、しだいに愛欲の側面が浄化され、柔和な「美の女神」となった。また、ルネサンス期には画家が女性の裸を描く格好の口実となった。

ヘレネ

ヘレン、ヘレナともいう。アポロドーロスによれば、ゼウスが白鳥の姿でレダと交わって生まれた。このため卵から生まれたとされる。双子神ディオスクロイや、ミケーネ王アガメムノンの妻となり夫を愛人と殺したクリュタイムネストラなどの姉妹。少女のときから美しく、アテナイの英雄テセウスによって誘拐されたこともあった。長じて、アガメムノンの弟であるスパルタ王メネラオスの妻となったが、絶世の美女なので、彼女をめぐってギリシア人とトロイ人が戦うトロイ戦争が起こることとなった。戦争の発端は三人の女神の争いであった。もっとも美しい女神に与えられる黄金の林檎《りんご》をヘラ、アテナ、アフロディテが争うことになり、審判にトロイの王子パリスが選ばれたが、彼は世界でもっとも美しい女性ヘレネを与えるというアフロディテの約束に魅せられ、アフロディテに黄金の林檎を与えた。この結果、パリスはすでにメネラオスの妻であったヘレネを連れてトロイに戻り、アフロディテの約束は成就したが、その後に起こる災禍についてはアフロディテは責任を持つはずもなかった。ギリシアの王侯たちはメネラオスとヘレネの結婚式のときに、ヘレネに何かがあった場合は援助するという誓いをしていたので、ヘレネを取り返すべく、ギリシア軍がトロイと戦うことになった。ホメロスの『イーリアス』によれば、十年のトロイ戦争ののち、勝利はギリシア軍のものとなり、ヘレネはメネラオスとともにスパルタに戻った。しかし、こうしたホメロスの伝承とは異なった神話もある。トロイに行ったのは雲から作り出されたヘレネの似姿で、本当のヘレネは戦争の間エジプトにいたというのである。この神話の最古の例は、前六世紀の詩人ステシコロスに見られるが、エウリピデスの悲劇『ヘレネ』によってよく知られている。

女性の美貌が男たちを狂わして滅亡させるというのも一種の神話だが、そのもっとも有名な例がヘレネとクレオパトラであろう。実在のクレオパトラのほうは、老いて美貌が衰えて自殺をするのでまだしも悲劇的・人間的だが、ヘレネはゼウスの娘なので、悲劇的な影などなく、女性美の永遠のシンボル、理想であり続けている。異伝の雲によるヘレネの似姿については面白い解釈がある。彼女の名前は「明るさ、輝き」を意味するし、双子神の姉妹はインド＝ヨーロッパ語族の神話では太陽神の娘とされていることが多い。それに、テセウスとパリスによって二度も誘拐されて姿を消し、また出現しているさまは、ヘレネの背後に太陽の動きの象徴が潜んでいると考えられるというのだ。ヘシオドスやヘロドトスによれば、古代ギリシア人は冬には太陽がアフリカに行ってしまうと考えていたらしい。確かに、輝くような美女が雲を身代わりに消え去り、再び戻ってくるという図式は太陽を思わせるし、もしそうであるとすれば、日本神話のアマテラスの天の岩戸隠れとも共通する意味を持っていたことになる。

アマゾン

アマゾネスともいう。戦神アレスとニンフのハルモニアを祖先とする女だけの戦士集団で、北の未開の地に住むとされた。他国の男と交わって子供を産むが、男子は殺すか体の一部を傷つけて、女子のみを育てた。右の乳は弓を扱うのに邪魔なので取り除いたとされ、そこから「乳のないもの」アマゾンと呼ばれる。彼女たちはギリシアの英雄としばしば戦っている。『イリアス』では彼女たちはトロイに加勢し、女王ペンテシレイアはアキレウスに討たれた。ヘラクレスは十二功業の九番目として女王ヒッポリュテの腰帯を持ち帰るために、アマゾンの国を訪れた。しかし、ふとした行き違いから争いとなり、ヘラクレスはアマゾンたちを打ち破る。テセウスもアマゾンと戦ったが、これに対し彼女たちは、仕返しにアッティカに攻め込んだとされる。

ギリシアのポリスの男たちにとって、(1)動物ではなく、(2)異邦人ではなく、(3)女でないことが市民としての条件であったが、ギリシア人の男たちの密集軍団（ファランクス）と同等あるいはそれ以上に(1)馬に乗って戦う、(2)異邦人の、(3)女性である、アマゾンは、ギリシア男性の分類カテゴリーを逸脱する悪夢の産物であり、それゆえ、アキレウス、ヘラクレス、テセウスといった英雄の神話にはアマゾン退治がもっとも輝かしい武勲の一つとして語られているのであろう。アテナがギリシア男性にとっての理想の神話的女性像であるとすれば、その対極に位置するのがアマゾンである。どちらも武装した男性的な女性ではあるが、その評価は正反対である。アテナは処女神であり、現実の家庭の妻たちとは無縁な象徴性の領域にある。ところがアマゾンは男を利用して子供を産むが、男は無価値として排斥し、女だけで充足した世界を作り上げている。これは男の優位性に対する脅威にほかならない。女だけの世界という神話観念は、アマゾンに限らず、世界の各地に見られるが、これほどまでに男性に対する脅威としての様式を思考したのは、ギリシア人以外にはいなかった。井原西鶴の浮世草子『好色一代男』の主人公世之介が最後に向かう女護ケ島について江戸時代の男性読者が描いたイメージは、ギリシアの男性がアマゾンの国に抱いたイメージとはまったく異なっていたに違いない。

メドゥーサ、ゴルゴン

メドゥーサはゴルゴンと呼ばれる三人姉妹の怪物の一人で、「女王」の意味。ゴルゴンは丸くて大きい醜悪な顔を持ち、頭髪はヘビで、歯は猪の牙のようで、舌をだらりと垂らし、大きな黄金の翼を持ち、その眼には人を石に変える力があった。三人のうちメドゥーサのみが不死ではなかった。英雄ペルセウスはアテナの助けを借りて、メドゥーサの首をはねたが、それはゴルゴンたちが寝ている間に楯を鏡のように使って、直接その顔を見ることなしに行われた。首を斬り落としたとき に有翼の天馬ペガサスが生まれたという。ペルセウスはメドゥーサの首をアテナに贈り、彼女はそれを自らの楯アイギスの中央あるいは甲冑の胸の部分につけた。

見るものを石に変えてしまうほど恐ろしい容貌の醜女というのは明らかに男の発想である。事実、それほど醜い男神は神話に見当たらない。今でもそうだが、男は自分たちの容貌には寛大だが、異性のそれには辛辣なのである。アフロディテやヘレネのような絶世の美女の女神を考えれば、その正反対の醜女の女神も考えるのである。おそらく本来は一人であったのだろうが、「口裂け女」のように一人から三人姉妹へと複数化されて、醜い不幸が強調されたのだろう。しかも、彼女（たち）の神話はほとんどこれだけである。つまり、なんらの害もなしていないのに、醜いがゆえに英雄に彼の勇気を証明するためだけに殺されるのだ。メドゥーサの起源は、邪悪な力を払うために建物や武具につけられた奇怪な顔（ゴルゴネイオンと呼ばれる）であったのかもしれない。ニュージーランドのマオリ族の踊り手、アイルランドの教会に見られる奇怪な女性像シーナ＝ガ＝ギグ、北アメリカ＝インディアンのハイダ族のトーテムポールの超自然存在、インドネシア＝バリ島の魔女ランダの仮面などを見れば、大きな眼と舌を出した表情が威嚇のものであることが了解される。そうした仮面は必ずしも女性である必要はないのだが、女性とされることが多いとすれば、それは男性が女性の持つ力の奥深さに感じるひそかな恐れに由来するのかもしれない。

パンドラ

火を盗んで人類に与えたプロメテウスに対する復讐として、ゼウスは工匠神ヘパイストスに命じて、水と土から不死の女神に似た姿をした「最初の女」を創らせた。ゼウスの命令ですべての神々がこの女に衣装や技術や性格などの贈り物をしたので、彼女はパンドラ「すべての（神々からの）贈り物」と呼ばれた。しかし、ゼウスは女を与えることで人間を苦しめ、ひいては人類に好意的なプロメテウスを苦しめようとしていたので、パンドラはその美しい外見にもかかわらず、心は卑しく、男を堕落させるものであった。パンドラはプロメテウスの弟エピメテウスのもとに送り届けられた。兄の忠告にもかかわらず、エピメテウスはパンドラを妻に迎えた。それまでの（男だけの）人類は労働も病も死も知らなかったが、そうした災いを閉じ込めておいた大甕をパンドラが開けてしまったので、人類は女とともに死と苦しみをも得ることになった。パンドラが甕の蓋を閉めたとき、希望だけがなかに残った。

パンドラの神話、つまり「美しい悪魔」としての女性像はヘシオドスの『仕事と日』と『神統記』を最古の出典とする。ヘシオドスは女嫌いとして定評がある。ユダヤ＝キリスト教でパンドラに相当するのはエバ（イヴ）である。よく知られているように、彼女、つまり「女」がヘビに唆されて禁断の木の実を食べようとアダムに持ちかけ、結果として人類が楽園から追放され、苦難の多い生命を送らなければならないという原因を作ったとされる。このように、ギリシア文化とユダヤ＝キリスト教という西洋文明の二大源流には、いずれも女性を悪と見る男性優位の思想が根底にある。とはいえ、パンドラは「その顔は不死なる女神に似る」とされるし、エバによってもたらされた原罪から人類を救う神の子を産んだ、「第二のエバ」たるマリアもいる。どうも男の創る「女性の神話」は、絶望と希望の間を揺れ動き続けているようだ。

ゲルマン

フレイヤ

豊饒神族ヴァンを代表する女神でニョルズの娘、フレイの妹。豊饒や生産をつかさどるが、恋の魔法にも長《た》け、兄のフレイを含む多くの男神と関係を持ったとされる。彼女はオーディンと並んでセイズという黒魔術を使うことができ、また戦場での戦死者もオーディンと折半するといわれる。彼女は猫の引く車で旅をする。北欧神話の大女神で、生と死、愛情と戦闘、豊饒と黒魔術などをつかさどることから考えると、生命を与えまた奪うと観念されていたらしい。オリエントの大女神に近い性格を持つといえるだろう。

ワルキューレ

正しくはヴァルキュリャ。「戦死者を選ぶ女」の意味。オーディンによって戦場に送られ、オーディンが必要とする優れた戦士に死の運命を定め、戦いの勝利を決する。こうして選ばれた英雄たちはオーディンの天上の館ヴァルハラに迎えられ、ワルキューレのもてなしを受け、終末戦争である「神々の黄昏」で、神々の軍勢に加わり戦うまでの時を過ごす。

戦死こそ名誉であり、地上での生の後には天上での戦士としての二度目の生活が待っていて、しかもそこでは天上の美女ワルキューレの接待を受けられるという神話は、戦争を職業とするヴァイキング時代の王侯戦士階級の理想を踏まえて、詩人たちによって作られたものであろう。

キリスト教ヨーロッパ

マリア

マリアの生涯は福音書にはないが、聖書外典『ヤコブ福音書』や中世の『黄金伝説』によれば次のようであったとされる。彼女はダビデ王の血筋にあたるヨアキムとアンナを両親として生まれた。二人は別れて住んでおり、永く子供がなかったが、神に願い、エルサレムの黄金の門の前で久し振りに再会して口づけを交わしたところ、アンナがマリアを身籠ったという。またこのときに母がなした願いによって、嫁ぐまではエルサレム神殿に奉仕していたとされる。聖霊によって受胎し、処女のままイエスを産んで母となった。キリストの昇天後もマリアはエルサレムにとどまり、イエスの墓を守って洞窟で暮らしたが、五年して最後の日を迎えた。天から馬車が来て、イエスが降り、母の霊を迎えて天上に連れていった。肉体の遺体のほうはオリーヴ山に葬られたが、三日後に復活し、天上で再び魂と結ばれたという。マリアは十四歳のときにイエスを身籠り、三十三年間イエスとともに生き、イエスの処刑後、五年生きたとされるから、彼女は五十二歳で亡くなったことになる。

キリスト教神学におけるマリアの意味は、旧約・新約両聖書の構図のなかで理解されなければならない。『旧約聖書』の初めでは神がアダムを造り、そのアダムから最初の女性エバが造られている。しかしヘビに唆されたエバのため二人は原罪を負い、楽園から追放され、女性は苦しみのなかで子供を産まなければならなくなった（「創世記」３・16）。これに対し、新約聖書の実質的な始まりは、神の聖霊によるマリアの受胎、その結果としての処女マリアからの救世主イエス＝キリストの誕生といえるだろう。マリアは第二の新しきエバとも、倒置・逆転されたエバともいえる。神が造った男（アダム）の一部から造られた女（エバ）によって人類にもたらされた原罪が、神の一部である聖霊と女（マリア）から造られた男（イエス）によって浄化され、人類が救済されるという、逆転した対応の鏡像関係になっているのである。失われた楽園と永遠の生命が、こうして再び人類に与えられることになる。もちろん、マリアが処女にして母であることは、すでにアマテラスとアテナについて見たように、境界存在である彼女が超絶した女神としての資質を持っていることを示す。さらに、夫である神と息子である救世主の両者に有効に働きかけられる仲介者としての母の役割も見逃せない。夫も息子も母に頼まれれば断るのは難しいという経験律が、信者をしてマリアに祈願をするという方向をとらせる。地中海世界や南米のように、家庭内での母の発言力が大きい地域におけるマリア崇拝の隆盛は、根拠のないものではない。中世以降のヨーロッパでは、「雅歌」6・10の「満月のように美しく」や「ヨハネ黙示録」12・1の「一人の女が身に太陽をまとい、月を足の下にし、頭には十二の星の冠をかぶっていた」という部分を、マリアを指すと解釈し、全身を太陽の光に包まれ、足下に月を踏み、頭に星の光背をいただいたマリアを描いてきたが、こうした宇宙規模の偉大さをマリアは期待されうる位置にあるといえるだろう。

北アメリカ

セドナ

エスキモーの海と海の生物の女神。巨大で醜く、隻眼。かつて彼女は美しい娘で、多くの求婚者があったが、拒否し続けていた。あるとき、美しい男がカヤックを漕いで来て求婚した。彼女も気に入り二人は結婚したが、実は男は鳥の悪霊で、人間の姿をしていただけだった。彼女の父が助けに来て、彼女は父のボートの毛皮の下に隠れて、男が彼女を捜しに来ても父は男を退けた。男は鳥の姿に戻り、悲しい叫びを立てて去って行ったが、そのとき、天が曇り激しい嵐となった。悪霊の仕業だった。自分の命も危ないと感じた父は、セドナを海に投げ込んで助かろうとした。セドナはボートの縁につかまり助けを請うたが、父は骨で作った斧で彼女の指先、次いで指全体を切り落とした。それらは海に落ちて、アシカ、セイウチ、トド、鯨などの海の生き物となった。ついに彼女は海に沈み、海は静かになった。

女神像の分類

ここに紹介した女神たちの多様な様相は、容易に分類できるものではないが、少なくとも一部は共通の属性によりグループにまとめられそうである。たとえば、山野の女神としては日本の山姥・山の神・鬼子母神、ギリシアのアルテミス、インドのドゥルガーがある。獣や木々の宝庫であったり、焼き畑農耕により身を焼かれて穀物を与えたりする山野は、しばしば過剰ともなるその豊饒性のゆえに、恵み深い側面のほかに呑み込む太母としての恐ろしさも示す。こうした恐ろしさもあって、日本の山野の女神は醜い老女の姿で表現されることが多いようだが、ドゥルガーでは暗い側面がカーリーとして別に分離しているし、アルテミスではすでに述べたように美に神聖さを認めるギリシア人の傾向もあって、美しい処女神とされている。

　最高女神には処女にして母というパラドックスが特徴として認められ、日本のアマテラス、ギリシアのアテナ、キリスト教のマリアがこのタイプに属する。男が支配する社会で女性性を理想化すると、期せずして「処女にして母」になるのは興味深い。結局、男の理想はその程度なのかもしれない。そして後から難しい理屈を考え出して、深遠なる神学（たとえばマリア神学）と呼んで悦に入るのである。

　美の女神であるギリシアのアフロディテとインドのシュリー（ラクシュミー）は、ともに海の泡から生まれている。こちらで強調されているのは性とも関係の深い海、水の豊饒性である。

トリックスター・文化英雄

松村　一男

混沌による創造

トリックスターとは、神話的な「いたずら者」あるいは「悪ガキ」である。その特徴は、あらゆる面での常軌の逸脱である。言葉の面で言えば、彼は普通のことは言わない。言うのは法螺《ほら》か嘘である。体も尋常ではない。男女の性もしばしば変わるし、人間・動物・神などの定められた範疇に合致しないことが多い。

比喩としての動物性

北欧神話のロキは女性になって子供を産むが、これは彼が秩序よりも混沌を体現していることの神話的な表現だし、トリックスター・文化英雄の多くが動物であることも同様の観念にもとづく。中国の孫悟空、インドのハヌマンが猿であるのは、身体的に人間に近く、しかし文化ではなく自然に属するという猿の境界的な位置が、「人間の鏡としての猿」をトリックスターの魅力的なモデルとしているのであろう。

北アメリカ神話では、トリックスター・文化英雄としてコヨーテやワタリガラスが多く見られる。彼らは腐肉をあさる動物であり、肉は食べるが自分で殺すわけではないので、本格的な肉食動物と草食動物の中間に位置している。本格的肉食動物は狩猟、戦争、死と結びつき、草食動物は農耕、生産、生と結びつく。コヨーテやワタリガラスは、北米インディアンの思考にとっては生と死の調停者なのであり、破壊者であるとともに有益なものの生産者なのである。

トリックスターの無秩序性

このように、トリックスター・文化英雄は単なる破壊者、秩序の騒乱者ではない。彼の活動によって、よい場合も悪い場合もあるが、なにか新しい物が生じ、世界は変化していく。生の全体性には無秩序も含まれるのであり、そのことを無秩序を強調してわれわれに再認識させてくれるのがトリックスターであろう。真面目で硬直化した社会は、トリックスターのいたずらによって変化と笑いをもたらされ、世界は再活性化されていくのである。またある意味では、トリックスターは人間の自嘲気味な自画像とでもいうべきもの、失敗に絶望せずに、未来に楽天的に望みをつないでいこうとする人間の積極的姿勢のモデルとでもいうべきものかもしれない。

肯定的で真面目な文化英雄

トリックスターと区別された限定的な意味での文化英雄とは、その活動がより真面目でより肯定的な場合をさす。トリックスターには他人のために何かするという意識はない。彼の関心は利己心と遊びである。つまり、文化英雄は英雄とトリックスターの中間に位置するといえるだろう。ただし境界は流動的で、いずれに分類するかは主観によるしかない。

日本

アメノウズメ

天の岩屋戸に姿を消したアマテラスを引き出すために、伏せた槽《おけ》に上がり、踏み鳴らしつつ胸や性器を露わにして踊り狂い、神々を哄笑させ、その笑い声でアマテラスの興味を喚起して、岩戸を開いて顔を覗かせた太陽女神を再び輝かせることに成功した。また、アマテラスの天孫ニニギが高千穂に降臨しようとしたとき、天と地の間に異形の容貌の猿田彦がいたが、アマテラスはこれに打ち勝てる神はアメノウズメしかいないとして彼女を送り出した。彼女は笑いながら猿田彦に立ち向かい、彼を天孫降臨の道案内とさせた。アメノウズメと猿田彦はニニギの一行とは別れて、伊勢に向かった。アメノウズメは海の生き物を集めて、天皇に従う誓いをさせたが、ナマコだけは返事をしなかったので、怒って小刀でナマコの口を切り開いた。

中国

孫悟空

孫悟空の伝承は語り物として長い間流布していたのだろうが、明代の中期（一五七〇年ごろ）に呉承恩が書いた『西遊記』に集大成された。

花果山にあった仙石が砕けて石猿が生まれた。彼は不死の仙術を求めて仙人を訪れ、さまざまな術を会得し、仙人から孫悟空の名前を与えられた。彼はさまざまな悪戯を繰り返し、天界を混乱に陥れたので、天の玉帝は釈迦如来に悟空の調伏を依頼した。悟空は釈迦の手のひらから飛び出せるという賭けを釈迦としたが、敗れて、釈迦が五本の指を金、木、水、火、土に変えて出現させた五行山の下敷きとされ、五百年を過ごさねばならなかった。やがて唐の太宗の時代となった。太宗は玄奘三蔵（三蔵法師）に命じて、西方に仏教経典を求めて旅立たせた。二人の従者がいたが、従者は熊山君と寅将軍の餌食となり、三蔵法師は五行山で一人きりになってしまった。五行山に押さえつけられていた悟空は、三蔵法師に山の下から出してくれれば、従者となると声をかけ、三蔵に山頂にある押さえ札を剥がしてもらい弟子となった。やがて烏斯蔵国（チベット）に来ると、耳と鼻が長く、大食漢の豚のような化け物がいたので、悟空が打ち破って三蔵の第二の弟子にした。これは前世は天河の天蓬元帥で罰を受けて下界に落ちて、誤って豚の腹から生まれた猪八戒であった。流沙河まで来ると、首に九個の髑髏をかけた、ざんばら髪の妖怪がいた。これが沙悟浄で、霊霄殿の捲簾大将だったが、罪のために流沙河に流されたのだった。彼も三蔵の弟子になった。白虎嶺という高い山に来て、悟空が不在の間に、美女に変身した妖精が現れたが、戻ってきた悟空は一目で正体を見破り、打ち破った。しかし悟空が猪八戒を中傷したので、三蔵は怒って悟空を破門してしまった。弁明は無駄と思った悟空は花果山に帰って行った。悟空がいない間に三蔵一行は妖怪に騙され、沙悟浄は捕らえられ、三蔵は虎に姿を変えられて殺されそうになる。猪八戒は逃げ出そうとするが、三蔵の愛馬に説得され、花果山へ悟空を迎えに行く。戻ってきた悟空はまず沙悟浄を救い出し、次に姫君に変装して妖魔の屋敷に入り込み、三面六臂の姿になって、妖魔の一味を退治した。火焔山では、行く手を阻む猛火を消す芭蕉扇を手に入れるために小虫に化け、持ち主の鉄扇公主の飲むお茶に紛れ込んで、腹のなかで大暴れして芭蕉扇を盗んだ。ただしこれは偽物だったので、今度は公主の夫である牛魔王に化けて公主を安心させて本物の扇を奪った。しかし牛魔王も猪八戒に化けて扇を取り返した。コウノトリになって逃げる牛魔王を追って、悟空も小鷹になって襲いかかった。すると牛魔王は黄鷹になって応戦した。悟空は烏鳳になった。すると牛魔王は白鶴になり逃げ出したので、悟空は鳥の王の丹鳳となった。鳥の王ではかなわないと見た牛魔王は、ジャコウジカに変装した。しかしそれを見抜いた悟空は虎になって食おうとした。うろたえた牛魔王は大豹に変じたので、悟空は獅子となり、牛魔王が大熊になって応戦すると、悟空は巨象になった。とうとう二人は牛と猿の本来の姿に戻って激しく戦ったが、悟空に味方する仏兵天将が牛魔王を降伏させ、観念した公主が差し出した芭蕉扇によって火焔山の火を鎮め、難所を越えることができた。さらに幾多の難関を乗り越えて、三蔵の一行は天竺国の霊山に辿り着いて釈迦如来に拝謁し、経典を受け取った。再び道を引き返して長安に戻り、太宗皇帝に拝謁し、持ち帰った経典を献上した。三蔵の一行は、課せられた数の難と月日を全うしたので、孫悟空は闘戦勝仏、猪八戒は浄壇使者、沙悟浄は金身羅漢とされ、成仏した。

孫悟空は石から超自然的に生まれた猿で、はじめは乱暴者で天界で悪戯を繰り返して大混乱を引き起こす。三蔵の弟子となってのちは、変身によってさまざまに姿を変えて、敵を退治する。乱暴で動物としての本能的存在に近い孫悟空が、苦難に満ちた西方への旅のなかでしだいに悟性を持ち、ついには成仏するという仏教伝承の枠組みのなかでも、民衆の願望に合致したトリックスターとしての側面は十分に残されている。

インド

クリシュナ

ヴィシュヌの第八番目の化身（アヴァターラ）で、「黒い神」の意味。ヤーダヴァ族の第八番目の王子として真夜中に真っ黒な肌をして生まれてきたので、クリシュナ「黒いもの」と名づけられた。悪王カンサは予言によってクリシュナに殺されると知り、彼を殺そうとしたが、クリシュナの父は生まれたばかりのクリシュナを牧人の生まれたばかりの女の子とすり替え、難を逃れた。クリシュナは怪力で悪戯好きな子供として牧人たちのもとで成長し、牧女たちが川で沐浴をしている間に彼女らの衣服を盗み、裸の少女たちが取りに来るまで木に登っていた。また、インドラ神にも悪戯をしかけた。牛飼いたちが雨を降らせてもらうためにインドラを祀ろうとするので、クリシュナはむしろ牛を養ってくれる山を信仰するように勧めた。牛飼いたちがその言葉に従って山に供物を捧げると、クリシュナは山の頂に神としての姿を現して供物を受けた。インドラは怒って大雨を降らせて彼らを皆殺しにしようとしたが、クリシュナは七日の間小指で山を持ち上げ、その下に牛飼いたちを入れて守った。インドラはクリシュナの偉大さを認めざるを得なかった。

クリシュナは『マハーバーラタ』のなかでは英雄として活躍するし、同叙事詩に含まれるヒンドゥー教徒の聖典『バガヴァド＝ギーター』ではヴィシュヌの化身として人生や義務についての教えを英雄アルジュナに説いている。しかし一般のインド人に親しまれているのは、悪戯好きな幼児としてのクリシュナの活躍である。ヴィシュヌの至高性は、世界におけるあらゆることを可能にするし、悪戯さえも神の顕現、世界の展開と見なされる。クリシュナと牛飼いの女たちの恋愛は、神と人間の信愛（バクティ）の象徴である。

ハヌマン

ハヌマットともいう。大叙事詩『ラーマーヤナ』で主人公ラーマを助けて、ランカー島の悪鬼王ラーヴァナのもとからラーマの妻シーターを救出するのに協力した猿の勇士。風の神ヴァーユと、以前は猿のケーサリンの妻であったアプサラス（天界の水の精）のアンジャナーとの間に生まれた。山のように巨大で、顔はルビーのように赤く輝き、尾は限りなく長く、吠える声は雷のようで、音をたてて空を飛ぶ。超人的な力を持ち、インドからランカー島まで一跨ぎに渡ることができ、ヒマラヤの峰々を持ち上げることもできた。ラーヴァナによって誘拐されたラーマの妻シーターを助け出すのに協力し、ランカー島に飛んでラーヴァナの都を偵察したり、傷ついたラーマ軍を手当てするのに、カイラーサ山にしか生えていない薬草を持ってくるために、山頂全部を持ってきて、薬草の芳香によって勇士たちの傷が癒《い》えると、再び山頂をもとの場所に戻した。また、戦いの最中に尾に火をつけられたが、かえって火のついた尾でランカーの都に火をつけて回り、相手に損害を与えた。

オセット

シュルドン

旧ソ連邦北コーカサス地方の少数民族オセット人はイラン系遊牧民の一派アラン人の後裔と見られ、ナルト叙事詩という英雄叙事詩を伝えている。このなかで英雄（ナルト）たちの邪魔をする、北欧神話のロキを想起させる狡猾な悪戯者がシュルドンである。英雄の一人ヘミュッは、異界の小人の国を訪れて絶世の美女を妻にした。しかし彼女は体が小さいうえに異常に誇り高く、いかなる些細な侮辱でも我慢できないので、彼女を他のナルトたちの目に触れさせることを固く禁じた。ヘミュッとこの小人の妻との幸福な結婚を破壊し、二人を別れさすのがシュルドンである。妻を熱愛していたヘミュッは、あるとき、男たちだけの集会に、ひそかに妻を服のポケットに入れて連れていった。シュルドンはすぐにこれを見抜き、ヘミュッが妻を連れてきて集会の名誉を汚したと大声を上げた。激昂したヘミュッはシュルドンを殴り倒したが、非難を浴びたヘミュッの妻は彼のもとを立ち去ってしまった。また異伝によれば、ヘミュッの妻は小人ではなく、海神の娘であり、地上の熱に耐えられないので、日中は海亀の甲羅を被っていて、寝るときに本来の姿になった、という。好奇心からヘミュッ夫婦の寝室に忍び込んだシュルドンは、美女の正体を知ると、寝ている間にその甲羅を燃やしてしまった。このためヘミュッの妻は地上での暮らしを続けることが不可能となり、海の世界に戻っていった。またシュルドンは、もう一人の英雄で全身を鋼で覆われたソスランが死ぬことになったときの張本人でもある。あるとき、ソスランは太陽の娘に恋をし、結婚の条件を満たすため冥界に下ったが、首尾よく目的を果たして帰る途上で、ふとした不注意から古帽子に変身したシュルドンに、自分の唯一の弱点は膝だけが鋼鉄ではなく肉であることを知られてしまう。ソスランは太陽の娘を妻にして幸福な一時を過ごしたが、それも長続きせず、狩猟中に獲物に近づこうとして腹這いになったところを、シュルドンから急所を教えられたバルセグの車輪によって襲われ、膝から下を切り落とされて死んだ。

ギリシア

ヘルメス

ローマ神話ではメルクリウス（英語形マーキュリー）と同一視された。牧畜・窃盗・発明・音楽・伝令・商売といった多様な人間活動の守護神であるほか、霊魂の導者（サイコポンポス）でもある。オリュンポスの十二神の一人で、ゼウスの末子。母はマイア。ペロポネソス半島の山岳地帯、アルカディアの洞窟で生まれた。アポロドーロスによれば、生まれるやいなやヘルメスは襁褓《むつき》から抜け出してギリシア北部のテッサリアに行き、アポロンの牛群を盗んで、足跡によって追いかけられないように尾のほうを引いて（あるいは牛に靴を履かせて）ペロポネソス半島南西のピュロスに連れていったが、途中で老人に見つかると、買収して口を封じた。盗んだ牛の二頭は食べ、残りは洞窟に隠して何食わぬ顔で自分の洞窟に戻ってきた。洞窟の前で亀を見つけたので、その甲羅に牛の腸でこしらえたガット（糸）を張り、竪琴を発明した。アポロンは牛群を捜し出し、ヘルメスの母のマイアに赤ん坊が犯人であると訴えたが、マイアは襁褓に包まれたヘルメスを示し、犯人とは信じられないとした。アポロンがゼウスに訴えたので、ようやく牛群を返さなければならなくなったが、アポロンはヘルメスの竪琴に魅せられ、牛群をこれと交換した。ヘルメスは牛を飼いながら、シューリンクス笛を発明し、これもアポロンに黄金の杖と交換で与えた。

自由に行き来するヘルメスは、商品の流通を可能にするため商業道路、通行、旅人、さらには盗人の保護神であり、顔の下は柱で、男根を勃起させているヘルメス像が道路や戸口などの交通、通過にかかわる地点に立てられた。彼はまた夢や眠りの神でもあり、霊魂の冥界への導き手（サイコポンポス）でもあった。ヘルメスは若い美少年で、鍔《つば》の広い旅行帽ペタソスを被り、杖ケリュケイオン（カドゥケウス）を持ち、足には有翼のサンダルを履いた姿で表される。

ディオニュソス

別名バッコス。葡萄、葡萄酒、音楽、舞踊、演劇の神。狂気、法悦（エクスタシー）へと信者をいざなう。踊り狂う女性信者のバッカイや山野の精で、獣と人間の中間存在の好色なサテュロスを従えた姿でよく描かれる。

ゼウスとテーバイの王女セメレーの子。アポロドーロス、エウリピデス『バッコスの信女たち』、「ディオニュソスへのホメロス風讃歌」などの伝えるところによれば、ゼウスがセメレーを愛していると知ったヘラは、ゼウスがヘラに近づくときの姿で現れるように頼めとセメレーを唆した。そのことを知らずに、どのような願いもかなえると約束をしてしまったゼウスは、次に訪れるとき、しかたなく電光と雷鳴とともに現れたのでセメレーは焼け死んだが、ゼウスはそのときにまだセメレーの胎内にあったディオニュソスを取り出し、自らの太腿に縫い込んだ。こうして生まれたディオニュソスは成長すると、葡萄を発見して葡萄酒を造った。また、信者を連れてアジア各地に葡萄の栽培を教えつつ教えも広めていた。

あるとき彼が海岸を歩いていると、彼を高貴な家の出と思った海賊たちが、身代金目当てに彼をさらった。しかし、ディオニュソスを縛った縄は自然に解けてしまうので、船長は奇怪に思いディオニュソスを解放するように勧めたが、海賊たちは聞く耳を持たなかった。すると突然、海は葡萄酒に変わり、葡萄の蔓が帆を覆い、蔦がマストに絡まり、ディオニュソスはライオンに変身した。恐怖に捉えられた海賊たちは海に飛び込み、彼らはイルカに変えられたが、船長だけが許された。

こうした旅ののちに、ディオニュソスは再び生まれ故郷のテーバイに凱旋してきた。しかし、テーバイ王である彼の従兄弟ペンテウスは、ディオニュソスの教えを、女性をたぶらかす邪教として排斥し、ディオニュソスを牢に閉じ込めた。しかしディオニュソスは牢を破り、女たちを狂乱状態に陥れ、家庭を捨てて山に向かわせた。ペンテウスは軍を差し向けたが、素手の女たちにたちまち打ち破られてしまった。ディオニュソスはペンテウスの隠された欲望を言葉巧みに暴き、彼に女装をさせて山にいる女たちの姿を覗き見に行かせることに成功した。ディオニュソスに命じられるまま高い木の頂に登って女たちを見ようとしたペンテウスは、そこでディオニュソスに声をかけられたために、女たちに見つけられてしまった。しかもその姿は女たちにはライオンとしか見えないようにされているため、彼の母アガウエらの狂乱状態の女たちによって、素手で生きたまま八つ裂きにされてしまった。アガウエは息子の首をライオンと思い、得意げにテーバイに戻ってきて皆に見せるが、やがて狂乱から覚めて、事実の恐ろしさに愕然とする。

もともとは樹木や果樹の神であったディオニュソスの性格は、哲学が隆盛し、理想的思考が顕著になってきた古典期のギリシアにおいて、しだいにトリックスター・文化英雄に近づいた。葡萄の産物である葡萄酒は彼の支配下にあったが、都市文化の発達に伴う葡萄酒の普及は、葡萄酒を発見した文化英雄としてのディオニュソスへの姿を印象づけることになった。同時に、理性の存在の認識と並行して進行したらしい非理性、狂気の発見は、葡萄酒のもたらす酩酊による理性や秩序感覚からの一時的解放をもディオニュソスに由来するとする見方を生んだ。こうした「異化」作用は葡萄酒だけではなく、熱狂的な音楽や舞踏、仮面をつけて別の人間として演じる演劇の場などにおいても感じられるから、これらもまた葡萄酒と並んでディオニュソスの恵みとされるようになった。場合によっては束縛的、閉塞的と感じられる社会秩序に風穴を開け、心身に解放をもたらし、活性化するディオニュソスはトリックスター的な風貌を帯びるに至る。だからこそ、この神をもっとも熱心に崇拝したのは、当時の社会においてもっとも社会的束縛からの解放を必要としていた女性や奴隷であった。哲学の中心、理性の牙城であったアテナイの市民階級の男たちは、こうしたディオニュソスの世界を排斥することはせず、自分たちの支配下に取り込んだ。男たちはディオニュソスの祭りを国家として行い、その一環としての悲劇の舞台で、ディオニュソスの力を抑圧しようとした場合に起こる悲惨な事態を演じて見せた。もちろん、舞台はアテナイではなくテーバイである。ギリシア人は葡萄酒を水で割って飲み、割らずに飲むスキュタイ人やケルト人を野蛮人として軽蔑した。葡萄酒のもたらす酩酊や解放感も、適度であれば人生を生き生きとさせるのに必要なものだからである。同じことはディオニュソスにもそして彼の熱心な信者となった女性についてもあてはまると男たちは考えたのであろう。悲劇の舞台で演じられたディオニュソスの恐るべき姿は、壺絵に見られる、彼の祭りで朗らかに酔いしれる人びとの姿とは好対照をなす。神話は制御されない狂気の恐ろしさを示し、祭りは制御された狂気の心地よさ、必要性を示しているといえるだろう。

プロメテウス

オリュンポスの神々より古いティタン神族の一員。「先に考える者」の意味。アポロドーロスやヘシオドス『神統記』によれば、オリュンポスの最高神ゼウスに抵抗し、人間に文化をもたらしたが、その意図とは無関係に、結果として世界に苦しみと悩みも生じさせた。神々と人間が犠牲獣の分け前を決めようとしたとき、プロメテウスは骨を脂肪で包み、肉と内臓は皮で包んで、ゼウスに選ばせた。ゼウスは骨と脂肪を選んだ。これについては、古来からゼウスが騙されたとする説と、ゼウスはプロメテウスのトリックを見破っていたが、あえて騙されたふりをしたという説の両方がある。この結果、肉と内臓は人間のものとなった。これについても、人間は一番良い部分を得ることになったという意見と、肉を食べず、香りによって生きたら、人間も神々のように不死になったのにという意見の、相反する二つの解釈がある。ともかく、反抗的なプロメテウスに怒ったゼウスは、プロメテウスの愛する人間に火を与えないようにした。これに対して、プロメテウスはなかが空洞なオオウイキョウの茎のなかにヘパイストスの鍛冶場から火を盗んで持ち帰って、人間に与えた。そこでゼウスはパンドラを作り、人間に女の災禍を与えた。また、プロメテウスはゼウスの支配を脅かす秘密を知っていた。メティスがゼウスとの間に産んだ子はゼウスより偉大になるというのがその秘密である。プロメテウスが秘密を明かすのを拒んだので、ゼウスはプロメテウスをコーカサスの山に鎖で縛り、毎日、大鷲にその肝臓を生きたまま食わせた。夜の間に肝臓はもとどおりに再生するので、プロメテウスの苦痛は絶えることがなかったが、ヘラクレスが鷲を殺してその苦痛を終わらせた。その結果、プロメテウスは秘密をゼウスに明かし、解放された。

ダイダロス

「巧みな工人」の意味。発明家。アポロドーロスによれば、弟子が鋸とろくろ台を発明したのを見て、彼が自分を凌駕するのを恐れて、アクロポリスから突き落として殺した。ダイダロスは裁判で有罪の判決を受けたので、クレタ島に逃れ、クレタ王ミノスの妻で牡牛に恋したパシパエのために、彼女が牡牛と交われるように彼女が入れる木製の牛を作った。次に彼女がこの牛との間の子の怪物ミノタウロスを産んだときには、これを閉じ込める迷宮ラビュリントスを造った。また、ミノタウロス退治に来たアテナイの英雄テセウスに、ミノスとパシパエとの娘アリアドネが恋をして、彼の命を救いたいと願ったので、迷宮で迷わないように糸によって帰り道を知る方法を教えてやった。アリアドネはテセウスと逃げたので、それをダイダロスの責任と考えるミノス王は、ダイダロスとその息子イカルスを迷宮に幽閉した。ダイダロスは自分と息子のために翼を作り、脱出した。ダイダロスは無事にシシリアに着いたが、イカルスはあまりに高く飛びすぎ、太陽の熱で翼の膠《にかわ》が溶けて、海に墜落して死んだ。またダイダロスは斧、船のマストの発明者ともされる。

ゲルマン

ロキ

ロキは神々の敵である巨人の息子なのだが、なぜか神々の一員に加わっている。シギュンという妻がいるが、女巨人アングルボザとの間にフェンリル狼、ミズガルズヘビ、ヘルという恐ろしい子供を儲けている。

『スノリ＝エッダ』の「ギュルヴィたぶらかし」によれば、あるとき、巨人が大工に変装して現れ、神々の城アースガルズの城壁を一頭の牡馬の助けだけで、半年の間に造ろうと申し出た。そして約束の期間内に完成させたら、フレイアと太陽と月をもらうことを大工は求めたので、できなければ報酬はなしということでロキが話をまとめた。巨人と牡馬の仕事は速く、約束の時までには城壁はできそうになったので、神々はロキを責めて、なんとか仕事を遅らせるように命じた。そこでロキは牝馬に姿を変えて巨人の牡馬を誘惑し、工事の邪魔をした。約束の期間に完成が難しくなると、大工は怒りのあまり巨人の本性を現した。神々は巨人の殺し手である英雄神トールを呼び、トールは鉄鎚ミョルニルで巨人の頭を打ち砕いた。ロキは牡馬との子として八本足の馬を産んだ。これがオーディンの愛馬スレイプニルである。このように彼は性を転換でき、悪戯によって神々を窮地に追い込むが、場合によってはその副産物として貴重な宝が手に入ることにもなる。

このほかにもロキの悪戯から神々の宝が生じた話がある。スノリの「詩語法」によれば、あるとき、ロキはトールの妻のシヴの金髪を切り、丸坊主にしてしまった。ロキはトールに殺されそうになるが、小人たちに命じて、自然に伸びる髪の毛を黄金で作らせてトールに与え、さらに折り畳める快速船をフレイに与え、オーディンには決して的を外すことのない魔法の槍を作らせて与えた。そして、もう一人の小人にこれに勝る宝を三つ作れたら自分の頭をくれてやる、と賭けを申し込んだ。そこで小人ブロックはロキの妨害にもかかわらず仕事を続け、九夜ごとに同じ重さの腕輪八つを生じる不思議な腕輪をオーディンに与え、黄金の毛を持ち明るく輝いて、夜でも、そして海でも空でも馬よりも速く走る牡豚をフレイに与え、トールには絶対に的を外さない鉄鎚ミョルニルを与えた。神々は、巨人に対する最大の防御となるミョルニルを作ったブロックの勝ちを宣言した。ロキは捕らえられ、首を斬られそうになったが、「頭はやるといったが首はやらない」と強弁したので、代わりに災いのもとの口を縫い合わされてしまった。

しかしこうした宝はロキの意志とは無関係な偶然の産物で、彼自身の意志にもとづいた行動は、むしろ神々を滅ぼそうとするものである。たとえば「ギュルヴィたぶらかし」によれば、彼はオーディンの子で神々の御曹司であるバルドルを殺し、その再生を不可能にする。そして世界の滅亡を引き起こすのも、彼とその子の恐るべき怪物たちである。ロキがバルドルを殺したのち、怒った神々はロキを捕らえようとするが、ロキは鮭に変身して滝に潜んだ。神々は網でロキを捕らえると岩に縛りつけ、毒蛇をその上に置いて、毒液がロキにかかるようにした。ロキの妻シギュンはたらいに毒を受けるが、一杯になるとそれを捨てるために彼のそばを離れるので、毒液がロキにかかり、彼は苦しんで身を震わす。これが地震である。しかし終末の時が来ると、ロキは縄目から解かれ、冥界の勢力を従えて神々と戦い、自分はヘイムダルと相討ちになる。

ヴェールンド

北欧の伝説的な鍛冶屋でギリシア神話のダイダロスと類似している。英国ではウェイランドと呼ばれる。ヴェールンドは巧みな鍛冶屋で七百もの素晴らしい指輪を作って持っていた。その噂を聞いたニドウド王は、眠っていた彼を捕らえて指輪とともに王宮に連れ帰り、鍛冶屋として働かせた。ヴェールンドの復讐を恐れる王妃の忠告に従って、ニドウド王はヴェールンドの足の筋を切り、小島に移して逃げられないようにした。ある日、王の二人の息子が鍛冶屋にやって来たので、ヴェールンドは彼らに宝をあげると誘い、翌日だれにも知られないように再び来させると、彼らに大きな箱のなかを覗き込ませ、研ぎ澄ました箱の蓋をすばやく降ろして、二人の首を斬り落とした。ヴェールンドは胴体は火床のなかに投げ込んで灰にし、頭蓋骨は象嵌して酒杯を作った。彼の復讐はなおも続く。王の娘がヴェールンドから父が奪った指輪を壊してしまい、父に怒られることを恐れた娘はひそかにヴェールンドのもとに来た。彼は指輪を直す間に娘に酒を飲ませて眠らせ、彼女を思いのままにした。また彼は島に閉じ込められている間に鳥を捕らえてその翼で羽衣を作っていた。それができたとき、彼は島から飛び出して王宮の屋根近くに静止して、王を窓際に呼び出した。そして彼の復讐を教えた。すなわち、王の娘はヴェールンドの子を宿しており、それが王の唯一の跡継ぎになってしまっていること、なぜなら王の二人の息子はすでに殺されて灰になっていて、その頭蓋骨は酒杯として何度も王の唇に当てられている。
火の力によって新しいものを作り出す鍛冶屋は魔術師と見られ畏怖された。王がその力を無理に支配しようとすれば、鍛冶屋は王権に危機をもたらすという図式がこのヴェールンドの神話には認められる。

ロビン＝フッド

中世末期イギリスの民衆の理想像であったロビン＝フッドは、十二〜十三世紀の人物で、元はハンティンドン伯爵であったが、国法に触れてお尋ね者となったという。十五世紀末の『ロビン＝フッド武勇伝』では、リチャード一世の時代にシャーウッドの森にいて、少女マリアン、リトル＝ジョン、タック坊主、赤のウィル、アラナデールの百余名の手下を抱え、金持ちや僧院から盗んでは貧しい者たちに与えていたという義賊、ならず者として描かれる。文学作品として有名なのはウォルター＝スコットの『アイヴァンホー』（一八一八年）で、そのなかではロッスリーという名で登場している。物語は、リチャード王が不在で、ジョン公が国を治めていたときに行われた宮廷での弓術試合を舞台としている。弓の名人であるとともに変装が得意なロビン＝フッドは、お尋ね者になっているにもかかわらず大胆にも変装してその場に現れ、彼を目の敵にしている王の配下の森の番人ヒューバートを出し抜いて勝負に勝ち、彼を忌み嫌うジョン公からまんまと約束の賞金をせしめて森に戻っていく。

アフリカ

ペテ族

コートジボアール（象牙海岸）のペテ族の神話。尻のないことで愚弄された蜘蛛ザコレはカミナ神のところに行った。カミナは尻を治す代償として父母の心臓を持ってくるよう要求した。ザコレは服従する気になれず、カミナを欺くことにした。ザコレは罠によって二匹の灰色トカゲを捕らえると、肉は村人に与え、心臓を乾燥させてカミナのところに持っていった。カミナがこれを食べ、ザコレの腰を打つと、そこが腫れて尻の膨らみになった。ザコレは旅に出ることに決め、まず竹編みを仕事にするグバトのところに行った。しかし寝台に寝ると竹に挟まれたので、怒ったザコレは竹を盗んで逃げた。次に鍛冶屋のところに行った。このときまで鍛冶屋には屋根がなかった。ザコレは屋根にするため竹を提供した。しかし竹は火がついて燃えてしまったので、ザコレは代わりに鍬につける鉄の刃を取り、立ち去った。次にヤマイモを栽培している者のところに行った。彼らはまだ鉄を知らなかったので、ザコレは棒の先に鉄の刃を取りつけて鍬にしてやった。立ち去るとき、彼はヤマイモを一つ持っていった。今度は油しか食べるものを知らない人たちのところに行って、ヤマイモを焼いて油のソースをつけて食べる料理を教えてやった。そこから彼は、油の詰まった壺を盗み出した。それからザコレは平和で非常に長命な人びとの住む場所に行った。そこで老人たちが呪物ブコを浸した魔法の水を体に塗っているのを見て、自分の持ってきた油を与え、代わりにブコを盗んだ。すると老人はたちまち死んでしまった。ザコレはそれから、川幅の広いイボ河に着いた。水がひどく波立っていたので水面にブコを置いて波を鎮め、代わりにそこから砂を盗んだ。次に宝石を細工する者たちのところに行くと、彼らは炭の灰を使って宝石を磨いていた。ザコレは砂を使って磨くことを教え、代わりに宝石を盗んだ。次に花嫁を花婿の家に連れていく「婚礼付添人」たちのところに行って、彼らに宝石を与え、腰布を一枚盗み出した。この後にある国に着くと、女王が二日前に死に、三日目に埋葬されることになっていて、その遺体がバナナの葉で覆われていた。そこでザコレは持っていた腰布を与え、代わりに死体から脚を一本切り取って逃げた。この脚を持ってザコレは故郷の村に帰った。家に帰り死体の脚を床に下ろすと、太鼓を打ち鳴らして自分の結婚を触れた。翌日、ザコレは自分の小屋のなかで婚礼の食事を一人だけで食べた。三日目は花嫁が披露されるはずの日だったが、ザコレは出ていき、村人たちは腐臭に気づき不審に感じ始めた。少年が知らないでザコレの小屋に入り、なかの様子に驚いて、泣きながら出てきて真相を知らせた。村人たちは立腹してザコレの小屋を焼いてしまい、秘密が露見したのを知ったザコレはそのまま遁走した。

ザンデ族

スーダン南部に住むザンデ族の物語。トゥレはアバレ族の母方の叔父のもとに出かけた。彼らは鉄を打って鍛冶の仕事をしていた。彼らはトゥレに挨拶した。トゥレはふいごを押して仕事を手伝った。このころザンデの人びとはまだ火を知らなかった。トゥレは仕事が終わると、翌日の朝の踊りにやって来るといった。翌朝トゥレは家にある獣の毛皮をいっぱい身に着けてきて、ふいご押しを手伝った。しばらくすると彼は炉のところに行って、火を跨いだ。火は獣の毛皮に燃え移った。トゥレがあたりを駆け始めたので、大騒ぎになった。トゥレは一目散に枯れ草の野に駆け込んだので、火はあたり一面に拡がった。トゥレは駆け続け、こうして皆が火を持てるようになった。

アニー族

コートジボアールのアニー族は厳しい結婚規則を持ち、近親相姦を犯せば当人たちは石打ちの死刑、三親等までの親族も奴隷に売られるほどだったが、次のような近親相姦の話を伝えている。

蜘蛛のエケンデバには娘が一人いた。成長すると娘はたいへん美しくなった。エケンデバはふとしたことから妻を追い出した。しかし好き者のエケンデバは女なしではやっていけなかった。どうしたものかと考えた彼は、娘が美人であることに気づいた。彼は娘に旅に行くと言って家を出た。ある夜、エケンデバは家に戻り戸を叩いた。だれかと尋ねられると、エケンデバは旅の者だと答えた。そしてお父さんと思って入れてくれるように頼み、口の巧みだったエケンデバは娘と床を共にするのに成功した。男は夜が明け切らぬうちに立ち去った。次の晩もその次の晩も彼は来た。いつも夜明け前に立ち去るので、娘も不審に思いだし、次の夜に男がやって来て眠ったのを確かめると、彼女は戸口に錠を降ろし、鍵を隠してしまった。よそ者は明け方に目覚めて出ていこうとしたが、どこを探しても鍵は見つからず、大声をあげて助けを求めたが、そのうち夜は明けてしまった。娘はよそ者の顔を見て、それが父親であることを知った。エケンデバは娘に「私はただ、ここに来るために、あなたの父親の姿を装っただけなのだ」と弁明したが、遅すぎた。

ナイジェリア

あるところにたいへん仲のよい二人の男がいた。エシュは彼らを見て、不仲にしてやろうと思った。二人の男は隣り合わせに畑を作っていて、二つの畑は一本の小道で隔てられていた。朝早く黒い帽子を被ってこの小道を歩くのが、エシュの日課だった。争いを起こそうと思い立ったエシュは、緑、黒、赤、白の布でどこから見ても違った色に見える帽子を作った。この帽子を被り、パイプはいつものように口にくわえずに襟首のところにつけ、いつもは手に持つ棒を肩の後ろにかけて散歩に出た。自分の畑で働いている二人の男にエシュは挨拶をした。彼らも挨拶を返した。朝の仕事を終えて、二人は家路についたが、エシュのパイプと棒を見ていたほうの男は、今日はエシュはいつもと反対の方向に歩いていたと言った。エシュの足を見ていたほうは、方向はいつもと同じだが、黒ではなく白の帽子を被っていたと言った。するともう一方は、エシュの帽子は赤だったと言い返した。二人は言い合いを始め、とうとう小刀を抜いて立ち回りをして、血まみれになった。エシュは何食わぬ顔で王のもとに現れ、仲のよい二人を呼び出すと面白いと言った。王が二人を呼び出すと、血まみれで争いながら現れたので驚いてしまった。エシュは進み出て、自分の仕業であることを得意げに説明した。王が激怒して彼を捕まえるように命じると、エシュは群衆の間をすり抜けて町の裏手の岩山の頂上に駆け上がり、石を打って火を熾《お》こし、枯れ草を束ねて火をつけて、町に投げ下ろした。家々の屋根に火がついて、町じゅう大混乱になった。エシュがこっそり町に戻ると、人びとは懸命に家財を持ち出していた。エシュは持ち出すのを手伝うふりをして、置いてあった人びとの荷物をごちゃ混ぜにしてしまった。火事が収まると人びとは自分の荷物を探し始めたが、他人のところにあるので、互いに相手を泥棒呼ばわりする大混乱となった。王が自分の臣下に泥棒などいないと叫ぶと、エシュが、そのとおりだ、皆を使ってこんな馬鹿遊びをやったのは自分だと言って姿をくらました。

グバヤ族

グバヤ族は、中央アフリカからカメルーンにかけてのかなり広い地域に定住する農耕民。あるとき、グバセは二人の若い娘と出会った。彼は娘たちを、彼がワントと住んでいる家に連れていった。グバセは家で娘たちの性器に目を留めた。彼はそれが何であるか知らず、怪我をしていると思って、娘たちをワントに任せて、自分は傷を治す薬草を採りに出かけた。娘たちといると、ワントのファロスは勃起してきた。ワントが喉が渇いたのか、それとも水が飲みたいのかと尋ねると、彼のファロスは娘たちの傷が見たいのだと答えた。そこでワントはファロスを娘たちのふさがっていない傷口に当ててやった。これが世界における性交の始まりだった。グバセは長い留守の後に帰ってきて娘たちを見て、彼女たちは太ったな、とワントに言った。そこでワントは彼が自分のファロスの願いをかなえた次弟を話した。グバセは怒って、ワントと娘たちを家から追い出した。数か月後、子供たちが生まれた。こうしてワントは地上に人間が住むようにした。

フルベ族

西アフリカのセネガル、マリ、ギニア、ブルキナファソ、ニジェール、ナイジェリア北部、チャド、カメルーン北部、スーダンなどに住む牧畜民のフルベ族は、次のような物語を伝えている。

悪童サンバは土曜日に生まれ、日曜日に大きくなった。木曜日には牛の仲買いをしていた。ある日、彼の兄が旅に出ることになった。父はすでに死んでいた。母は妊娠していた。牝馬も妊娠していた。犬も妊娠していた。兄はサンバに、母が子供を産んだら、牡山羊を殺して母に食べさせるように、牝馬が子供を産んだら、母馬に落花生の殻を食べさせるように、そして犬が子を産んだら、糠を食べさせるようにと頼んだ。ところがサンバは、子を産んだ母親に糠を持っていった。母親は糠なんか食べないと言った。するとサンバは母親を殺した。牝馬が子を産むと、サンバは牡山羊を殺して、肉を牝馬に与えた。牝馬は肉を食べようとしなかった。サンバは牝馬を殺した。牝犬が子を産むと、サンバは落花生の殻を与えたが、犬は食べようとしなかった。サンバは犬を殺した。その後、サンバは赤ん坊に水を汲んでくるように言った。しかし赤ん坊は目も見えず、耳も聞こえなかったので、水を汲みに行こうとはしなかった。サンバは赤ん坊を殺した。サンバは子犬たちを呼び集め、狩りに行くと言った。しかし生まれたばかりの子犬たちは走ろうとはしなかった。サンバは子犬たちを殺した。サンバは子馬に鞍をのせた。子馬は鞍の重みに耐えられず地面に倒れた。サンバは子馬を殺した。

北アメリカ

ウィネバゴ族

スー語を話すウィネバゴ族は、中央ウィスコンシンと東部ネブラスカに住んでいるが、彼らによれば、トリックスターは鴨を捕らえて火にかけて料理していたが、焼き上がるまで自分の尻に見張りをさせて寝込んでしまった。その間に子狐たちがきて、肉をすっかり食べてしまい、骨だけを残して立ち去った。トリックスターは目を覚まして、肉を食べようとしたが、骨ばかりだったので自分の尻に腹を立て、見張りを怠けた罰だといって、燃えている焚き木を取って、尻の口を焼いた。もちろん彼は火傷をして、火を体につけながら叫んだ。「アチチ、これはたまらん。皮膚がひりひりしてきたわい。みんながおれをトリックスターと呼ぶのは、こういうことからなのかな」。そして道を歩き出すと、彼はだれかの体から出たに違いない一切れの脂肪を見つけた。「だれかが殺した動物を切ったんだな」と彼は独り言を言った。その脂肪を食べてみると、おいしい味だった。けれどもやがて彼は、食べているのが自分の腸の一部であることを知った。尻を焼いたあと、腸が縮まって少しずつはがれ、それを拾ったのだった。「いやはや、おれがトリックスター、愚かなやつと名づけられるのはもっともだ」と彼は言い、それから腸を結び合わせた。けれども大きなところはなくなっていた。結び合わせるのに腸を引っ張ったので、皺と畝ができた。そういうわけで、人間の尻は今のような形をしているのである。

ブラックフット族

大平原地帯に住むブラックフット族によれば、ある老人が、鹿とエルクが一緒に「リーダーに続け」という遊びをしているところに来た。老人は自分も入れてくれるように頼み、先頭に立って、歌をうたいながら崖のところに来た。まず老人が崖から飛び降り、地面に衝突して気を失った。しばらくして気がつくと、彼は他の者たちに、リーダーに続いて飛び降りるように言った。エルクたちは怪我をするから嫌だと言ったが、老人は地面が柔らかくて気持ちがいい、だからしばらく寝ていたんだ、と言った。そこでエルクたちは飛び降り、みんな死んでしまった。老人は鹿たちにも飛び降りるように言った。鹿はエルクはみんな死んだじゃないか、と言って飛び降りるのを拒んだ。しかし老人は、エルクたちは笑っているだけなんだ、と言った。そこで鹿たちは飛び降り、みんな死んでしまった。しかし、妊娠していたエルクと鹿たちは飛び降りるのを勘弁してくれと老人に頼んで、老人も彼女たちは見逃した。そうでなければ、エルクも鹿もこの世にいなくなっていたに違いない。老人は崖から落ちて死んだ獣を解体し、キャンプ地まで肉を運んでいって、そこで干し肉を作った。コヨーテがやって来た。コヨーテは首に貝の飾りをして、怪我をしているかのように脚に包帯をしていた。コヨーテは老人に何か食べるものをくれと頼んだ。老人は貝の首飾りと交換なら食べ物をやると言ったが、コヨーテはこれは御守りだからと断った。老人はコヨーテが脚に包帯をしているのに気づき、自分と競走して勝ったら食べ物をやると言った。コヨーテははじめ、脚が痛くて走れないから競走できないと言ったが、老人はきかなかった。そこでコヨーテは短い距離にしてくれと頼んだが、老人は長距離にすると主張した。コヨーテはしぶしぶ同意した。コヨーテはのろのろと走り始め、老人に待ってくれと叫び続けた。だいぶ走って、二人は折り返し点についた。するとコヨーテは脚の包帯を外し、一目散に走り出し、老人をはるか彼方に置き去りにした。彼は仲間のコヨーテをはじめ動物たちを呼び集め、みんなは老人のキャンプに駆け寄り、肉を食べ始めた。長い時間が経って、老人が、「肉を残しておいてくれ」と繰り返しながら戻ってきた。

北西沿岸インディアン

あるとき、ワタリガラスははるか北の島に娘とともに暮らしている年老いた漁師が、月という明るい光を入れた箱を持っていることを知った。彼はこの不思議なものを手に入れようと思い、漁師の家の近くの灌木の葉に姿を変えた。漁師の娘が木の実を摘みに来たとき、彼女が葉のついた小枝を引っ張ると、葉は落ちて彼女の体に入った。やがて子供が生まれたが、まるで鳥のくちばしのような長い鉤鼻を持った色の黒い少年だった。少年は這えるようになると、月を欲しがって泣き始めた。子供があまり激しく泣くので、漁師は子供に光の玉をやったほうがいいと言った。娘は箱を開けた。突然、光が部屋を満たし、母親は月を取り出して赤ん坊に与えた。彼は満足げにそれを抱きしめた。しかし二、三日経つと、赤ん坊はまたむずかり始めた。母親が注意深く聞くと、子供は空の星を見たいのだが、煙の出口の屋根板が邪魔なのだと言っていることがわかった。そこで老人が命じて母親に出口を開けさせると、子供は変身してワタリガラスに戻り、月をくわえて飛び去った。

彼が山の頂に降り、空に月を放り投げると、月はそこにとどまり、今もそこを回っている。

地域ごとの特徴

北米インディアンのトリックスターは、地域ごとに名前や動物の種類に特徴がある。北東アルゴンキン族ではグルースキャプ、イロクイ族では火打ち石とサプリング、中央森林地帯ではマナボゾまたはウィスカジャク（スー族ではイクトミ）、南西地域では野兎、大平原地帯、台地地帯、カリフォルニアの諸部族ではコヨーテ、北西沿岸地帯ではミンク、ブルー＝ジェイ、ワタリガラスがよく主人公となる。

南アメリカ

インカ族

昔、海には一匹の魚も棲んでおらず、一人の女神が少しの魚を小さい池に飼っているだけだった。人びとは女神のところに行って、魚を分けてください、海に放して殖やしますから、と言ったが、女神は魚はいつまでも自分だけのものにしておくと答えて、渡さなかった。精霊のコニラヤ＝ビラコチャはこれを聞くと、いつもの悪戯心を起こして、女神をからかってやろうと思った。そしてある夜、彼は女神の池に忍び寄って、池から海まで一筋の溝を掘った。池の魚は溝をつたって、みな海のなかに逃げ込んでしまった。こうして今日のように海にはたくさんの魚が棲むようになった。女神はひどく怒って、コニラヤ＝ビラコチャを欺いて殺そうとしたが、彼はいつもうまく切り抜けて、どこともなく姿を隠してしまった。

人間の鏡像

トリックスターの振る舞いは偶発的で、悪意や悪戯心から行われることが多い。彼は盗みと贈与を繰り返したり、最初の盗みを弁償するため交換を連続して行ったりする。彼は本質的に泥棒であり、社会の規範を逸脱する「犯罪者」である。明確な目的、手段、結果を考察するという深い思索は、彼には無縁である。考えるよりも行動が先に立つ。したがって、結果として人類に幸福をもたらすようになった行為であっても、計画的でも好意にもとづくものでもない。

彼は常識人なら考えつかないような組み合わせを試み、幾多の失敗のなかから、偶然の結果として新しい文化的・社会的風習を生むのである。それが物語に奇想天外さ、面白さをもたらしている。旅をしながら異なる人びとの異なる品々をつぎつぎと交換していくことにより、トリックスターは文化を創造したり、伝えたりする役割を果たす。人間が予測できない環境のなかで文化を創っていく過程を意識的に考察するとき、多少自嘲気味に愚かさや失敗を語りながら、にもかかわらずトリックスターによる文化の創造を賛美しているのがトリックスターの神話であろう。より自嘲を少なくし、自己陶酔の要素を強めた表現形式となれば、文化英雄の神話となる。

英雄

松村一男

古代社会と英雄崇拝

超人的な働きによって社会の危機を救う英雄や英雄神についての神話は、ある程度発達した高文化にならないと見られない。ある程度の規模とまとまりを持つ社会でなければ社会という意識はないから、社会のために活躍する英雄像を共有することができないのである。しかし、あまりに発達しすぎて戦士が集団で行動するように管理されるようになった場合には、個人としての活躍の場も意識も制限されるから、これまた英雄神話は振るわなくなる。つまり英雄崇拝が顕著なのは、個人としての名誉や武勇がなお意味を持っていて、戦士の活躍の目標として英雄の栄光を賛美することが有意義であったような古代社会が中心である。ここでいう英雄とは、文化英雄やトリックスター（いたずら者・悪ガキ）とは異なる、高貴で悲劇的な神話存在である。英雄はもっぱら武力によって物理的力による攻撃を撃退する。これに対して、文化英雄は社会にとって有益な技術をもたらしたり、発明したりし、トリックスターは混乱を引き起こすような逸脱的な知恵によって、意図せず社会に新しいものや存在様式を導入する。もっとも、スサノオのようにこれら三様式を生涯のなかで時代ごとにすべて示す英雄もいるが、これは例外に属する。

日　本

ヤマトタケル

倭建命（『古事記』）、日本武尊（『日本書紀』）。景行天皇の第三皇子。幼名を小碓《おうす》といった。彼には大碓《おおうす》という兄がいたが、食事に参会しなかったので、父の景行天皇は小碓に兄を教え諭すように命じたところ、小碓は兄が厠に入ろうとするところを捕らえて、その手足を引き裂いて投げ捨ててしまった。その乱暴さに恐れを抱いた景行天皇は、西方の異族の平定を小碓に命じた。このころ彼はまだ元服前で、髪を額で結っていた。彼は伊勢神宮でアマテラスの女性祭司である斎王の位にあったおばのヤマトヒメを訪ね、その衣装を与えられた。南九州のクマソタケル兄弟のところに行った小碓は、女装して宴会の席に入り、油断をしていた兄弟を隠し持っていた剣で殺す。兄弟は死ぬ前に小碓に名前を尋ね、自分たちクマソタケルよりも強いヤマトの男として、彼にヤマトタケルの名前を贈った。次の相手は出雲のイズモタケルであった。ヤマトタケルはあらかじめ木で偽の刀を作り、イズモタケルと友人になり、二人で肥の河で水浴をし、友情のしるしということであろうか、大刀を換えるように説得した。そして彼はイズモタケルに戦いを挑み、これを殺してしまう。しかし景行天皇は今度は東国の平定を命じた。しかも今度もほとんど独力であった。再び伊勢にヤマトヒメを訪ねたヤマトタケルは、父は自分を疎ましく思い、死ぬように願っているからこそこうして休みもなく兵も与えずに征伐に遣わすのだと泣く。ヤマトヒメはヤマトタケルに今度は草薙《くさなぎ》の剣と危機のときに用いよと袋を与えた。尾張の国に至ったヤマトタケルはミヤズヒメと会い、結婚の約束をしてさらに東に進んだ。相模の国では野原で敵の放った火に囲まれたが、ヤマトヒメからもらった袋を開くと火打ち石があったので、これでこちら側からも火を放ち、難を免れた。さらに東国を制圧して再び尾張に戻ってきて、ミヤズヒメと会うが、ヒメはそのとき月経であり、当時の考えでは月経中の性行為はふさわしくなかったが、ヤマトタケルはこのタブーを犯してヒメと交わった。その後ヤマトタケルは伊吹山の神を征服に出かけたが、神の力を侮って、素手で捕らえようと草薙の剣をヒメのもとに置いたままであったり、白猪の姿で現れた神に対してその正体を知らず大言したので、神の怒りによって病を得て、大和に帰り着くことを切望しつつも、能煩野《のぼの》（現在の三重県鈴鹿郡）で次の有名な国を偲ぶ歌を詠んで亡くなった。

「倭《やまと》は国のまほろば／たたなづく青垣《あをかき》／山隠《ごも》れる倭し美《うるわ》し」（大和は秀でた国だ／重なり合う緑の山々／山に囲まれた大和は美しい）。

そしてヤマトタケルの霊は大きな白鳥となって天へと飛んでいった。

古代の日本には、親族の女性からの霊的な守護に対する信仰があった。これは日本民俗学の祖である柳田国男が『妹の力』（昭和十五年）で指摘したように、とくに兄弟が姉妹に期待したものだが、甥が父方おばに期待することもあった。ヤマトタケルが父から困難な遠征を命じられるたびに伊勢のヤマトヒメを訪ねるのも、彼女からの霊的な守護を期待したからだろう。また、播磨のキビヒコとキビヒメ、常陸のヌカヒコとヌカヒメ、筑紫のウサツヒコとウサツヒメのように、古代日本の各地には、地名を含む名前を共有する兄弟姉妹の支配者ペアがいたと考えられ、「ヒメヒコ制」の名称で通常呼ばれる。ヤマトタケルとヤマトヒメの名前もこのパターンを踏襲しており、兄弟姉妹に準ずるとみても差し支えないだろう。そうすると、ヤマトヒメから与えられた品々が、いずれもヤマトタケルの危機を救っていることに気づく。クマソタケル兄弟を殺せたのは、ヤマトヒメの着物で女装したからだし、相模の野で火を放たれたとき、ヤマトタケルはおばに与えられた草薙の剣で草を刈り払い、火打ち石で逆に火を放って難を逃れている。そしてヤマトタケルの死は、ヤマトヒメの守護を軽視したことに原因があるとも見ることができる。伊吹山の神を退治しようとしたとき、彼は草薙の剣をミヤズヒメのもとにおいて出かけ、致死の病を得たのである。

スサノオ

イザナギが黄泉《よみ》の国から戻ってきて禊《みそぎ》をしたときに、イザナギの左眼からアマテラス、右眼からツクヨミが生まれたが、スサノオはイザナギの鼻から生まれた。スサノオは父であるイザナギから生まれ、イザナミはすでに亡くなっていたのに、彼は母を恋しがって激しく号泣した。このため青い山は枯れ、海や河は干上がってしまう。イザナギはこれに怒り、スサノオを天上から追放するが、スサノオは別れを告げるために姉のアマテラスに会いにゆき、これを天上の侵略と思い、武装してスサノオを迎えたアマテラスに対して、邪心がないことを示すと言って、お互いの持ち物を交換してそれから子供を産むという誓約《うけい》を行った。スサノオはこの誓約によって邪心がないことが証明されたとして、天上の田を破壊したり、聖なる忌服殿《いみはたどの》の屋根に穴を開け、そこから逆さまに皮を剥いだ馬の死体を投げ込むという暴挙を行ったので、姉のアマテラスは岩戸に隠れてしまい、世界は一時大混乱になった。この罪のためにスサノオは地上に追放されるが、『古事記』ではその途中で、食物の女神であるオオゲツヒメを殺す（『日本書紀』では、ツクヨミがウケモチを殺すというふうに異なる）。出雲の地に下ったスサノオは、土地の娘を生《い》け贄《にえ》として食っていた八頭・八尾の八俣大蛇《やまたのおろち》を退治する。彼は八つの容器に強い酒を用意させ、大蛇がこれを飲んで寝てしまったところを切り刻んだ。大蛇の尾からは剣が発見されたが、スサノオはこれをアマテラスに献上した。これが草薙の剣である。そしてスサノオは、大蛇から救った聖なる稲田を象徴すると思われるクシナダヒメと結婚した。

スサノオは出雲における竜殺しに関するかぎり典型的な英雄神だが、それ以外の要素もだいぶ混入している。たとえば、悪戯によって天上世界に混乱をもたらす点や、食物の女神を殺して穀物が世界に生じる契機をつくる点などは、明らかに文化英雄・トリックスターの側面を示している。しかしより興味深いのは、スサノオが示す母性への執着である。彼は実際に母を知らないにもかかわらず母に会いたがるし、母の代理といえる姉のアマテラス——ここではヒメヒコ制的なものは考え難い——とは、象徴的な形でだが一種の近親相姦ともいえる誓約による子産みをし、またせっかく大蛇の尾から発見した剣もアマテラスに献上してしまっている。さらに、スサノオは彼の娘と結婚しようとするオオクニヌシに対して敵意を示し、殺害に近いような厳しい試練を課したりする。つまりスサノオにとって、娘のスセリヒメもまた代理母的なのである。これは結局、本当の母を知らなかったスサノオの満たされることのない母性への憧憬であるのかもしれないし、あるいはスサノオは、現代の日本男性に関してよく言われる、マザー＝コンプレックスの神話的祖型であるのかもしれない。

義経と弁慶

歴史上の人物であっても、その活躍が神話的に語られることがある。源義経と武蔵坊弁慶はそうした例に属する。平安末から鎌倉初め（一一五九〜八九年）に生きた義経は、頼朝の異母弟で、父の義朝が平治の乱で亡くなると、鞍馬寺に預けられた。幼名は牛若（丸）。史実としての義経の行動が確認されるのは、兄の頼朝が挙兵して、義経がその傘下に加わった一一八〇年からであるが、その間の時期についてはとくに、そして史実の部分についても、英雄の神話的生涯にふさわしい多くのエピソードが伝えられている。鞍馬寺は京都の東の外れの境界的な位置を占め、外の世界と隔絶していた。牛若は父を殺した平家への復讐を誓って武芸に励んだが、山の天狗たちがこれを助けたという。この幼年期の伝承でとくによく知られているのは、五条橋の上での武蔵坊弁慶との対決を描くいわゆる橋弁慶伝説である。弁慶は熊野の別当が大納言の姫君を強奪して生ませた子とされるが、母の胎内に十八か月いて、生まれたときには二〜三歳の子供のように成長し、すでに長い髪をして、歯も生えそろっていた（あるいは二重に生えていた）とされる。比叡山に預けられたが、乱行をたびたび働いたので放逐された。山を下りるときに自ら剃髪して弁慶と名乗った。京都で千本の太刀を奪うという悲願を立て、あと一本というときに牛若に会い、敗れて君臣の関係となった。義経と弁慶は頼朝の挙兵に加わり、一の谷の合戦や、壇の浦での海戦に活躍し、ついに平家を滅ぼした。しかし義経は組織から逸脱した振る舞いが多かったとして頼朝や関東御家人たちと対立し、追放の処分を受けてしまう。西国に落ちていったとき、海上に平家の怨霊が現れるが、弁慶がこれを祈り鎮めた（船弁慶伝説）。次いで奥州に落ちのびて藤原秀衡の庇護を受けるが、ここにも頼朝の軍勢が迫り、衣川の合戦で弁慶は矢を満身に受け、立ったまま劇的な死を遂げる（弁慶の立ち往生）。義経もこの合戦で亡くなったといわれるが、北海道に逃れたという異伝も伝えられている。

インド

インドラ

インドラには、インド最古の讃歌集『リグ＝ヴェーダ』でその四分の一にも相当する讃歌が捧げられている。インドラの母アディティは「千か月また多年の間」彼を胎内に宿していたが、彼が生まれると神々の嫉妬から守るために彼を捨てた。彼の父カシュヤパも敵意を持っており、神々の同情もなく、彼は苦難の放浪をしなければならなかった。しかし彼はソーマ酒を飲み、武勇神となった。彼の武勇のなかでもっとも有名なのは、水を堰《せ》き止めていた蛇形の悪魔ヴリトラを退治した神話であろう。彼は工巧神トゥヴァシュトリが作った雷撃ヴァジュラを武器にヴリトラを殺して、水を開放する。また彼は悪魔ナムチを退治するのに策略を用いた。インドラはあるとき、ナムチに捕らえられ、昼でも夜でも、濡れたものでも乾いたものでも、ナムチを殺さないと約束させられて釈放されたことがあった。ナムチはこの約束をいいことに乱暴を働いたので、インドラは濡れても乾いてもいない泡を武器に、昼でも夜でもない黄昏どきにナムチの首を斬り落とした。

カルナ

カルナはインドの大叙事詩『マハーバーラタ』の英雄。『マハーバーラタ』はクルクシェートラの平原で行われた、パーンダヴァ五王子とクルの百王子という従兄弟どうしの十八日間にわたる大戦争の物語だが、カルナは弟であるアルジュナに殺される。カルナを産んだクンティーは仙人によって神々を呼び出してその子を授けられる力を与えられた。その最初の子がカルナで、父は太陽神スーリヤであった。彼を産んだときクンティーはまだ未婚だったので、カルナを箱に入れて川に流して捨てた。その後クンティーはクル族の王パーンドゥの王妃となり、インドラ神の子であるアルジュナをはじめ三人の神々の子を産んだ（パーンダヴァ五王子の末子の双子は別の母の子）。捨てられたカルナは御者に拾われ、その家で育てられた。やがて彼は弓の名手となり、ある競技会で実の弟であるアルジュナとその技を競うことになった。カルナのほうがアルジュナより腕は上であったが、カルナは御者の子で王族ではないから、彼の参加は認められないという声が上がった。しかしパーンダヴァ五王子と敵対関係にあったドゥリヨーダナはカルナに王位を与えてやり、不名誉を免れさせた。このとき以来、カルナはドゥリヨーダナの味方となり、アルジュナを戦いで殺すと誓うようになった。クルクシェートラでの大戦争が始まる前、クンティーはカルナに会い、アルジュナたちが彼の弟であることを教え、戦いでは彼らの側につくように求めたが、カルナは自分を取り立ててくれたドゥリヨーダナを裏切ることはできないとして、その願いを断った。カルナは戦場で雄々しく戦うが、ヴィシュヌ神の化身であるクリシュナを御者とするアルジュナによってとうとう殺されてしまう。死後、カルナは天上に昇り、父スーリヤ神と一体になったという。

イラン

ロスタム

ロスタムはイランの英雄叙事詩『シャー＝ナーメ』(『王の書』)のもっとも有名な英雄である。彼はカイ王朝の勇士ザールの子として生まれたが、彼の母は臨月のときにあまりの苦しさに気を失い、はたして子供が無事に生まれるか危ぶまれるほどであった。そこでザールは霊鳥を呼び出し、酒で彼女を酔わせて、腹を裂いて子供を取り出す方法を教わった。傷口も見事に縫い合わせたので、母子はともに無事であった。彼女が「私は救われ（ロスタム）、悲しみは終わりました」と言ったので、赤子はロスタムと名づけられた。彼は大食で巨大な体をしていた。まだ子供のころに、父のザールが飼っていた巨大な戦闘用の白象が逃げ出して人びとを脅かしたことがあったが、ロスタムは家来たちの制止を振り切って象に向かっていき、矛の一撃でこれを殺した。その後も彼は竜、魔女、白鬼などをつぎつぎと退治した。しかし英雄ロスタムの生涯には悲劇的な戦いもあった。ことに彼がイランと敵対関係にあったトゥーラーン国の属国サマンガーンに行き、そこの女王との間に子供を儲けたことに発する。ロスタムは敵国の属国に長くとどまることはできず、イランに戻った。生まれた子供はソフラーブと名づけられたが、十歳になったとき母から出生の秘密を教えられる。少年は父ロスタムに会って二人でイランの国を支配し、さらにはトゥーラーン国も支配しようと夢想して、まずイランに向かった。トゥーラーンの王はこのことを知り、父と子を争わせようとした。息子が父を倒せば、イラン第一の英雄がいなくなるのだし、父が息子を倒せば、殺したのがわが子であったと知ったときに、悲しみのあまりロスタムが自ら命を落とすかもしれぬと考えたのである。こうして父と子は戦場で出会い、お互いに名前を知らぬまま激しく戦い、とうとうロスタムがソフラーブを倒す。ソフラーブの死に際に二人はお互いが父子であると知るが、時すでに遅かった。悲しみのあまりしばらくロスタムは姿を消していたが、その後も彼は歴代の王を助けて活躍し、七百年あまりの寿命を保ち、最終的にはカブール王の奸計のために命を落としたという。

英雄がわが子と知らずに戦い、その子を殺してしまう悲劇は、アイルランドのクー＝ホリンとその子コンラの場合にも見られる。おそらくもとは共通の伝承であろう。

オリエント

ギルガメシュとエンキドゥ

『ギルガメシュ叙事詩』の主人公ギルガメシュは、都市国家ウルクの支配者で三分の二が神、三分の一が人間であった。彼は暴君で、困ったウルクの人びとが天神アヌに訴えたので、ギルガメシュに対抗できるものとして、全身毛むくじゃらで人間と獣の中間存在のような勇者エンキドゥが創られた。二人はウルクで出会って激しく戦ったが、お互いの力を認め合い友情を結んだ。二人の勇者は杉の森に棲む竜形の怪物フンババを退治に出かけ、激しい戦いの末についにこれを倒した。女神イシュタルは、ギルガメシュの雄々しい姿に魅了されて彼を夫にしようとしたが、愛欲と戦争の女神イシュタルによってすでに多くのものが破滅するのを見てきたギルガメシュは、彼女の言葉を拒絶する。誇りを傷つけられたイシュタルは「天の牛」をウルクに送り、都市を破壊しようとするが、ギルガメシュとエンキドゥは協力して戦い、「天の牛」を殺した。しかし神々の牛を殺したことで二人の一方が死ななければならないことになり、牛の腿を引き裂いて女神イシュタルの顔に投げつけるという侮辱を働いたエンキドゥが神々により選ばれて重い病に罹り、ついに死んでしまう。エンキドゥのこの有様を見てギルガメシュは死の恐怖にとりつかれ、不死を求めて世界の果てへと旅をする。そしてついに、不死ではないが若返りを可能にする草を入手するが、帰り道で水を浴びているすきにヘビにその草を奪われてしまい、ヘビは脱皮して若返るようになるが、ギルガメシュはそのままウルクに戻った。彼の死については語られていない。

ギルガメシュは古代オリエントでもっとも有名な英雄だが、『ギルガメシュ叙事詩』は彼とエンキドゥの友情や死と不死の問題に焦点があり、死の恐怖に怯えるなど、必ずしも典型的な英雄の姿を示していない。むしろ、脇役であるエンキドゥのほうに荒々しさや劇的な死が見られる。

サムソン

『旧約聖書』の「士師記」の英雄。サムソンの母は石女《うまずめ》であったが、天使がイスラエルの救済者としてのサムソンの誕生を告げる。しかし天使は、彼女に葡萄酒を飲んではならないこと、そして生まれてくるのは神に捧げられた子であるので、髪や髭を刈ってはならないことを命じた。成長したサムソンは、あるときライオンに襲われたが、素手でこれを引き裂いて殺した。また、ペリシテ人が彼を嘲笑したので、ロバの顎骨を振るって千人も殺した。このことを恨んだペリシテ人は、サムソンを破滅させる機会を窺っていたが、彼がペリシテ人の女デリラを恋人にしたのを知ると、デリラを買収して、サムソンの怪力の秘密が、彼の生まれてから刈られたことのない髪の毛にあるのを探り当てた。デリラは自分の部屋でサムソンを膝で眠らせて、外に待機していたペリシテ人に合図し、その男がサムソンの髪を剃り落としたので、力を失ったサムソンは捕らえられてしまった。囚われの身となったサムソンは眼を潰され、牢獄に繋がれていたが、祭りの日に嘲笑されるために牢から出されてきた。すでに髪が伸び始めて力の戻っていたサムソンは、少年に頼んで、寄りかかりたいという口実で柱のところに導いてもらう。復讐の念に燃えたサムソンは、両手で柱を押し倒して、建物もろとも多数のペリシテ人を殺して自らも死んだ。

女性は男性にとって魅惑的であると同時に身の破滅を招く危険な存在ともなりうる。男性の典型である英雄の場合にも、女性は両義的な姿を示している。ある場合には女性は女神として英雄を援助するが、このサムソンの場合のように英雄の力を奪うこともある。

ギリシア

アキレウス

英語ではアキレス。足の速い、ギリシアを代表する英雄の一人。トロイ戦争を描いた『イリアス』では、ギリシア方の総大将アガメムノンに対するアキレウスの怒りと、親友パトロクレスを殺したトロイの王子ヘクトルに対するアキレウスの復讐が主要なテーマとなっている。彼はペレウスと海の女神テティスの一人息子である。テティスはアキレウスを不死にしようとして、赤子の彼を冥府の河ステュクスに浸したが、そのときに彼の踵《かかと》を握っていたので、その部分だけが不死にならなかった。トロイ戦争では、パリスに奪われたヘレンを取り戻すためにはアキレウスの参加が必要であるとの神託を受けたので、オデュッセウスはアキレウスを捜す。しかしアキレウスの母テティスは、息子が戦いに参加すれば死は避けられないことを知っており、アキレウスをリュコメデス王のもとに送って、女装させて身を隠させる。アキレウスを捜していた知恵者のオデュッセウスはリュコメデス王の宮廷に来ると、さまざまな女性の装飾品のなかに武器を交ぜておいた。アキレウスは武器を手にとってしまい、その正体を知られてしまう。こうしてトロイ戦争に参加したアキレウスだが、戦いが始まって十年目に、アキレウスは総大将アガメムノンと対立するに至った。アガメムノンはトロイ方から捕虜となったアポロン神の神官の娘を妾としたのだが、父の神官の願いを聞き入れたアポロンの力によってギリシア方に疫病が蔓延し、神官の娘を返還せざるをえなくなる。しかしアガメムノンは王らしい鷹揚さを持たず、アキレウスの妾を代わりに奪おうとする。自分の武勇がギリシア方を支えていると自負するアキレウスは、決して前線で戦うこともないのに他人の女（＝財産）を奪おうとするアガメムノンの態度に対して怒りを爆発させ、戦いに加わることを拒否する。この結果ギリシア方は大いに苦戦する。アキレウスの親友パトロクレスは、ギリシア方の劣勢を挽回するためにアキレウスから武具を借りて戦うが、トロイの英雄ヘクトルに討たれてしまう。親友の死を知ったアキレウスは、ヘクトルを殺せば彼もまた死なねばならないとして戦いへの参加を止める母テティスの忠告も聞かず、ついにヘクトルを討ち、復讐する。しかし彼はトロイの落城を見ることはなかった。アキレウスは、トロイ戦争の始まりの張本人であり、彼の唯一の弱点の秘密を知ったパリスによって、踵を弓で射られて死んだのである。

最高の戦士であるはずのアキレウスは、その実、子供のような未熟な部分を持っている。アガメムノンに対して不満を爆発させると、彼は駄々っ子のように戦場から引き揚げてしまい、しかも、ゼウスがトロイ側を優勢にして、自分がどれほどギリシア側にとって重要であったかアガメムノンに思い知らせてくれるようにと、母のテティスに泣いて嘆願している。彼にとっては、戦友がつぎつぎと倒れることよりも自尊心のほうが重要なのだ。また、親友パトロクレスを殺したヘクトルを憎むあまり、ヘクトルを殺したあともその死骸を曳き回し、トロイ側の願いにもかかわらず、永くその埋葬を許さなかった。大部分のギリシアの英雄と同じく、アキレウスの理想もその名前が後代に伝えられるという「不滅の誉れ」に置かれており、そのためなら若くして死ぬことさえ彼はいとわない。対照的に、成熟した思慮深い知将オデュッセウスは、トロイの木馬によってギリシアを勝利に導き、多くの苦難を味わいつつも無事に故郷のイタカに戻って妻と再会している。現代のわれわれから見ればオデュッセウスこそ真の英雄だが、ギリシア神話の世界で見るかぎり、彼は英雄の枠組みを逸脱している。それは、英雄が劇的な死を遂げることにこそ、英雄としての意味があったからである。常人と異なる荒々しさを持ち、激しい生涯を送った英雄は特別な力があると信じられ、それゆえ後代の人びとから崇拝されるのであって、悲劇性を欠く幸福なオデュッセウスは、英雄崇拝には向かないのである。

ヘラクレス

ヘラクレスの父は最高神ゼウスである。ゼウスは英雄ペルセウスの孫アンピュトリオンの妻アルクメネに恋して、アンピュトリオンの姿となってアルクメネを訪れ、一夜を三倍の長さにして交わった。アルクメネはゼウスの正妻ヘラの嫉妬を恐れ、生まれたばかりのヘラクレスを捨てるが、そこへヘラとアテナが通りかかり、アテナの勧めでヘラがヘラクレスに乳を与えたとか、ヘルメスがヘラの寝ている間にヘラクレスにヘラの乳を吸わせ、ほとばしり出た乳が天の川になったという伝承も残っている。のちにヘラは赤子のヘラクレスを殺そうとして、二匹のヘビを送ったが、ヘラクレスは両手にヘビを摑んでたちどころに締め殺した。成長するに従い、ヘラクレスは多くの師匠からさまざまな技芸を学んだが、師匠の一人が彼を罰したとき、怒りのあまりその師匠を打ち殺してしまう。こうしたことの再発のおそれのため、彼は牛飼い場に送られるが、そこでさらに技芸を磨いた。ヘラクレスはその生涯に数々の武勲を立てたが、そのなかでもとくに有名なのは、ふつう「十二功業」と呼ばれるものである。そのきっかけとなったのが、ヘラによって送られた狂気であった。狂気に駆られたヘラクレスは自らの子供たちを殺害してしまい、その償いのために、デルポイの神託に従ってティリュンス王エウリュステウスに仕え、王の命じる難事業を行うことになったのである。ヘラクレスという名前は、「ヘラによって有名な」とか「ヘラによって栄光を得た」という意味である。ヘラに憎まれて狂気を送られるなどの迫害を受け、そのために難事業を成し遂げねばならなかったことが、以下に述べるようにヘラクレスをして死後に神々の仲間入りすることを可能にしたのだから、逆説的だが、彼を有名に栄光化したのはヘラということになる。

十二功業とは、以下のものである。(1)ネメアのライオンを退治すること。(2)レルネーのミズヘビ（ヒュドラ）を退治すること。(3)ケリュネイアの鹿を捕獲すること。(4)エリュマントスの猪を捕獲すること。(5)アウゲイアースの家畜の糞を一日のうちに一人で運び出すこと。(6)ステュムパーロスの鳥を追い払うこと。(7)クレタ島の牡牛を連れてくること。(8)トラキア人ディオメデスの牝馬を連れてくること。(9)アマゾンの女王ヒッポリュテーの腰帯を持ってくること。(10)ゲリュオネスの牛群を地の果てのエリュテイアから連れてくること。(11)ヘスペリスの黄金の林檎《りんご》を持ってくること。(12)地獄の番犬ケルベロスを連れてくること。

これら十二の功業を果たしたヘラクレスは自由の身となったが、再びヘラによって狂気にされ、殺人を犯してしまう。この罪を贖《あがな》うために彼はデルポイの神託に従ってリュディアの女王オムパレーの奴隷となり、女の衣装をまとっていたという。この後もヘラクレスはさまざまな戦いや怪物退治でその武勲を発揮したが、とうとうその栄光と苦難に満ちた生涯の終末を迎えることになった。彼の死の原因は、デイアネイラという妻がありながら、さらにイオレーを自らのものとしようとしたことであった。夫の愛を失うと恐れたデイアネイラは、かつてヘラクレスが殺したケンタウロス（馬身で腰から上が人間の怪物）のネッソスの死に際の言葉を信じて、ネッソスが恋の媚薬と偽って猛毒を塗った下着を夫に送ってしまう。この下着を身に着けたヘラクレスは猛毒に苦しみ、自ら火葬壇で焼かれて死ぬことを選んだ。しかし生前の数々の武勲と栄誉によって彼は死後天上に昇り、神々の一員に加えられてヘラと和解し、ゼウスとヘラの娘であるヘーベー（青春）と結婚した。

ヘラクレスを憎んで迫害するヘラがギリシアの妻、主婦の女神であることは興味深い。夫の浮気によってよその女性が産んだ子をいじめる継子いじめとも読めるし、男のアイデンティティーの確立にとっても最大の障害は、実は母性であるとも読めるからである。このことは、十二功業の内容とも関係するかもしれない。十二の仕事のうち、大部分は怪物的な動物を退治したり連れ帰ったりするものである。しかし例外として、アマゾンの女王の腰帯を持ってくることが含まれている。男にとって恐怖の女性たちであるアマゾンをヘラクレスが征服するところには、ギリシア男性の英雄幻想と女性へのひそかな恐れの関係がうかがえるのではないだろうか。

ペルセウス

ゼウスとアクリシオス王の娘ダナエとの子。アクリシオス王は男の子を得たいと思い神託を求めたが、彼は娘の子に殺されるであろうといわれたので、娘を青銅の部屋に閉じ込めた。しかしゼウスがダナエを見初め、黄金の雨となって屋根からダナエの膝に注ぎ、彼女と交わってペルセウスが生まれた。ダナエとペルセウスは父王によって箱に入れられて海に流されるが、セリポス島に流れ着く。やがて島の王ポリュデクテスがダナエを見初めるが、すでに成人となったペルセウスがいて近づけなかった。そこで王はペルセウスに対し、その姿を見たものを石にしてしまうゴルゴン（メドゥーサ）の首を取ってくるように命じ、彼を亡きものにしようとした。しかし彼はアテナとヘルメスの助けを得て、ヘルメスの援助で翼があって空を飛べるサンダルと、被れば姿が見えなくなる帽子を入手し、アテナに導かれて眠っている三姉妹のゴルゴンたちのところに来て、顔をそむけつつ、楯にその姿を映しながら、三姉妹のなかで一人だけ不死ではなかったメドゥーサの首を斬った。また彼は、帰途の途中のエチオピアで、王女アンドロメダが海の怪物の餌食に供せられているのを見て、彼女を妻にすることを条件に怪物を退治して彼女を救った。しかし彼女の婚約者の一味が彼を殺そうとしたので、ペルセウスはメドゥーサの首を取り出して見せ、彼らをすべて石にした。その後メドゥーサの首はアテナに捧げられ、女神はそれを自分の楯の中央に取りつけた。

ペルセウスのその後の生涯には大した伝承がない。劇的な死も語られていない。中途半端な英雄である。

ゲルマン

シグルズ

ゲルマン世界の英雄シグルズの伝承は、一二六〇年ごろにアイスランドで成立したとされる伝説的サガ（散文の史伝）である『ヴォルスンガ＝サガ』によって残されている。シグルズは、ゲルマン神界の最高神オーディンの血を引くフン族の王ヴォルスングの子孫として生まれた。彼の父シグムンド王は敵との戦いで殺され、母ヒョルディースは下女と衣服を交換して身分を偽り、その場を通りかかったデンマーク王アールヴに連れられてデンマークに渡る。しかしその美しさのため、ほどなく王妃の身分は明らかになり、彼女はアールヴと結婚する。そしてシグムンドの子としてすでに母の胎内にあったシグルズが誕生する。シグルズはレギンという鍛冶師の養父のもとでさまざまな技芸を教えられながら成長する。あるとき彼は長髭の老人の姿をしたオーディン神と出会い、スレイプニルというオーディンの持つ名馬から生まれた、これまた名馬のグラニを与えられる。養父レギンは、自分の兄弟で竜の姿となって黄金を守っているファーブニルを殺すようにシグルズに勧める。シグルズはレギンに、父の残した折れた剣から名剣グラムを作ってもらう。巨大な竜に対して、シグルズはレギンに教えられたように穴を掘って、下から心臓を刺して殺す。死んでいく竜はシグルズに対して、黄金は人びとに災いと不幸をもたらすと予言する。やがて、シグルズが竜と戦っている間は隠れていたレギンが現れて、竜の心臓を焼いて食べさせてくれるようにシグルズに頼む。シグルズは竜の心臓を焼き串に刺して炙《あぶ》っていたが、焼けたかどうか調べるために指で触れたところ火傷をしたので指を口に入れる。すると彼には鳥たちの言葉がわかるようになり、レギンが彼を殺そうとしていることや、竜の心臓を食べるとだれよりも賢くなること、黄金を手に入れられることなどを知り、寝ているレギンの首を斬り落とす。その後シグルズはヒンダルフィヨルの山で楯の城で眠るワルキューレ（戦いの乙女）のブリュンヒルドを見つけ、二人は愛し合うがブリュンヒルドは、「二人は結ばれず、シグルズはギューキ王の娘グズルーンを妻にするだろう」と予言する。やがてシグルズはギューキ王のところに来る。彼がブリュンヒルドを愛していることを知りつつも、彼が自分の娘のグズルーンと結婚してとどまり続けることを願う王妃グリームヒルドは、シグルズに忘れ薬を飲ませ、その結果、ブリュンヒルドの記憶をなくしたシグルズはグズルーンと結婚してしまう。ギューキ王にはグンナル、ホグニ、グットルムという三人の息子がおり、グンナルはブリュンヒルドとの結婚を望む。しかしブリュンヒルドの館は炎で囲まれており、グンナルはシグルズの名馬グラニを借りても炎を飛び越せない。シグルズはグンナルの姿となって炎を飛び越えて館に入り、ブリュンヒルドにグンナルとの結婚を承知させる。シグルズはグンナルとブリュンヒルドの婚姻のあとでブリュンヒルドとの誓いを思い出すが、すでに遅かった。ブリュンヒルドとグズルーンはある日ライン河に水浴に行くが、どちらが川上に入った、川下に入ったということから口論になり、グズルーンは炎を越えてブリュンヒルドのもとに行ったのはグンナルではなくシグルズであったことを明らかにしてしまう。ブリュンヒルドは欺かれたことを怒り、復讐を誓って、夫のグンナルに対して、「もしシグルズを殺さないなら彼女を失うだろう」と脅迫する。グンナルは弟のグットルムをけしかけ、寝ているシグルズを殺させる。シグルズは致命傷を負いつつも逃げてゆくグットルムに名剣グラムを投げつけて一刀両断にし、嘆き悲しむグズルーンの腕のなかで血潮に染まりつつ、「運命に抗うことはだれにもできぬ」と言って絶命する。

こうしたシグルズの生涯はアイスランドのサガに伝えられているものだが、彼の血筋であるヴォルスングの一族はフン人の国、つまり現在のオランダの王族とされているし、幼年期はデンマーク王のもとにいるが、竜殺しやブリュンヒルドとの出会い、グズルーンとの結婚、そして彼の死などはライン河の南の地での出来事とされており、この伝承が本来は南ドイツに起源を持つことを示している。しかし一〇二〇年ごろに彫られたスウェーデンのゼーデルマンランドの岩絵にもシグルズの竜殺しの場面が残っているから、英雄シグルズは比較的早い時期から広くゲルマン世界全体に知られていたらしい。

ジークフリート

シグルズは、十三世紀初めに現在のオーストリアの地で成立したといわれる『ニーベルンゲンの歌』でも、ジーフリトと呼ばれて重要な役割を演じている。またワグナーの歌劇四部作『ニーベルングの指輪』の一つに「ジークフリート」がある。おそらく一般にはこのジークフリートの名前がもっともよく知られているだろう。

『ニーベルンゲンの歌』のジーフリトの場合、竜殺しと黄金の獲得は別個の出来事になっている。黄金はニーベルンゲン族の二人の王が分配をめぐって争っていたもので、その分配役を依頼されたジーフリトは人びとが彼の分配に不満なのに腹を立て、二人の王をはじめ、その場にいた多くの人びとを皆殺しにして黄金を奪ったとされ、その際に小人のアルプリーヒとも戦い、彼から姿を消せる隠れ蓑を奪ったとされる。この蓑によってジーフリトはプリュンヒルト（北欧のブリュンヒルド）をグンテル王（北欧のグンナル）のために獲得するのだが、そのやり方もプリュンヒルトとグンテル王の競技で、隠れ蓑で姿を隠したジーフリトが王に代わって競技をしてプリュンヒルトに勝つということになっている。またジーフリトは竜の血を浴びて全身が不死身となるが、ただ両肩の間の一か所だけは菩提樹の葉が落ちて血がかからず、急所となり、それを知ったグンテル王の重臣ハゲネ（北欧では王の兄弟グットルム）によって暗殺される。暗殺者ハゲネが瀕死の英雄に殺されないことも、北欧の場合とは異なっている。このようにシグルズとジーフリトでは伝承全体の枠組みは同じであるとはいえ、細部ではかなりの差異が認められる。『ニーベルンゲンの歌』ではプリュンヒルトの復讐と並んで、封建社会の家臣の理想像とも言うべきハゲネが主人グンテルの命令を忠実に遂行する様子にも力点が置かれており、ジーフリトは確かに無敵ではあっても、自らの審判に従わない人びとを皆殺しにするような乱暴者の側面が強調されている。忠臣ハゲネはジーフリトに殺されてはならないのである。『ニーベルンゲンの歌』は『ヴォルスンガ＝サガ』よりも成立年代は早いが、北欧とは異なり、大陸ではすでに英雄の世界から中世封建社会への移行が進んでいた。この結果、ジーフリト像は、北欧のシグルズほど理想的英雄像を示していないのである。それがここでシグルズ伝承を優先させた理由であるし、またワグナーが「ジークフリート」を作るにあたってジーフリトよりシグルズをモデルにした理由なのでもあろう。

ケルト

クー＝ホリン

中世アイルランド叙事詩『クーリーの牛争い』の主人公ダーナ神族の時代からはるか後の時代のこと、アルスター王コンホヴァルの妹がルー神を父としてセタンタという男の子を産んだ。セタンタと名づけられたこの子は、五歳になると母のもとを離れて一人での長旅の末に王都エヴァン＝マハにやって来て、叔父のコンホヴォル王に会い、宮廷に住むようになる。あるとき、クランという鍛冶屋が王と英雄たちを宴会に招待したが、セタンタは夜になって一人で遅れてクランの屋敷にやって来た。クランが見張りのために飼っていた、十人の戦士がかかっても倒せない巨大な猛犬がセタンタに襲いかかったが、彼は素手でこれを打ち殺してしまった。殺された番犬の子犬が大きくなるまで、セタンタは彼が代わってクランの領地の守り手になると言ったので、これ以降、彼はクー＝ホリン「クランの（番）犬」と呼ばれるようになった。七歳になったとき、彼はドルイド僧がこの日に武器を帯びる者は短命だが輝かしい戦士となり、栄光がのちのちまで語り継がれるというのを聞いて、そのことを告げずに王に武具を所望して武器を与えられるが、与えられた武具はクー＝ホリンには不十分で、試されるとつぎつぎに壊れてしまい、とうとう王自身の武具をもらうことになる。この武具に身を固めたクー＝ホリンは王の御者に戦車を駆らせ、国境の砦にいる三人兄弟の狂暴な戦士のもとに行って戦いを挑み、つぎつぎに倒して、その首を戦車に飾って王都に戻ってきた。しかし戦いによってかきたてられたクー＝ホリンの激情は収まらず、王都の人びとでさえ殺しかねない様子だったので、コンホヴォルは女たちに命じて裸でクー＝ホリンに立ち向かわせた。そしてクー＝ホリンが恥ずかしさで顔を覆ったすきに、アルスターの戦士たちが少年を冷水を張った大桶に入れ、熱気を冷まそうとした。第一の大桶は瞬時に弾け飛んでしまい、第二の大桶も握り拳の大きさの泡が出るほど沸騰する。そして第三の大桶でやっとクー＝ホリンの激情は鎮められた。その後、青年になったクー＝ホリンはエマーと結婚するが、またさらに武術を磨くために、「陰の国」にいる女武芸者スカサハのもとに弟子入りする。そこで彼は無敵の槍ゲ＝ブルガの扱いを学んだ。また、スカサハが別の女武芸者オイフェと戦うときに加勢してオイフェに勝ち、彼女を許す条件として自分の子供を生ませ、成長したらアイルランドに来させるように命じた。こうして生まれたコンラは七歳になったとき、アイルランドにやって来て戦士たちをつぎつぎと打ち破ったので、王の命令でとうとうクー＝ホリンが戦うことになる。クー＝ホリンの息子であることを知る者がいて戦いをやめさせようとするが、クー＝ホリンはアルスターの国の名誉のためだといって耳を貸さない。二人は激しく戦うが、クー＝ホリンが必殺の槍ゲ＝ブルガを用い、ついにコンラは落命する。クー＝ホリンは少年の死体を両手に抱き、アルスターの戦士たちに、「見よ、これが私の息子だ」と言う。しかしクー＝ホリンの本当の活躍はこの後であった。隣国コナハトの女王メイヴが、アルスターのクーリーにいる見事な牝牛を手に入れようとして、アルスターに攻め込んできたからである（『クーリーの牛争い』）。このとき、アルスターの戦士たちは、呪いを受けて奇妙な無力病に罹ってしまい戦うことができず、神の子でありこの呪いを逃れたクー＝ホリンが、たった一人で敵の大群を防ぐ大活躍をしたのである。

こうした無敵の英雄クー＝ホリンにもついに死が訪れることになった。その原因は、彼の神通力を奪った二つの相反する誓約（ゲッシュ）だった。森で三人の一つ目の老婆が犬の肉を焼いていて、通りかかったクー＝ホリンに肉を食べていけと誘った。彼は身分の下の者からの食事を断らないという誓約を持っていたが、しかし同時に、自分の名前「クランの（番）犬」にちなんで犬の肉は食べないという誓約もしていたのである。こうして犬の肉を食べさせられたクー＝ホリンは体がしびれ、ついに敵の槍によって殺されてしまう。

パターンの共通性とその背景

これらの英雄神話にはいずれも共通するパターンがある。以下では、そうしたパターンが世界中に見られる理由を探ってみよう。

英雄は人並みはずれた力、能力を持ち、それによって人びとに恵みをもたらすのだから、ある意味では神に近い。つまり、英雄の位置は神と人間の中間であり、そのことによって心的・超越的なものを人間的・地上的なものに媒介する役割を帯びている。英雄のこうした境界的な存在様式は神と人間の子という誕生によく表れている。また英雄は自然と文化の中間に位置する媒介者・境界者でもある。人間が支配可能な領域である文化と、それが不可能な自然があるが、自然とは神的であれ、悪魔的であれ、人間以上の力や文化を脅かす力の支配する場である。英雄が人間に恵みをもたらすというのは、多くの場合に自然の側にいるか自然と同一視されるような怪物を退治するという形をとる。英雄が生まれるとすぐに捨て子にされたり、辺境で育てられることが目立つのは、こうした理由によるのだろう。さらにこうした厳しい環境は一種の試練であり、それを生き延びるのは優れた資質の証しでもある。このことはまた、一見すると矛盾するような英雄の性格についても説明の鍵を与えてくれそうである。狂気に襲われて自分の子供さえ殺害してしまうヘラクレスや、戦場の興奮のあまり味方でさえ皆殺しにしかねなかったクー＝ホリンなど、英雄は神の血を引きながら凶暴な荒れ狂う暗い側面も持っている。境界に位置する英雄は自然の恐ろしい力の具象化である怪物や敵と戦うときは、それらと同じ土俵で自らも半ば怪物化して戦わなければならず、その内面には必然的に怪物的な狂気、戦場の狂気が含まれているのである。

英雄の生涯に比較的多く共通して見られる要素としては、①神と人間の間に生まれた子であること、②捨て子であること、③辺境で成長すること、④怪物退治や戦場での超人的活躍といった華々しい武勲を立てること、⑤暴力的・劇的な死に方をすること、の五つがある。英雄が神ではなく人間である以上、死も描かれねばならないが、常人ではなく不死身に近いのが英雄では普通だから、幸福な老後を終えての自然死ではなく、若くして印象的な死に方をする場合が多いのである。人間としての限界を限りなく超越しているように見えながらも、結局はそれを打ち破れずに死んでいく英雄に人びとは人間の悲劇的状況をみるし、しかし同時に、その雄々しい試みに賛美を捧げるのである。

王権の起源

松村　一男

特徴的な要素

　ある程度の規模を持ち、階層化が進んでいる社会にはその頂点に立つ支配者がいる。伝統的な社会では聖俗の区分は厳密でないので、世俗的な事項ばかりでなく神（々）との交流という宗教的役割もこの支配者の責任となることが多い。こうした支配者は通常、王または王者と呼ばれ、その権力は王権と呼ばれる。通常は、ある偉大な人物がいかにして国を興したかという建国の神話の形態をとる（建国神話）。王は社会の象徴であり、社会を重要な聖なるものとする以上、象徴である王・王権も聖なる存在として、神話によってその起源を語られることになる。

　普通の人間と異なった超人的な、神との媒介者である王の神話には、英雄と同じような要素がしばしば認められる。すなわち、(1)神の子、(2)辺境での成長、(3)武勲などである。(1)にはとくに神の子とはされなくても、神的な存在から選ばれた結果として王になったとする神話も含まれる。これは「神命」と呼んで区別しておこう。(1)が強調されるのが以下に述べる神聖王・神聖王権である。次に、辺境から中心にやって来て中心の支配者になるという⑵の図式だが、これを抽象化すると、王・王権は外部に由来するという「外来王」がキーワードとなる。⑶の武勲については、社会の集団化・統合の度合いが低い「未開」社会の神話では、王者の武勲は個人によって成し遂げられることが多いが、より階層化された社会の神話では、王の武勲は彼個人のものであるよりも、彼が組織して支配する集団によって達成されることが多い。これはいかなる社会の規模であれ、個人としての超人的な偉業が誉めたたえられる英雄の場合とは異なる。場合によっては、王自身の武勲は述べられていないこともある。その場合、彼が王になるのは神による召命、任命、あるいは家系、血筋によるとされ、個人的な才能より超越的な力、神（々）とのつながりが強調されるので、これを神聖王・神聖王権と呼んでいる。英雄の場合には悲劇的な死が特徴的であったが、王についてはほとんど語られないか、語られても平和な死で、次の王への王位の継承のほうに焦点が当てられる。英雄が危険に身をさらし、命を犠牲にすることで社会や人びとに貢献する人柱的な側面を持つのに対して、王はむしろ王権の継承を担う社会の維持者であり、劇的な死は社会の不安定をもたらすから神話では避けられるのであろう。

日本

神武天皇

神武は高天原からアマテラスの孫として地上に降臨したホノニニギの曾孫で、初代の天皇とされる。神武という名は死後に贈られた諡《し》号《ごう》で、生前の名にはワカミケヌ、カムヤマトイワレヒコ、ハツクニシラシシスメラミコトなどがある。彼の曾祖父ホノニニギは天上から部下の神々に守られて真床御追衾に包まれた姿で降臨し、日向の地で山の神の娘のコノハナノサクヤヒメと結婚して海幸・山幸らの子供を儲け、祖父の山幸が海の神の娘で鰐《わに》に化身するトヨタマヒメとの間に儲けた子であるウガヤフキアエズを父とし、トヨタマヒメの妹のタマヨリヒメ（したがって彼女も鰐）を母とする。神武ははじめ日向の国の高千穂宮にいたが、兄のイツセノミコトとともに東方に天下を治める都を造ろうと大和へ向けて遠征に船出した。彼らは瀬戸内海を経て難波に至るが、土地の豪族のナガスネヒコとの戦いで兄のイツセノミコトは亡くなった。神武の軍勢はこれを、太陽女神の子孫であるにもかかわらず太陽に向かって戦ったための敗北と思い、紀伊半島を迂回して熊野から大和の地を目指した。熊野では化熊に惑わされ、軍勢は気を失うが、天から下された剣の力で元気を回復し、また、天から派遣された巨大な烏（八咫烏《やたのからす》）に導かれて熊野、吉野の山中を無事に越えて大和に至った。そしてナガスネヒコをはじめとする土着の豪族を打ち破り、畝傍《うねび》の橿原《かしはら》に都を定め、天皇として即位したとされる。

神武は天・海・地という宇宙の代表する三領域の動物と関係を持つ。東征の過程では天上から遣わされた烏の助力を得て、敵を降して大和に到着して即位する。彼の祖父も父も鰐という海の神話的動物と結婚している。これら二領域は王権に対して好意的である。対照的に、地の動物である熊は神武の軍勢を気絶させるが、天上からの烏と剣によって撃退される。王者である天皇は天・海・地の三領域を支配下に収めることによってはじめて完全な王者となるというのが記紀の見方であったらしい。

琉　球

天帝の子孫の降臨

『中山世鑑』（一六五〇）によれば、昔、天城にアマミク（阿摩美久）という神がいた。天帝がアマミクに向かって下界に神が住むべき霊処があるが、いまだ島になっていないので島を造れと命じた。アマミクが降ってみると、島は波が打ち越している状態なので、天に戻り、土石草木を下し、島々を造った。アマミクが天帝に「人種子」を請うと、天帝は自身の男女二人の子供を下した。二人は三男二女を産み、長男は「国ノ主」の始めとなり、その王統は「天孫氏」を称した。次男は「諸侯」、三男は「百姓」、長女は「君々（王城内の国家祭祀をつかさどる。聞得大君を頂点とする）」、次女は「祝女（ノロ）」の始めとなった。

外来王の子・舜天

『中山世鑑』によれば、舜天王統の始祖舜天（十二〜十三世紀）の即位は次のようであった。日本人五十六代の後裔である源為朝が琉球に漂着すると、島の者たちは甲冑を着けて弓矢を帯びた姿に恐れをなして、草がなびくように彼に従った。為朝は大里按司の妹と通じて男子を儲けた。為朝は妻子を残して去った。男子舜天は優れた器量によって、十五歳のときに推挙されて浦添按司になった。時の王は天孫氏二十五代の王を殺した逆臣の利勇であった。舜天は父の形見の武具を装着し、従う者五十余騎とともに首里の城を攻めて利勇を滅ぼした。舜天は諸侯に推挙されて即位した。

朝鮮半島

檀　君

僧の一然（一二〇六～八九）の撰による『三国遺事』によれば、帝釈天桓因の子桓雄は朝鮮半島に下って王として国を治めたいと願っていた。そこで父桓因は天符印三個と家来三千人を授けたので、桓雄は太伯山頂の神檀樹下に降り、そこを神市と呼んだ。時に近くの洞窟に熊と虎がおり、人間になりたいと念じていた。そこで桓雄はヨモギとニンニクを与え、これらを食べて百日間洞窟にこもって、日光を見なければ人間になると教えた。虎は途中で飽きて失敗したが、熊は教えを守り、美しい女性となった。熊女は桓雄と結婚し、檀君を生んだ。檀君は成人すると、唐の尭王五十年に平壌に都を定め、はじめて朝鮮の国号を用いた。

高句麗の始祖東明王（朱蒙）

『三国遺事』によれば、東明王は諱を朱蒙といった。昔、扶余の国に解夫婁《かいふる》という王があった。年老いても子がなかったので、天地神明を祀って祈願をした。あるとき、王を乗せた馬が淵のそばまで行くと、傍らの大きな石を見ていなないた。何度もそうするので、王が部下に命じて石をどかせると、金色の蛙のような光り輝く子供がそこにいた。日ごろの願いがかなえられたと思った夫婁王は子供を引き取り、その姿から「金蛙《きんあ》」と命名した。夫婁王は神からの夢のお告げに従って都を東に移し、国名を東扶余とした。やがて夫婁王が死ぬと、金蛙が王位に即いた。彼には子がなかったので妃となるべき女性を探していると、太伯山に住む河伯の娘の柳花が目に留まり、招き入れた。そのころもとの扶余の地に解慕漱《かいぼそう》という天帝の子を自称するものがいた。あるとき、柳花がお付きの者たちと遊んでいると解慕漱がやって来て柳花を誘って熊心山の下にある鴨緑室というところに遊びに連れていった。これを聞いた金蛙王はたいへんに立腹して、柳花を日の当たらない室に閉じ込めておいたが、その間に柳花はだんだん身重になってお産をした。しかし生まれたのは赤子ではなく、大きな卵であった。金蛙は卵を見ると機嫌を損ねて犬に投げ与えたが、犬がそれを食べないので、今度は往来に捨てた。しかし馬も牛もみな卵を避けて通った。野原に捨てると鳥たちがやって来て暖めたので、金蛙は卵を割ってしまおうとしたが、どうしても割れず、結局、母の柳花に返さざるをえなかった。すると、まもなく殼を破って男の子が生まれてきた。子供は逞しく育ったが、弓を引くことが格別上手だった。弓をよく射る者を昔から「朱蒙」と呼ぶ習わしであったので、この子は朱蒙と呼ばれた。力と知力に優れた朱蒙はしだいに金蛙にとって脅威と感じられるようになり、朱蒙を殺害する計画が立てられた。母の柳花はこれを察知して、朱蒙を逃がした。朱蒙は鴨緑江岸まで逃げてきたが、橋がなく渡れない。そこで彼は水神に向かい、彼が天帝の子、河伯の外孫であり、追手に追われていて力を貸してほしいと祈った。するとたくさんの魚と亀が水面に浮かび上がり、橋を造って彼を渡してくれた。やがて朱蒙は卒本川という所に都を定め、高句麗という国号を名乗った。このとき、朱蒙はわずか二十二歳だった。

新羅の始祖朴赫居世

『三国遺事』によれば、昔、慶州で人びとが徳のある君主を求めていたとき、古い井戸の辺りに不思議な気配が漂い、電光のようなものが地面にさした。一頭の白馬が礼拝するようにひざまずいていた。人びとが行ってみると巨大な卵があった。馬は人びとを見ると長くいななき、天に昇っていった。卵を割ってみると男の子が出てきた。体から光を放ったので赫居世（明るく世を治める者）と名づけた。人びとは、「今、天子が降りてきたのだから、当然徳のある女君を探して、配偶者にしなければならない」と言った。さて同じ日に、閼英という井戸のそばに鶏竜が現れて、一人の女の子を産んだ。美しかったが、唇は鶏の嘴《くちばし》のようだった。川で沐浴させると、嘴が抜けてとれた。人びとは宮殿を建てて、これら二人の聖児を育てた。男の子は卵から生まれ、その卵が瓠《ひさご》のような形であったので、瓠を朴ということから姓を朴と名づけられ、女の子は彼女が出てきた井戸の名前で呼ばれた。五鳳（前漢の宣帝の年号）元年甲子（紀元前五七）に二人が十三歳になると、男は王となり、女は妃となった。国号を徐羅伐《ソラボル》または徐伐《ソボル》とし、あるいは斯羅《シラ》または斯盧《シロ》ともいった。のちに国号を新羅と改めた。

閼智《あち》

新羅の金氏王家の始祖。『三国遺事』によれば、永平（後漢の明帝の年号）三年（六〇）瓠公《ここう》は大きな光が鶏林のなかからさすのを見た。紫色の雲が天から地面にかかっており、雲のなかでは黄金の櫃が木の枝にかかっていた。光がそこからさし、白い鶏が木の下で鳴いていた。瓠公はこのことを脱解王《だっかいおう》に語った。王が林に来て櫃を開けると、なかに一人の男の子が横になっていたが、すっと起き上がった。名前を閼智とつけた。朝鮮語で「子供」のことである。子供を抱いて宮殿に帰ってくると、鳥や獣も一緒についてきて、喜んで跳びはねた。金の櫃から出たというので姓を金氏とした。太子とはなったが、彼自身は王位には即かず、彼の子孫が王位に即いた。

共通の特徴

朝鮮の王家の始祖の特徴は、天から卵の状態で降るという点にある。卵は太陽のシンボルであろう。つまり、彼らは「日の御子」なのである。東明王（朱蒙）、赫居世、金閼智などいずれも名前に「太陽・輝き・光」の要素が含まれている。動物に守護されること、母が水と関係すること（とくに竜）などもそうだが、日本神話と共通する点は多い。

モンゴル

チンギス＝ハン

『元朝秘史』によれば、上天から命をうけて生まれた蒼い狼がいた。その妻は美しい鹿であった。彼らは海を渡ってきた。オノン川の源、ブルカン山に棲みついてバタチカンを産んだ。バタチカンの後、十代目はドブン＝メルゲンで、その妻はアラン＝ゴアといった。二人の間には二人の子が生まれたが、ドブン＝メルゲンは死んでしまった。夫が亡くなってから、アラン＝ゴアは三人目の子を産んだ。先の二人の子供が、この子の父はだれなのかと尋ねると母は、夜になると黄色に光る人が入ってきて彼女の腹をさすり、光が彼女の腹に入っていった。だから三人目の子は天の御子に違いないと答えた。この天の御子である末子が、チンギス＝ハンである。さらに、アルメニア人歴史家アクネルツィのグレゴル（十三〜十四世紀）の『モンゴル人の歴史』によれば、チンギス＝ハンが支配するモンゴル人が偉大な帝国を造ることになったのも、天の加護によるものであった。すなわち、惨めな生活を送っていたモンゴル人たちが天地の創造主である神に助力を乞うと、神の命令で一人の天使が黄金色の羽根の鷲の姿で現れ、チンギスを呼んだ。そして彼にヤサフという法を与え、彼らが多くの国を支配するだろうと予言した。天使は支配者をハヤンと呼んだので、これからチンギスはチンギス＝ハンと呼ばれるようになった。

トルコ民族

突《とっ》厥《けつ》

六世紀半ばから二百年ほどモンゴル高原から中央アジアを支配した遊牧帝国の突厥（チュルク）では、始祖は牝狼であったとされている。『北周書』や『隋書』によると、彼らの祖先は西海のほとりにいたが隣国に滅ぼされ、ただ十歳ほどの男子が残された。この子は足の筋と肘《ひじ》を切られて、草原に捨てられていたが、一頭の牝狼が来て肉を与えて育てた。そして牝狼はこの子が成長すると交わって懐妊した。隣国の王は使者を遣わしてこの子を殺させ、そばにいた牝狼も殺されそうになったが、まるで神の霊がのりうつったかのようになって海の東に移り、山の頂上に降りたった。狼は山の洞窟に隠れて十人の子を産んだ。やがて数が増えた彼らは洞窟から出て、当時モンゴリアを支配していた柔然に仕え、金山の南に住んで、鍛冶を営んだ。金山の姿は兜のようで、彼らは兜を突厥と呼んでいたので、それを自分たちの名称として用いるようになった。柔然を滅ぼした突厥は、自分たちの出自を示すように、君主の営舎の門前に狼の頭のついた旗指物を立てた。

高車《こうしゃ》

やはり五〜六世紀に突厥の北にいたトルコ系の高車の始祖も狼であった。匈奴のある王（単于《ぜんう》）に二人の娘があった。絶世の美女であったので、王は娘たちを天に与えようと、無人の地に高台を築き、娘たちを置いた。しかし、何年経っても何も起こらなかった。やがて一頭の老いた狼がやって来て、立ち去らなくなった。姉は反対したが、妹は狼が天の霊ではないかと思い、狼のもとに行き、その妻となって子を産んだ。時とともに子孫が増えて、高車の国となった。だから、高車の人びとは好んで声を伸ばして歌い、狼の吠える声に似せるという。

東南アジア

扶南

『梁書』「扶南伝」によれば、扶南（現在のカンボジア）の風俗はもと裸体で、頭髪で体を隠し、衣装を作らなかった。柳葉と呼ばれる女性が王で、彼女は若く、壮健で、男子に似たところがあった。その南に徼国《きょうこく》があり、鬼神につかえる混塡《こんてん》という者がいた。あるとき、彼は神から弓を授けられ、商人の船に乗って航海に出たという夢を見た。翌朝起床して神廟に詣でてみると、はたして神木の下で神弓を得た。そこで彼は夢のお告げに従って船に乗り、扶南の海岸の町に到着した。柳葉の部下は彼の船を見つけて拿捕しようとした。そこで混塡が神弓を射たところ、矢は柳葉の侍者のところに達した。柳葉は大いに恐れ、混塡に降参した。混塡は柳葉に、布に穴をあけて貫頭衣を作ることを教えた。人びとはもはや肉体を露出しなくなった。混塡はこうして国を支配し、柳葉を妻とした。生まれた七人の子には七つの町を支配させた。

扶南は二世紀のはじめにメコン河下流に成立した、知られる限りで東南アジアでもっとも古い王国。「扶南」が現在のカンボジア語で「山」を意味する「プノム」に対応するモン＝クメール系の単語であるとすれば、扶南王国とは「山の王国」の意味となる。梁は中国の南北朝時代の南朝の一つ（五〇二〜五五七）。『梁書』は梁の正史で、唐の姚思廉が六二九年に勅命を受けて編纂した。中国の正史としてははじめて東南アジアの諸国を包括的に記述したもの。神話の中心テーマは野蛮から文化への移行である。野蛮は女性（柳葉）と裸体、文化は男性（混塡）と衣服が代表している。ここには文化英雄としての側面も見られる。鬼神に仕える混塡が神命を受けて、宝器を携えて海を渡ってきて、宝器の威力で人びとを畏服させ、土着の女性と結婚して王位に即き、王統を開くという内容は、外来王のパターンを示す。

チャンパ

十六世紀中ごろのマラッカ王国の歴史書『スヂャラ＝ムラユ』によれば、昔チャンパ（現在のベトナム中部、アンナンあたりにあったチャム族の国）の王宮のそばに一本のビンロウの木があり、大きな蕾がついていた。いつまでも開かないので王は不審に思い、摘み取らせてみると、なかから美しい男の子が現れた。そして花の萼が宝器のドラになり、雄芯が宝剣となった。チャンパ王は彼にパウ＝グランという名前を与え、長ずるに及んで娘のパウ＝ビアと結婚させた。王が死ぬとパウ＝グランがチャンパ王国の王位を継ぎ、大きな都市を建設して、ヤクと命名した。

パウ＝グランは樹木から生まれ、宝器も樹

木に由来する。前述の「扶南伝」でも混塡は樹木の下で宝器の神弓を得ている。妻となる柳葉もその名前から植物と関係があり、植物女神的な大地の象徴かもしれない。「捨て子」伝承を含むオリエント起源の王権神話では動物による養育が強調されるのに対して、東南アジアの王権神話では次項ラーマの妃シーターの場合もそうだが樹木や植物とのつながりが強調されている。

インド

ラーマ

二世紀ごろにはほぼ現存の形になったといわれる大叙事詩『ラーマーヤナ』（「ラーマ王行状記」の意味）の主人公。コーサラ国のアヨーディヤーを支配するダシャラタ王には王位を継ぐ子がなかった。そこで彼はアシュヴアメーダ（馬祀祭）をして神々に祈ったところ、子を得た。そのとき、ランカー島のラークシャサ（羅刹）の王ラーヴァナが苦行を積んで強大な力を身につけて凶暴となり、神々を恐怖に陥れた。そこで神々がヴィシュヌに援助を求めると、ヴィシュヌは人間の姿となってラーヴァナを殺すと約束した。こうしてヴィシュヌの化身として生まれたのが、ラーマである（神の化身〈アヴァターラ〉）。ラーマは絶世の美女シーターを妻として王位後継者と定められたが、第二の妻のカイケーイーは自分の子供のバラタを王位に即けようとして、かつての約束を楯にダシャラタ王に願い、とうとうラーマとシーターを宮殿から追放し、十四年間森に住まうようにさせた。ラーマとシーターはこの命令に従って宮殿を出た。第三夫人の子ラクシュマナも二人に従った。バラタはラーマに王位に即くよう嘆願したが聞き入れられなかったので、ラーマの靴を玉座において自分はその代理として政治をとった。ラーヴァナはラーマとラクシュマナをおびき出し、そのすきにシーターを誘拐してランカー島に連れ去った。ラーマは猿王スグリーヴァや猿の勇士でトリックスター的存在のハヌマンらの協力を得てランカー島に渡り、ついにラーヴァナを殺してシーターを救出した。しかし、ラーマが純潔を疑ったので、シーターは火のなかに身を投げ、清らかなことを証明した。ラーマはシーターを連れて凱旋し、王位に即いた。ラーマは名君として国を治めたが、国民の間にまだシーターの純潔を疑う者があることを知り、ラクシュマナにシーターを森に捨てさせた。森にいる間にシーターはクシャとラヴァという双子を産んだ。シーターが身の清浄を証明してくれるように祈ると、母なる大地が開いてシーターを呑み込んだ（シーターは耕地の「畝」の意味）。その後、ラーマは王位をクシャとラヴァに譲って天に昇り、天上で再びヴィシュヌに戻った。

イラン

キュロス

ヘロドトスの『歴史』に伝えられているペルシャの大王。メディア人の王アステュアゲスにマンダネという娘があった。あるとき、王は不思議な夢を見た。娘が放尿して町じゅうに溢れ、さらにアジア全土に氾濫するというものであった。夢に対する危惧から、アステュアゲスは娘の婿には自分の地位に釣り合うようなメディア人を選ばず、被支配民族であったペルシア人のカンビュセスという男を選んだ。娘が嫁いだのち、アステュアゲスは再び夢を見た。娘が地面に横たわり、その陰部から巨大な葡萄の木が生い茂って、アジア全域を覆い尽くすという内容であった。占い者に夢解きを求めると、王女の産む子がやがて王位を奪うことを予兆する不吉な夢であると解釈された。夢のとおりに、男の子が生まれた。王位を奪われる危険を未然に防ぐために、王は大臣ハルパゴスにこの子供を殺すように命じた。大臣は自分の手で罪を犯したくなかったので赤子を山に連れていき、ミトラデテスという王家の牛飼いに子供を殺すように命じて立ち去った。ちょうどそのとき、牛飼いの妻スパコ（「雌犬」の意味）は男の子を出産したのだが、夫が大臣とやりとりする間にこの子は死んでしまった。スパコは死んだ自分の子の代わりに王の孫を育てたいと願う。夫も妻の切望を了承し、キュロスは命拾いをした。やがてキュロスが成長して少年になると、アステュアゲスは彼が死んでいなかったことを知った。王は殺せという命令を守らなかったとして、大臣ハルパゴスの子供を殺してその肉を料理して父に食わせた。ハルパゴスはこれを恨んで、キュロスとともにアステュアゲスを倒す計画を練った。キュロスの指揮下にメディア人に抑圧されていたペルシア人たちは立ち上がり、ついにアステュアゲスを捕虜にして、キュロスは王位に即いた。

アッカド

サルゴン

紀元前三〇〇〇年紀なかごろのアッカドの大王。楔形文字による自叙伝（サルゴン伝説）が伝わっている。

「私はアガデの君主、大王サルゴンである。私の母は身分の低い人だった。父のことは知らなかった。父の兄弟は山の住人である。そして私の都アズピラヌスはユーフラテスの岸辺にある。身分の低い私の母は妊娠し、ひそかに私を産んだ。私を灯心草で作った籠に入れ、ピッチで封印して深い川に投げ入れた。だが川は私を呑み込まず、支えてくれた。川は私を灌漑者（水利人）アッキのところへ運んだ。アッキは私を川から拾い上げ、自分の子として育て、私を庭師に仕立てた。庭師として働いているときに、女神イシュタルが私を愛した。私は王国を支配した。……」

旧約聖書

モーセ

ユダヤ民族の偉大な指導者で、立法者にして律法宗教の創始者。モーセはレビ人の子としてエジプトで生まれた。彼の物語は主として「出エジプト記」に見られる。当時のエジプトには多くのユダヤ人がおり、さらに数が増えることを恐れたファラオ（パロ）はユダヤ人に対し、男の子が生まれたらすべて殺すように命じた。モーセの両親は、三か月間ひそかに育てたのち、パピルス製の籠に入れてナイル川の岸辺の葦の繁みに捨てた。その直後、水浴びにきたエジプト王の娘がこの子を見つけたので、モーセはファラオの娘の養子、つまりエジプトの王子として育った。あるとき、羊の群れを連れてホレブ山に来たモーセは燃えているのになくならない柴を見た。柴のなかから神ヤハウェが語りかけ、エジプト人の圧政からユダヤ人を解放し、「乳と蜜の流れる地」カナンに導くように告げた。ファラオにユダヤ人を奴隷状態から解放させるため、モーセは神の命令に従ってエジプトにさまざまな災禍を起こしたが、ファラオの態度は変わらなかった。ついにエジプト人のすべての初子が殺されるという神罰が下される。しかし、ユダヤ人は神の指示に従って戸口の柱に血で印をつけておいたので、殺戮を免れた。これが過越の祭りの起源とされる。とうとうファラオも災いの原因であるユダヤ人の出エジプトを認めざるをえなかった。しかし、ユダヤ人が約束の地に向けてエジプトを出発すると、ファラオは考えを変えて軍勢に後を追わせた。紅海に着いたモーセが神に命じられたとおり手を差し伸べると、風が起こって海が二つに割れて、ユダヤ人たちは乾いた通路を通ることができた。エジプト軍が後を追ったが、モーセが水をもとに戻したのでファラオの軍勢は呑み込まれた。長い砂漠での旅の間に、モーセはユダヤの民を代表して神ヤハウェと契約を結んだ。しかし彼はカナンの地を前にしてモアブで亡くなり、そこに葬られた。

ダヴィデ

ダヴィデの物語は「サムエル記」上下に記されている。ベツレヘムに住むエッサイの七人の息子の末っ子で羊飼いであったダヴィデは、サウルを継ぐイスラエルの王を捜していた預言者サムエルによって捜し出され、油を注がれた。ペリシテ人とイスラエル人が敵対していたが、ペリシテの戦士ゴリアテは巨人で、彼が一騎打ちで勝敗をつけようと提案してきたとき、イスラエル側にはこれに立ち向かえる勇者がいなかった。そのとき、少年ダヴィデが現れ、投石器で石をゴリアテの額に命中させて倒し、ゴリアテの剣を抜き去ってその首を斬り落とした。これを合図にイスラエル軍は敵を敗走させた。ダヴィデはイスラエルを統一してエルサレムを奪って首都とし王となったが、ある夕暮れに宮殿の屋上を歩いていると、美しい女が水浴しているのを見た。それはヘテ（ヒッタイト）人ウリヤの妻バテシバで、夫はダヴィデの軍隊の任務で家を離れていた。ダヴィデはバテシバを宮殿に連れてきて求愛した。彼女が妊娠すると、ダヴィデはウリヤの軍の司令官に手紙を書き、ウリヤを激戦に送り込んで戦死させるように命じた。ウリヤが戦死すると、ダヴィデはバテシバと結婚した。神はこれを怒り、預言者ナタンを遣わしてダヴィデを叱責させた。ダヴィデは悔い改めたがすでに遅く、バテシバとの子は死に、ダヴィデの罪は長く彼の家系に災いとなった。ダヴィデの息子アプサロムにはタマルという妹がいたが、彼女は異母兄であるアムノンによって犯された。ダヴィデがアムノンを処罰しなかったので、アプサロムはアムノンを殺し、別の部族のもとに身を寄せた。ダヴィデはアムノンの死を深く嘆いたが、アプサロムも愛していたので、やがて二人は和解した。しかし、アプサロムは父から王位を奪おうと決意して反乱を起こしたが、敗れて悲劇的な死を遂げた。ラバに乗って樫の木の下を通ったとき、髪が枝に絡まり、ラバが去ったので宙吊りのまま残され、ダヴィデの兵士によって殺されたのである。ダヴィデは音楽の名手であったとされ、『旧約聖書』の「詩篇」の作者と古来信じられてきた。

ソロモン

ダヴィデとバテシバの子でイスラエルの三代目の王。「列王紀」上に記されている。「ソロモンの知恵」とうたわれるほどの知恵を備えていたとされる。エルサレムの神殿は彼の時代に造営され、また彼の宮廷は壮大さと豪奢さで名高かった。ソロモンの知恵の例としては、子供を争う二人の女性のいずれが本当の母かを決めた「ソロモンの審判」が有名である。彼は剣を持ってこさせ、「生きている子を二つに分けて、半分ずつ与えよ」と言った。これを聞いた一人の女は子供の命が救われるように身を引いたので、こちらが本当の母であるのが明らかになったという。彼の英知や宮殿の立派さは広く知られ、シバの女王も彼を訪問した。こうして繁栄と栄華を一身に集めたソロモンも、異国からの多くの妻や妾を持ったため、晩年にはしだいに異教崇拝に惹きつけられ、王国の衰退・分裂を招くことになった。

新約聖書

イエス

マリアは、ダヴィデ王家の血をひくナザレのヨセフという大工と婚約していたが、彼女のもとに大天使ガブリエルが現れ、生まれてくる男の子をイエスと名づけるように言った。結婚してヨセフと交わる前に、マリアは聖霊によって処女のままで身籠った。エルサレムへの旅の途中のベツレヘムの家畜小屋で、急に産気づいたマリアはイエスを産んだ。このとき、救世主の誕生を告げる星が見られた。当時ユダヤを支配していたヘロデ王は、ユダヤの王となる子供が生まれたのを知り、自分が権力の座から追われるのを恐れ、幼児をことごとく殺害するように命じた。しかし天使によって嬰児虐殺を夢で知らされたヨセフは、イエスとマリアを連れて安全なエジプトへと避難した。十二歳になったとき、過越の祭りで毎年訪れていたエルサレムでイエスは学者たちと討論をし、その知恵を示した。その後の青年期のイエスについては何も述べられていない。大人になって、洗礼者ヨハネを訪れてヨルダン川で洗礼を受けた。ヨハネがヘロデによって殺されると、彼に代わって宣教し、多くの奇跡をなして民衆を神の国の間近な到来という新しい教えに導いた。彼は救世主メシアとして崇められたが、社会不安の原因として支配者層からは敵視された。過越の祭りのときにイエスは弟子たちとともにエルサレムに入城したが、弟子のユダの裏切りによってイエスはゲッセネマの園で捕らえられ、ユダヤ人たちの要求によって十字架に掛けられて殺された。死後三日してイエスは地上に蘇った。そして四十日して昇天した。

エジプト

ホルス

オシリスとイシスの息子。エジプト王ファラオは地上におけるホルスの化身とされた。プルタルコスの『イシスとオシリス』によれば、オシリスがイシスの弟で王位を狙うセトによって殺され冥界の王となってから、イシスは魔法の力によって懐妊し、生まれたホルスは、沼地のブトに近い浮き島ケンミスでひそかに養育された。父を殺害した邪悪な叔父セトは、再び王位を自らのものにしようとして、今度はホルスを攻撃するためにヘビや病気を差し向けた。しかし「偉大な女魔法使い」である母のイシスは、ホルスを守った。ホルスが大きくなる間、オシリスはしばしば冥界から出てきて、ホルスに戦いの技を教えた。大人になったホルスは父と母の仇を討つべく、セトに戦いを挑んだ。ホルスは槍でセトを突き刺し、首を斬り落としてイシスのもとへ持参したが、セトは常に傷から立ち直り、両者の戦いは長引いた。ホルスとセトのいずれを王とするかを決める神々の法廷が開かれたが、なかなか結論は出なかった。イシスは変装してセトに近づき、羊飼いの夫が妻と子供を残して死に、父の飼っていた羊は息子がみることになったが、見知らぬ男が現れて羊を奪おうとしたらどうするか、と尋ねた。セトはそれが自分のこととは知らず、そんな男には羊を渡してはならないと答えた。これを聞くとイシスは正体を現し、セトは自ら非を認めたと叫んだ。しかしセトがこれを不正な策略だとして神々に訴えたので、今度はホルスとセトは河馬《カバ》に変身して、水のなかで戦って決着をつけることになった。この勝負ではセトが有利であるのを知るイシスは、銛を突き刺してセトを捕らえた。危機に陥ったセトは、姉に嘆願し、感情を揺さぶられたイシスはセトを助けてしまった。ホルスは母の弱さに怒り狂い、水から飛び出して母の首を斬り落とした。ホルスは山に身を隠したが、セトは巧みにホルスをおびき出し、彼の両目を引きちぎり、山中に埋めた。盲目となって山腹に横たわっているホルスをハトホル（あるいはトト）が見つけ、視力を回復させた。再び戦いが始まり、長く続いたが、とうとうオシリスが最終の決定を下すことになった。こうしてホルスは「二つの国（上下エジプト）の王ホルス」の称号を与えられ、世襲の財産も引き継いだ。ホルスは正義マアトの治世を確立し、のちのすべてのファラオの模範となった。すべてのファラオは「生けるホルス」の称号で呼ばれる。彼の妻は天空女神ハトホルとされることが多い。

アナトリア

天上の王権――アヌ、クマルビ、天候神

ヒッタイトの『クマルビ神話』によれば、

昔、アラルという神が統治していた。十年目に、大臣アヌは反乱を起こして王位に即いた。九年目に、今度はクマルビが大臣になってアヌに仕えた。アヌは逃げ出したが、クマルビは追いかけてアヌの男根に嚙みついた。アヌはクマルビに、「おまえは恐るべき神々の精子を呑み込んだのだ。おまえは破滅するだろう」と言った。クマルビはそれを吐き出したが、天候神がクマルビの体内で育って、生まれ出てアヌの言葉を聞き、クマルビと戦って撃退した。これに対してクマルビは、岩に精子を注ぎ込んで子供を産ませた。この石の怪物ウルリクムミはどんどん成長し、背丈は天上界にまで達した。天候神が戦いを挑んだが、どうしても打ち負かせなかった。しかし、太古に知恵の神エアが天と地を切り離した魔剣のことを思い出した。ウルリクムミはこの剣で大地とのつながりを断たれたので力が衰え、ついに滅ぼされた。こうして天候神は王権を樹立した。

ギリシア

天上の王権――ウラノス、クロノス、ゼウス

ヘシオドスの『神統記』によれば、天空神ウラノスは大地母神ガイアとの間に、百手巨人ヘカトンケイルたちやキュクロプスたち、そしてティタン族を儲けたが、ウラノスは子供たちが生まれるとすぐ、ガイアの胎内深くの冥府タルタロスに戻してしまった。このため腹の苦しさに呻吟したガイアは、大鎌を作り、ウラノスの非道な仕業を罰するように子供たちに求めたが、皆が尻込みするなかで、ティタン族の末弟のクロノスがその役を引き受けた。クロノスが待ち伏せていると、ウラノスがガイアと交合しようと降りてきて、彼

女を覆ったので、世界が暗闇になった。そのとき、クロノスは隠れ場所から左手を伸ばし、ウラノスの性器をつかむと右手の鎌で切り取り、投げ捨てた。ウラノスを去勢したクロノスは父に代わって王となった。彼は姉妹のレイアと結婚したが、生まれてきた子供たち——ヘスティア、デメテル、ヘラ、プルトン、ハデス、ポセイドン——をつぎつぎに自分の腹のなかに呑み込んだ。クロノスはウラノスとガイアから、自分の息子によって天上の王権を奪い取られる運命にあると知らされていたので、その運命の成就を阻止しようとしたのである。末子ゼウスを妊娠し、臨月が近づくと、レイアはこの子だけは産み育てたいと願って、ガイアに相談した。そしてガイアの助言に従い、クレタ島に行き、山中の岩屋でゼウスを産み、クロノスには偽って産着にくるんだ大石を与えて、呑み込ませた。赤子ゼウスはクレテスという武装した姿の若者の精霊たちに守護され、ニンフ（妖精）たちによって養育された。ゼウスは成長するとオケアノスの娘テティス（知恵）を協力者とし、彼女からもらった薬をクロノスに飲ませた。すると呑み込まれていた兄・姉たちが吐き出された。ゼウスは兄・姉たちとともに、クロノスとティタン族に対して戦った。優劣は決し難かったが、ガイアが、タルタロスに幽閉されているキュクロプスたちやヘカトンケイルたちを解放すれば戦いに勝てると予言したので、ゼウスは予言の指示どおりにした。キュクロプスたちは解放してくれた感謝のしるしに、ゼウスには電光と雷霆《らいてい》を、ハデスには隠れ帽子を、ポセイドンには三叉の戟を贈り、神々はこれらの武器でティタン族を征服してタルタロスに幽閉し、ヘカトンケイルたちをその番人にした。また籤《くじ》によって、ゼウスは天空、ポセイドンは海、ハデスは冥府の支配権を得た。ゼウスはヘラを妻とした。

　オリュンポスの神々の統治はこうして確立されたかに見えたが、ガイアは自分の産んだティタン族が地底に幽閉されているのを喜ばず、巨人族ギガンテスを産み出してゼウスの王権を脅かそうとした。こうして「巨人族との戦い」ギガントマキアが行われた。予言によって、人間の力を借りないと勝利は得られないと知ったので、神々は英雄ヘラクレスを招いた。さらにゼウスの娘アテナの活躍もあり、神々は巨人族を打ち破ることができた。しかしガイアの怒りはやまず、今度はタルタロスと交わってテュポン（テュポエウス）を産んだ。その背丈は山よりも高く、頭髪は星に触れるほどで、両手を伸ばすと、世界の東西の果てに届き、肩からは百のヘビの頭が生え、腿から下は巨大な毒蛇のようにとぐろを巻き、全身に羽根が生えていて、目からは火を放った。この怪物テュポンが攻めてくると、神々は恐れを抱いて逃げ出したが、ゼウスは雷霆《らいてい》を放ち、痛手を負わせてテュポンと組み合った。しかしテュポンはとぐろでゼウスを捕らえて、手と足の腱を切り取り、洞窟に閉じ込めてしまった。ヘルメスとパンは腱を盗みだし、ゼウスにつけた。本来の力を取り戻したゼウスはテュポンを追跡し、エトナ山を彼に投げつけて押し潰した。

ローマ

ロムルス

　ローマの建国者で初代の王であるロムルスは、レムスと双子の兄弟として生まれた。彼らの母レア＝シルヴィアはアイエイアスの子孫でアルバ＝ロンガの王であったヌミトルの娘であった。ヌミトルの兄弟アムリウスは兄の王位を奪ったが、ヌミトルの娘が将来子供を産んで自分の王位を脅かさないようにと、レア＝シルヴィアを処女でなければならないウェスタ女神の女神官にした。しかし戦いの神マルスが彼女を見初めて犯したので、ロムルスとレムスが生まれ、それが明らかになると死刑に処せられるレア＝シルヴィアは、双子を籠に入れてティベル川の岸に捨てた。大雨で川が溢れて籠は漂い、のちにローマとなる地点に流れ着いた。そこへ子供を産んだ牝狼がやって来て二人に乳を与えた。さらに啄木鳥《きつつき》も彼らを養った（狼と啄木鳥はマルス神の聖獣）。そこへ羊飼いがやって来て、双子を自分の子として育てた。成長した二人は羊飼いの若者のリーダーとなった。あるとき、ヌミトルの羊飼いとの争いが起こり、二人はアルバ＝ロンガに行き、ヌミトルが自分たちの祖父であり、大叔父のアムリウスによって不当に王座を追われたことを知り、アムリウスを殺して祖父を王位に復帰させ、自分たちはかつて漂着した地に新しい都を造ることにした。二人のうち、ロムルスはパラティヌスの丘に、レムスはアウェンティヌスの丘に都を造ろうと主張して、それぞれの丘に登り、どちらのほうにより多くの鳥が現れるかという鳥占いをした。結果はロムルスの勝ちで、ロムルスは牛に鋤を引かせて未来の都の城壁を線引きしていたが、不満を持つレムスは軽蔑のジェスチャーとしてそれを飛び越したので、怒ったロムルスは剣でレムスを刺し殺してしまった。このローマの建国は、伝承によれば紀元前七五三年のこととされる。より多くの市民を集めるため、ロムルスはカピトリウムの丘を避難所（アジール）とし、亡命者や逃亡奴隷を迎え入れた。しかしなお、妻となるべき女性がいなかったので、ロムルスは祭りに近隣のサビニ人を招き、機をみて女性を略奪した。戦いが起きたが、のちに和議が成立し、ローマ人とサビニ人が一緒になって、ロムルスとサビニ人の王タティウスが共同で統治した。タティウスはやがて亡くなり、のちはロムルスが一人で王として支配した。彼は三十三年の支配ののち、五十四歳で世を去ったといわれるが、しかし一説によれば、ロムルスはその暴君ぶりのために憎まれて貴族たちによって殺され、その死体はバラバラに切り刻まれたともいわれる。死後、彼はクゥイリヌス神になったという。

ヘレニズムの世界

アレクサンドロス

紀元前三五六〜三二三年のマケドニアの王。その生涯はプルタルコスの『アレクサンドロス伝』に詳しい。彼の母であるオリュンピアスは、フィリッポスとの結婚式の前の晩に、雷が鳴って自分の腹に落ち、そこからたくさんの火が燃え上がり、炎となって燃え拡がってから消えたという夢を見た。またフィリッポスは結婚してから、夢で自分が妻の腹に獅《し》子《し》のしるしの封印をしているのを見た。また彼は、妻が寝ている隣にヘビが横になっているのも見た。フィリッポスはこれを妻が人間以上の存在と交わっているしるしと考え、デルポイでアポロンの神託を受けさせた。それはエジプトのアンモン神を崇拝せよという内容であった。このため、アレクサンドロスはこの神の子と考えられた。十三歳のとき、アリストテレスが家庭教師となった。二十歳のとき、父が暗殺されたので即位し、反乱を起こしたギリシア諸都市を平定し、次いでペルシア遠征を行い、ダレイオス王を破り、バビロン、スサ、ペルセポリスなどのペルシアの都市を征服し、アジアの君主と称した。さらにインドへも遠征したのちペルシアに戻り、ダレイオスの王女を妻にしたほか、一万人の兵士をペルシア女性と結婚させた。バビロンでアラビア遠征の準備中に熱病に倒れ、三十二歳の短い生涯を終えた。

ゲルマン

オーディン

大陸ゲルマン人にはウォータン（「激する者」の意味）と呼ばれた。アース神族の首長で、至高神。原人ボルと女巨人ベストラの子で、妻フリッグとの間に息子バルデルがあるほか、巨人族の女ともトール、ヴィーザル、ヴァーリなどの息子を儲けた。オーディンは神々の国アースガルズの高座に座して世界を見回している。二羽の烏、フギン（思考）とムニン（記憶）が世界を飛び回って、すべての出来事を彼に伝える。愛馬は八本脚のスレイプニルである。オーディンは魔術的・呪術的な知恵の力を彼の王権の一つの特徴としている。エッダ詩「高き者の言葉」によれば、オーディンは神秘の文字ルーンの知恵を得るために九日九夜にわたって木に逆さ吊りとなり、自らを犠牲に捧げるというシャーマニズムを思わせるような苦行をしている。またスノリの『詩語法』によれば、オーディンはヘビや鷲の姿をとって巨人のもとから「詩の蜜酒」を神々にもたらしたし、エッダ詩「巫女の予言」によれば、知恵の巨人ミミルの泉から知恵の水を一口飲ませてもらうために、オーディンは自分の片方の目を担保にしたという。このほか、『ユングリンガ＝サガ』によれば、オーディンは肉体を眠っているか死んだかのように横たわらせている間に、自分は鳥、獣、魚、ヘビなどになって、瞬時に遠い国々に行くことができたとされる。こうした変身の能力や隻眼の姿や肉体から分離しての霊魂の飛翔も、シャーマンを思わせる。オーディンの姿には、ゲルマン神話がシベリアなどの極北地域の宗教から受けた影響が一番鮮明に見られるようだ。彼は世界の終末時の戦いである「神々の黄昏」に備えて、武勇に優れた王侯戦士たちを、自らあるいは女性戦士ワルキューレを使って戦場から集め、自らの館ヴァルホルで終末のときまで武芸の鍛錬や宴会で過ごさせる。しかし悪神ロキのために最愛のバルデルを亡くし、神々の滅亡を阻止できないままに世界の終末時にはフェンリル狼に呑み込まれてしまう。

ケルト

アーサー王

アーサーは南ウェールズの小王ユーサーの子として生まれた。ユーサーは、部下のティンタデル公ゴーロイスの妻のアイジャーンを見初めて誘惑しようとしたが、拒絶された。そこで、ユーサーの助言者の魔術師マーリンはユーサーの姿をゴーロイスそっくりに変え、アイジャーンと床を共にさせた。ゴーロイスはユーサーの命令で激戦地に送られ、戦死した。ユーサーはアイジャーンと結婚し、アーサーが生まれた。父が亡くなったとき、アーサーは十五歳だった。新しい王を選ぶために貴族たちが教会に集まったとき、不思議な出来事が起こった。教会の前に剣の刺さった石が発見され、剣の柄にはこの剣を抜く者こそ王であるという文句が刻まれていた。名だたる騎士がつぎつぎと試みたが、いずれも失敗した。しかし、少年アーサーが手をかけると、いとも容易に剣は抜けた。これがアーサーの名剣エクスカリバーである。こうしてアーサーが新しい王に選ばれた。アーサーはグウィネヴィアと結婚し、円卓の騎士に助けられ、名君として統治したが、晩年、甥のモードレッドが王位を狙い、アーサーとの戦闘を開始した。アーサーが戦闘に出て留守の間に、モードレッドはアーサーが戦死したという偽《にせ》の手紙を書き、自分を王として即位させ、グウィネヴィアを妃にしようとした。アーサーが帰国すると両者の間に激しい戦闘が始まった。戦いは最後にソールズベリの丘で行われた。アーサーはモードレッドを殺したが、自らも致死傷を負った。アーサーは騎士ベディヴァに愛剣エクスカリバーを海に投じるように命じた。ベディヴァは王の命令に躊躇し、投げ込んだと嘘をついたが、海が変化したさまを聞かれて嘘をついたことを王に知られ、叱責された。二度の偽りの報告ののち、ベディヴァは三度目に剣を海に投げ込んだ。すると海中から腕が出て落ちて行く剣を受け止め、三度振り回してから海中に消え去った。王がベディヴァに背負われて海岸に出ると、三人の妃たちをはじめ多くの女性を乗せた一艘の船が近づいてきて、アーサーを乗せて、アヴァロンの島へ連れていくために去っていった。妃たちはアーサーの妹モルガン＝ル＝フェイ、湖の女王ヴィヴィアン、そして北ガリスの王妃であった。

アフリカ

南西タンザニア・フィパ族

ミランシ（「永遠の村」の意味）の王は、夢のなかで彼の領地を手に入れようと数人の見知らぬ女たちがやって来ると知った。王は妻に象徴であるミランシの玉座を手放すことがないように命じた。女たちがミランシに着いたとき、王はブッシュに狩りに出かけて不在だったが、女たちは大事な客であることを強く主張し、王の妻にとうとう玉座を明け渡させてしまった。狩りから戻った王は玉座に見知らぬ異人が座っているのを認めた。王はこの状況を受け入れ、異人たちと協調関係を持った。こうして、異人たちとその子孫が政治的な支配をつかさどり、ミランシの王は権威の究極的源泉として儀礼的地位を負うことになった。

東北ナイジェリア・ジュクン族

あるとき、原野から多くの野獣が襲来して町の住民を呑み尽くしてしまった。野兎だけが木の空洞で昼寝をしていて難を逃れた。夜になると野兎はひそかに町を脱出し、チドン（天神）に助けを求めるべく、長い旅に出た。途中、知恵と巧みな歌唱によって何度も苦難を克服した野兎は、チドン神のいる山に到達した。訴えを聞いたチドン神は、卵を三つ野兎に与えた。第一の卵を大河を渡るために使って町に戻った野兎は、野獣たちに戦いを挑み、第二の卵を使って退治した。そして第三の卵のなかから野獣たちに殺された町の住民を蘇生させた。しかし、その仕事が終わると、野兎はもう仕事は終わったと瓢箪のなかに閉じこもってしまった。町の人びとは野兎に瓢箪から出てきて王になってくれるよう請願し、さまざまな歌舞を行った。その結果、野兎はようやく出てきて、最初の王になった。

オセアニア

フィジー

フィジー（「最初の人」の意味）は妻と三人の娘とともに海岸近くに住んでいた。娘たちの結婚相手がいないので、老人は妻を殺して代わりに娘を妻にしようと考えていた。あるとき、娘たちは浜に打ち上げられた美しい若者を発見し、自分たちとの結婚を勧めた。若者は老人に結婚の承諾を求めたが、老人はマナ（超自然的力）の働きを見せるよう要求した。若者は自分と同時に鯨が漂着したことを思い出し、この地の人が鯨を知らないことを利用しようと考えた。彼は鯨の歯を抜こうとして前歯を折ったが、これを利用して、自分の前歯を畑に植えたところ、驚くほど数量ともに増えたと語った（鯨の歯）。これにより不本意ながら老人は青年に娘を与えることになったが、代わりにいくつかの法を作った。今後、鯨の歯は英雄の名をとってタブアと呼ぶこと、結婚の品にはこの鯨の歯が必要なこと、これから海難者を見つけたら殺して食べることである。

フィジーでは首長はしばしば異人、よそ者、客といわれ、土地の「真の民」とは区別される。

モチーフの伝播

捨て子とされた者が動物に養われて育ち、やがて王になるという神話モチーフはアッカドのサルゴン王の例を最古として、ペルシアのキュロス、ユダヤのモーセ、ローマのロムルスとレムス、トルコ系の突厥の場合にも見られる。キュロスの場合には動物は登場しないが、養母の名前スコバが「牝犬」の意味であるとする伝承にその痕跡が認められる。オリエントから東地中海域にはほかにも同様の伝承があるから、モチーフの共通性はおそらくオリエントから伝播した結果と考えられる。同様のオリエントからのモチーフ伝播は、ヒッタイトとギリシアの天上王権の神話にも想定される。

異郷訪問

伊藤　清司

異世界存在への関心

神や精霊の実在あるいは霊魂の不滅を信じる人びとは、自己の住む現実の世界に隣接してそれらの超自然的存在が暮らしている別の世界があるという考え、つまり他界の観念を抱いてきた。ただし、他界は狭義ではふつう、死後の世界、祖霊の国をさすが、広義ではそれに限らず、神や精霊の世界、異類の暮らしている国なども含んでおり、狭義のそれと区別するために異郷と呼ぶことにする。その異郷を特定の者が偶然の動機またはある目的のもとに訪ねていき、そこでさまざまな異体験をして再び現実の人間社会に戻ってくる、いわゆる異郷訪問の説話は、古来人びとの信仰心を、のちには好奇心を刺激して、広く世界各地で伝承されてきた。

異郷の所在は大別すると、天上・地下・海上・海底などである。それらの異郷はいずれも現実世界の写し絵のようなリアルな世界であり、そこでは人間の暮らしと類似した生活が営まれているが、実は本質的に異なった世界であって、訪問者は特定のチャンネルを通ってその異郷に到達し、そこで富（物質）・生命・時間などについて異質の体験をしながら、目的を果たし、または失敗して帰還する。このような異郷訪問の説話は、伝承する社会集団の異郷観や信仰・習俗などと関連して多様なバリエーションを生んできたが、それぞれの異郷の性格の違いによって冥界訪問、理想郷訪問、異類国訪問の各説話に大別することができる。

日本

黄泉の国の訪問

イザナギとイザナミは国土と神々を生んだ。そして火の神カグツチを生んだとき、イザナミは火傷のため死んだ。イザナギは最愛の妻を失って嘆き悲しみ、もう一度会いたいと思い、イザナミのあとを追って黄泉の国を訪ねた。イザナミはそれを知り、残念なことにすでに黄泉の国の食物を食べてしまったので戻ることはできないが、せっかく迎えにきてくれたので、黄泉の国の大神に相談するからしばらく待つように、ただしその間、内を覗いて見てはならないといって御殿の内に入った。しかしイザナギは待ちきれず、約束を破って、髪に挿していた櫛の歯を一本欠いて火をともして内部を覗くと、イザナミの体に蛆《うじ》がわき、頭や手足に雷が生じていた。驚き恐れてイザナギは逃げ出すと、イザナミは恥をかかされたと怒り、黄泉の国の鬼女たちを遣わし、イザナギを追わせた。イザナギは魔除けの髪飾りをとって投げると野葡萄が生じた。魔女たちがそれをとって食べている間に逃げたが、また追いついてきたので、櫛の歯を欠いて投げると筍が生じた。追っ手がそれを抜いて食べている間に逃げたが、イザナミは体に生じた雷神たちに大勢の黄泉の国の軍を添えて追わせた。イザナギは黄泉の国の入り口にある坂の麓の桃の木の実をとって投げて追っ手を撃退した。最後にイザナミ自身が追ったが、イザナギは大きな岩で坂を塞《ふさ》ぎ、離別の言葉を交わした。イザナミは怨んで、一日に千人の人びとを殺して呪うと言うと、イザナギは一日に千五百の産屋を建てると応じた。以来、人間は一日に千人が死に、千五百人が生まれるようになった。

シュメール

イナンナの冥界下り

愛と豊穣の女神であり金星神であるイナンナはなんらかの理由により、天界の地位などを捨てて冥界に下っていく決意をし、天の聖堂をあとにした。そのときイナンナは王冠や首飾りや腕輪などで身を飾り、召使いの女神ニンシュブルを呼びよせて、神々を訪ね回って、イナンナが冥界でひどい目に遭ったり、殺されたりすることがないよう助けを乞えと命じた。冥界に下ったイナンナは門番のネティと押し問答をしたのち、イナンナの姉にあたる冥界の女王エレシュキガルの許可をようやく得て七つの門をくぐって進んだ。ただし、門を一つ通るたびにイナンナは王冠・首飾りなど装飾品をつぎつぎに取り上げられ、七つ目の門をくぐるときには衣服まで召し上げられて全裸にされた。それが冥界の掟であった。イナンナは裸のまま冥界の宮殿に連れて行かれ、女王エレシュキガル以下、冥界の神々の控える裁きの庭で有罪の宣告をされた。女王はイナンナに冷たい目を向け、死の判決を申し渡したとたんに、イナンナの魂はとび去り、その場に倒れ、その死体は釘にかけられた。三日三晩たったころ、召使いのニンシュブルは言い付けどおりに神々を訪ねて回り、主人のイナンナが冥界に行ったことを告げ、援助を求めた。ところがどの神々もイナンナの勝手な振る舞いをなじり、訴えに耳を貸そうとしない。最後に彼女はエリドゥのエンキ神を訪ねると、幸いにもイナンナの運命を心配し、爪の垢でクルガルラとガラトゥルという二人の人物をつくり、クルガルラには生命の食物を、ガラトゥルには生命の水を与え、冥界に赴き、これで病に苦しむエレシュキガルを癒やしてやれ、そのお礼として与える物を断り、釘にぶらさがっているイナンナの死体をもらい受けろと命じ、さらにそれに生命の食物と生命の水を振りかければ、イナンナは生き返るだろうと言った。このようにしてイナンナは蘇生し、地上に戻ることになったが、そのためには身代わりをさし出さなくてはならない。そこでイナンナは代わりの者を引き渡すことを約束し、受け取り役の精霊ガルラたちを伴って地上に上って行った。精霊たちはイナンナの姿を見て喜ぶ喪服姿の召使いニンシュブルを身代わりとして冥界に連れて行こうとするが、イナンナはこれを拒む。次いでガルラらは、同じく喪服をつけてイナンナの死を悲しんでいたシャラ神やラタラク神を身代わりにしようとするが、イナンナは彼らの忠誠を賞《め》でて精霊たちの要求を阻んだ。最後に精霊たちは、イナンナの夫である若い牧神のドゥムジのもとに赴いた。ドゥムジは喪服をつけず、いっこうに哀悼の態度を示そうとしていない。その姿を見たイナンナは怒り狂い、ドゥムジを冥界へ連れて行けと言った。精霊精霊たちは彼にとびかかり捕らえた。ドゥムジは恐れおののき、イナンナの兄である太陽神ウトゥに助けを求めた。ウトゥはドゥムジを哀れみ、その懇願を受け入れて彼をヘビに変えて逃がした。しかし精霊の追及は厳しく「羊小屋」に潜んでいるところを捕まえられ、ついに冥界に連れ去られてしまった。

原典は粘土書版に楔形文字で書かれたもので、推測によって物語の筋が再構成されており、ドゥムジの運命が最後にどうなったかなど不明な部分も少なくない。

ギリシア

ペルセポネの冥界下り

農業の女神デメテルは、大神ゼウスとの間に生まれた美しい娘ペルセポネ（別名コレ）を鍾愛した。その娘を、ゼウスは兄弟である冥界の国王ハデス（別名プルートン）の王妃にしようと企てた。それに同意しないデメテルは、娘をひそかにシチリア島に住まわせた。

ある日、ペルセポネが島の草原で草花を摘んでいて、百輪の花をつけた美しい水仙を見つけた。その花は、ゼウスとハデスがペルセポネをおびき寄せるためわざと咲かせた花であった。ペルセポネがそれを手折ろうとしたとたん、地面が裂けて、なかから四頭の黒馬の曳く黄金の車が躍り出て、暗い顔をした冥界王ハデスが冷たい腕を伸ばしてペルセポネをかき抱き、地下の王宮へさらっていった。デメテルは娘の悲鳴を聞いて駆けつけたが、彼女の姿はどこにもなく、気も狂わんばかりになって、その行方をたずね世界の果てまでもさまよった。デメテルは馬車を駆って太陽のもとに赴き、ことの真相を聞かされ、すでに冥界へ連れ去られ、ハデスの妃になっていることを知った。激怒するデメテルは人間の姿に身をやつし、地上を放浪した。やがてアッティカのエレウシスという土地に来て、泉の傍らの木陰で休んでいるとき、水汲みにやって来たこの地の王ケレオスの娘たちに声をかけられてケレオス王の館に逗留し、末の王子デモポンの養育係となった。デメテルはケレオス家の親切に報いるため、デモポンを不死身にしてやろうと考え、毎晩秘儀を施した。王妃のメタネイラはその場面を覗き見し、焼き殺されると誤解し悲鳴を上げた。デメテルはデモポンを不死身にするのをやめ、神の姿に戻って自分の素性をあかし、自分のためにエレウシスに神殿を建てさせ、そのなかに閉じ込もってしまった。そのため地上には恐ろしい病気がはやり、大地から作物が一つも生えなくなってしまった。ゼウスはこの有様を見て驚き、贈り物を携えた神々をデメテルのもとに遣わし、和睦を求めた。そして娘を冥界から帰せというデメテルの訴えを聞き入れ、ペルセポネが冥界の食物を口にしていなければ帰れるだろうと言い、伝令の神ヘルメスを冥界の国王に遣わした。ハデスはその命令を受け、しかたなくペルセポネを地上に帰すことにしたが、ひそかな悪企みをし、喜んでついほころんだペルセポネの口のなかにザクロの実を押し込んだ。ヘルメスはハデスの馬車を駆ってペルセポネをデメテルのもとに届けた。母と娘は大喜びして抱きあった。それまで冬枯れのままだった大地はたちまち生気を帯び、草木が一斉に緑に変わり、春となった。しかし、ペルセポネが冥界のザクロの実を食べたことを知ると、デメテルは絶望し、ゼウスに訴えた。ゼウスはペルセポネはハデスの妃となること、ただし一年のうち四か月は冥界で過ごし、残りの八か月は地上でデメテルと一緒に暮らすことを認めた。そこでデメテルは飢饉を終わらせた。こうして地上には、植物が繁茂する生気の溢れる季節と植物が枯れて死ぬ暗く寒い季節の別が生じるようになった。なお、デメテルはケレオス王に毎年、自分とペルセポネを祀るようにと、秘密の儀式のしかたを教えた。その儀式はエレウシスの密儀と呼ばれ、この密儀に参加した古代のギリシア人はペルセポネの恩恵を受けて死後の世界で幸せに暮らせると信じたと伝えられる。

オルフェウスの冥界下り

オルフェウスはすぐれた音楽家で、鳥獣も草木も彼の歌と竪琴に聞き惚れた。アルゴー遠征で暴風に遭ったとき、歌と琴で風浪を鎮め、アレスの森の木を守る竜を音楽の調べで眠らせた。彼は木の精または水の精のエウリュディケーを妻に迎えたが、彼女はトラキアのある川のほとりで草むらの蝮《まむし》を踏んで咬まれ、猛毒のため死んだ。オルフェウスは悲しみのあまり歌も竪琴もやめてふさぎこんだが、大神ゼウスの許しを得て愛妻のあとを追い、冥界の入り口と伝えられるタイナロン岬にある洞穴に入り、闇のなかを進んだ。生きた人間を渡さない冥途の川の渡し守や冥界の門を守る三頭の猛犬ケルベロスなどを音楽で恍惚にして無事通過し、さらに冥界王ハデスをも感動させ、エウリュディケーを連れ帰る許しを得た。ただし一つの条件があり、それは太陽の光を仰ぐまでは後ろからついてくるエウリュディケーを振り返って見てはならぬという約束であった。オルフェウスは亡妻と連れだって地上に向かったが、背後にエウリュディケーの気配がないのに不安を抱き、地上の光が見え始めたので大丈夫と考え、禁忌を破って振り向いた。すると妻は、絶望の様子で永遠の別れを告げ、姿を消した。オルフェウスは慌てて妻のあとを追ったが、今度は冥途の川の渡し守は船に乗せてくれず、歌も竪琴の調べもなんの効果も奏さなかった。落胆のあまり彼は世捨て人となり、すべての女性を近づけようとしなくなり、彼に対する熱愛が憎悪に一変した女たちによって八つ裂きにされた。一説によると、生きながらにして冥界を訪ね、死後の世界の秘密を知った彼が秘儀と戒律を定め、これを厳守した者にのみこの秘密の体験を教えるいわゆるオルフェウス教を始めたものの、その宗教は女性禁断であったため、怒った女たちに殺されたとも伝えられる。また別伝では、神々の秘密を人間たちに啓示したことに対する罰として彼は大神ゼウスの雷霆《らいてい》に撃ち殺されたともいわれている。

ローマ

アイネアスの地獄極楽めぐり

ローマの建設者である偉大な勇士アイネアスは、夢でみた父アンキセスの命に従って冥界に赴くため、クメエの森の奥に住むシビルを訪ねた。シビルは千年の歳を重ねた予言者で世界中の人間の運命を熟知しており、アイネアスが彼女を訪ねてくる前に、アイネアスの名前も彼の用向きもすでに知っていた。驚くアイネアスに命じて、後ろの森から冥界の女王ペルセポネへ贈り物にするため神木の枝を折ってこさせ、先に立ってアヴェルノ湖のほとりにある冥界への入り口と伝えられる洞穴へ向かった。二人は真っ暗い洞穴を通り、途中、悲嘆・辛苦・疾病・老衰・恐怖・飢餓・死などの名のついた亡霊たちのなかを通りぬけ、やがて真っ黒い水の流れるコキトス川の岸に辿り着いた。渡し守カローンは先を争って舟に乗ろうとする者を荒々しく振り分け、正当に葬られた人間の魂のみを乗せ、そうでない者の魂をかたくなに拒んだ。そのため不幸な亡霊たちは百年の間、川岸をむなしくさまよっていた。冥府訪問のわけを話して渡し守の許しを得た二人は川を無事に渡り、次いで冥府の門を守る三頭の番犬ケルベロスにシビルが菓子を与えて眠らせて内へ進むと、生まれてすぐ死んだ嬰児たちや冤罪で殺された人、あるいは自殺した人びとの霊魂の群がるところがあった。さらに行くと戦死した勇士たちの霊魂の集まっているところがあり、その先で道は二つに分かれ、左は地獄、右は極楽へ通じていた。アイネアスが左のほうを窺うと、石の門の内部から人の呻く声、鞭の音、鎖のきしむ音などが聞こえた。そこは罪を犯した者が裁かれるラダマントスの法廷であった。やがて門が開いてなかに入ると、判決を受けた人びとが復讐の女神にさまざまな罰を科せられていた。ご馳走の並ぶテーブルに座って食物を口に入れようとするたびに、それを叩き落とされ続けている者、小山の上にやっと押し上げてははね返されて、むなしく大きな岩を押し続ける男、底のない瓶で永遠に水を汲み続ける女など。二人はそこから戻って右へ道をとって進み、冥府王のハデスの宮殿に着き、ハデスと女王ペルセポネの前に進み出て、黄金に輝く神木の枝を捧げ、永遠の春の日の光の輝くエリシウムの野に至った。そこは神の恩寵を受けた勇士たちが永遠の生を楽しむところで、人びとは青々とした芝生で、思い思いに歌ったり踊ったりしていた(理想境)。アイネアスは美しい谷間で、訪ねてきた父のアンキセスに会った。彼は喜びのあまり涙を流し、手を伸ばして父を掻き抱こうとしたとたん、腕はむなしく影をつかむばかりであった。この国に住む人びとは、目には姿が映るが影ばかりで肉体をもっていなかった。アイネアスは美しい谷川の岸に大勢の人びとが群れ、川の水を飲んでいるのを見た。レテ川と呼ばれるその谷川の水を飲むと、人びとは前世の記憶を忘れ、やがて新しい肉体を与えられて、別の人間となって再び人間の世界に帰されるのだという。アイネアスはこの極楽界の様子などの話を父から聞き、さらに彼自身やその一族がイタリアの半島で新しい国を建てるまでに遭遇するさまざまな出来事をつぶさに聞かせられたのち、父に別れを告げ、再びシビルの案内で地上に戻った。

ゲルマン

冥界への使者ヘルモッド

光明と清浄の神バルドル（太陽神）は万物の父、神々の王であるオーディンとその妃フリッグの間に生まれ、美貌でかつ賢く、オーディンの後継者と目されていたが、彼を妬む邪悪なロキ神の悪企みによって非業の死を遂げた。妻のナナも嘆きの末に死んだ。そのため、神々も人間の世界もにわかに生気を喪失した。悲しみにくれるオーディンとフリッグは、バルドルを連れ戻すべく勇士ヘルモッドを黄泉の国に遣わした。ヘルモッドは八本の脚をもつオーディンの乗馬スレイプニルに跨がり、女王ヘルの君臨する死者の国を目指して旅立った。九日九夜の間、真っ暗い谷を通りぬけ、生きている者の渡ることを許さないこの世との境を流れるギョル川に達した。ヘルモッドは橋守の乙女モッドグートを説得してギョル川を越え、ヘルの王城に到達した。彼は生者のためには決して扉を開かない城門の前に立ち、乗馬に一鞭入れて城門を一気に跳び越え、死者が集まっている大広間に乗りつけると、饗宴がたけなわで、上座には真っ青な顔をしたバルドルが座っており、妻のナナは夫の傍らにおり、杯には酒がつがれていた。ヘルモッドはバルドルの前に進み出て来意を告げると、バルドルは悲しそうに頭を横に振るばかりであった。その後、ヘルモッドは女王ヘルに会見し、バルドルを失って世界中が悲しみにうちひしがれていることを切々と訴え、神々の国アスガルドへ彼を返してほしいと懇願した。ヘルは不気味な笑みを浮かべながら、世界のすべての生き物と、すべての死せるものが残らず彼の死を嘆いているなら、彼を再びアスガルドに返すが、万一、ただの一人でも悲しまぬものがいるならば、バルドルは永遠に黄泉の国にとどまらなければならないと答えた。ヘルモッドは直ちにアスガルドに舞い戻り、ヘルの言葉を伝えた。

神々はさっそく世界中に使者を派遣し、バルドルのために泣き悲しむように伝えた。そこで人間も動物も草木や金石までもことごとくその命令を承知し、バルドルの死を悼んで涙を流した。使者たちの喜びの報せが各地からアスガルドにもたらされたが、ただ一人その伝令を拒む者が道端の洞穴のなかにいた。それはトクという醜い老婆で、バルドルを死におとしいれた例のロキ神の仕業であった。そのためバルドルはついにアスガルドに戻ることができなかった。

夏至の祭りは北欧の人びとが行ったもっとも重要な祭祀で、太陽神バルドルに捧げられた祭りであった。この日を境にして、日はしだいに短くなり、熱を失っていく。ヘルモッドの冥界訪問神話は短い夏がたちまち過ぎ、永い冬（死）の季節が訪れる北欧特有の気象の神話化であるといわれている。

グリーンランド

呪術師の冥界訪問

昔、エスキモーのアンガコック（呪い師）が新調の毛皮の衣服を調え、冥界の死者の国を訪ねることにし、援助の霊たちを呼び寄せた。そして目の前に開けた海のなかの細道を通って冥界へいった。途中、海中にいるようには感じられなかったが、衣服はびしょ濡れであった。海の世界の太陽は小さくそれほど輝かなかった。やがてアンガコックの一行は陸と海の境界である泡立って流れる怪しげな川を渡り、次いで長い坂を上ってようやく死者の国に辿り着いた。そこに超洞察能力をもつ一人の女がおり、一行の姿を見て新参者だと叫ぶと、たちまち大勢の人びとが寄ってきた。そのなかに高齢の男がいた。それはアンガコックの祖父であり、彼がお供をしているのが、ほかならぬ大昔のアンガコック自身であった。アンガコックは冥界で不思議なものをつぎつぎに目撃した。長く伸びた海岸地帯では大勢の人間が横たわり、そのなかに生きている者もおれば腐りかけた者もいた。残された人びとが悲しみすぎると死者は力を取り戻せず、悲しむのがやむまではこうして横たわっていなければならなかった。また格好な獲物のアザラシや白鯨などがたくさん見えたが、近づいて目を凝らすと姿を消した。それはアンガコックが冥界の人間でなかったからである。死者が飲む水を汲む場所に赴き、一口飲んだが新鮮でも冷たくもなく、好ましい水ではなかった。アンガコックは夜明け前に冥界をあとに、援助霊たちとともに家路に就き、辛苦の末に地上の国に戻った。

メラネシア

亡夫の魂を冥界に捜す妻

昔、ソロモン諸島レンネル島のある村に、

バイツヌマエアとシナという夫婦が住んでいた。ある日、ヘツウアモアモという名の見知らぬ男が村にやって来て、バイツヌマエアを釣りに誘った。不吉な予感を抱いたバイツヌマエアは、妻のシナに万一の時のことを告げて沖に出た。しばらくして夫の予感どおり、ヘツウアモアモが一人で戻ってきて、シナに夫のタパ製の下帯を譲れとせがんだ。シナは夫が戻ってきたとき、これに着替えるからと断ったが、男は強引にその下帯を奪って立ち去った。事態を悟ったシナは嘆き悲しみながら敷物《マット》を持って炉端に近づき、灰を掻き分けて穴を掘り、そこから死者の国ポウンギに降りて行った。長い寂しい道をしばらく歩いていくと、ポウンギの者たちが向こうから近づいてきた。とっさに身を隠し、一行をやり過ごした。その最後尾に一匹の鼠がいた。シナはそれを捕らえて脅すと、放してくれれば夫のバイツヌマエアの居場所を教えてやるという。そこで鼠に一房のバナナを与え、道案内を命じた。こうしてシナは夫のいる村に辿り着いた。そこではポウンギの者たちが板太鼓を叩きながら踊りをおどっており、輪のなかに夫の姿があった。シナは鼠に、ポウンギの者に気づかれないように夫のそばに行き自分が来ていることを告げさせた。はじめのうちは夫は妻に気づかなかったが、やっとのことで夫婦は再会を果たし、二人は手を携え再び鼠の案内を得て自分たちの村へと急いだ。しかし、ポウンギの悪神ハアギキらに見つかって襲われ、危うく食べられそうになったが、鼠の援助で辛うじて助かり、逆にハアギキどもを討ち懲らし、無事、村に帰り着くことができた。

ポリネシア

妻を地下の国から連れ戻す

ニュージーランドのマオリ族のマタオラという男が目を覚ますと、地下の国から来たツレフ（死者の霊）たちが寝床の周りにいて話し合っていた。マタオラはご馳走を出してツレフたちをもてなそうとすると、地下の国では料理したものは食べないと辞退したので、生の魚を勧めると喜んで食べた。ツレフたちのなかにヌヴァラフと呼ぶ美しい女がいた。マタオラは恋心をおこし、妻となって人間界にとどまるように頼むと、彼女は同意し、夫婦となって暮らした。マタオラの弟が妻の美貌をほめたてるので、マタオラはヌヴァラフを疑い、殴った。彼女は腹を立て地下の国に帰ってしまった。マタオラは後悔し、妻のあとを追って旅立った。地下の国の入り口で門番の者に、ヌヴァラフが泣きながら通っていったと聞き、急いで地下の国に降って行き、やがて死んだ舅のウエトンガが住む村に着いた。村人はマタオラの顔を見て、ただ色を塗っているだけだと嘲《あざけ》り、それではすぐ消えてしまうと言って手で彼の顔を撫でると彩色がすっかり消え落ちてしまった。ツレフである村人たちは地下の国には入墨があり、いったん顔に模様をいれると、いつまでも消えないというので、羨ましがると、ウエトンガの所に行って頼めと教えた。マタオラが舅の家を訪ねると、ウエトンガは承知して入墨を施してくれた。色を塗るのと違い、痛いので紛らすために歌をうたうと、たまたま機を織っていた妻のヌヴァラフが聞きつけてやって来て彼の世話をした。こうして二人は仲直りしたが、しばらくすると、マタオラは人間界に帰りたくなり、妻を伴って帰郷の旅を始めた。途中でチワイワカという鳥が、人間界には今悪いことばかり起こっているので夏まで待てと教えたのでしばらく中止し、夏になって再び地下の国を旅立ち人間界との境にある門まで来ると、番人が、地下の国で作った神聖な衣を置いて行かなければ通すわけにはいかないと、ヌヴァラフをとがめた。そこでやむなく門番の言うとおりにした。二人が人間界に出ると、番人は門を開けておくと、生きた人間が勝手に出入りすると言って、固く締めた。それ以後、生きた人間は地下の国に行けないようになった。

朝鮮半島

地下の国の悪鬼退治

地下の国の悪鬼がしばしばこの世に現れて荒らし回り、婦女をさらっていった。王は三人の公主をさらわれたので、悪鬼を退治し、公主たちを救い出した者に褒美として末の公主を妻に与えると触れを出した。勇敢な若武者が三人の家来を連れ、悪鬼を退治するため出発し、諸国を回って地下の国への入り口を探し歩いた。ある日、山の麓で石を枕に横になっていると、夢に白髪の老人姿の山神が現れ、奥山の大きな岩の下に地下の国の入り口があると教えた。若武者がその巨岩を動かすと、はたして小さな穴があったので籠を作り、それに乗って地下の国へ降りて行くことにした。家来は皆怖じ気づいて失敗するので、若武者は彼らに綱を振って合図したら籠を引き上げるようにと命じて、自分で降りて行った。地底の国には立派な建物があり、それが悪鬼の屋敷らしいので、若武者は井戸のそばの大きな木に登り、様子をうかがった。やがて甕を持った美しい女が門から出てきて水を汲み始めた。若武者はわざと甕のなかに木の葉を落とし、見上げて彼に気がついたその女に来意を告げた。女は、門に獰猛な番人がいるので、よそ者は容易に屋敷内に入れないと忠告した。若武者は呪術を使って西瓜に変身した。女はそれを裳《チマ》の裾に包んで門に入り、屋敷内に持ち込んだ。悪鬼が人間のにおいがすると言って騒いだが、西瓜には気がつかない。数日後、屋敷内で宴会が催され、悪鬼は酒に酔って上機嫌になり、囚われの身の公主たちに自分の威力を自慢し、ただし自分にも弁慶の泣き所があり、両脇の下の鱗がそれだと、ついロをすべらせた。若武者は公主たちの協力を得て、その脇の下の鱗を切り取り、見事に悪鬼の首を斬り落とした。若武者は公主たちを連れて穴の下に達し、吊り下がっている綱を振って合図し、公主を一人ずつ籠に乗せて地上に送った。地上の三人の家来は三人の公主を引き上げ終わると、大きな岩を穴のなかに落とし、公主を伴って王の前に進み出た。王は大喜びし、公主の命の恩人たちのために宴会を催し、それぞれが公主と結婚することを許した。他方、地底にとり残された若武者は、奸計にはまったことを悟って嘆いていると、先の老人姿の山神が一頭の馬を連れて再び現れ、これに乗って地上に出ろと教えた。若武者を乗せた馬は一気に穴のなかを飛び上がった。若武者は王宮へ駆けつけ、王の前に進み出ると、三人の公主は真の恩人は若武者であると王に訴えた。経緯を聞いて王は三人の家来を懲罰し、若武者は約束どおり末の公主と結婚した。

インド

ラーマの魔王退治

ヴィシュヌ神の化身として生まれたコーサラ国のラーマ王子は、十六歳になると弟のラクシュマナとともに乱暴を働いて天界の神々を悩ます魔王ラーヴァナ退治の旅に出かけた。途中、ミティラー国のジャナカ王が畦道で拾い、畦道にちなんでシーターと名づけわが子として養育した彼女を妻とした。ところがランカー島の魔王ラーヴァナはシーターをさらってランカー島の王城内に監禁し、自分の妻にしようとした。ラーマは弟と旅を続け、途中、森の奥で出合った怪物カバンダを斬りつけ、彼の口から、パンパーという湖の近くのリシュヤムーカ山に棲む猿の王スグリーヴァがシーターの行方を知っていることを聞き出した。訪ねていくと猿王はシーター奪還に協力することを約束し、将軍はハヌマット（ハヌマン）の率いる猿の軍隊を派遣し、シーターの所在を捜させた。空を飛ぶことのできるハヌマットは大海を越えてランカー島へ飛び、魔王ラーヴァナの宮殿奥深くに囚われの身となっているシーターを発見した。ハヌマットはランカーの町に放火し、急ぎ帰ってきて、一部始終をラーマに報告した。ラーマは彼に従う猿軍や熊軍の協力で大海に橋を架け、ランカー島に押し渡った。時にガルダ鳥も現れて援助し、魔軍をつぎつぎに撃殺した。ラーマは魔王に決戦を挑み、昼夜にわたる激闘の末にこれを射殺し、シーターを無事救出し、コーサラ国の都に凱旋し国民歓呼のうちに王位に即いた。ラーマ王は善政をしき、のち王位を退き天界に昇っていった。

ラーマの武勇を讃える『ラーマーヤナ』は

古来インド人に広く愛され、東南アジアや中国・日本にも伝播した。この魔王退治の物語は英雄が動物の協力を得て鬼が島に鬼退治に行く日本の昔話「桃太郎」と類型的な物語で、ともに異郷訪問譚の一種である。

フィンランド

ワイナモイネンの冒険

水の母から生まれたフィン族の英雄ワイナモイネンは虹の乙女を手に入れようと一艘の船を造るため、適当な材木探しを始めた。野の神の息子サムプサ（またはペレルウォイネン）の援助を受けて、手ごろなハコヤナギや松の木を伐ろうとしたが、それぞれの樹木の訴えで諦め、最後に森の奥で槲《かしわ》の木を探し当て、さっそく仕事にとりかかった。ワイナモイネンは多くの魔法の歌を心得ていたので、作業の手順ごとに魔法の歌をうたって、床・柱・肋骨舷側・舵、そして櫂と、手際よく作業を進めた。しかし仕上げの段階で唱える三つの魔法の言葉を知らなかったため、どうしても縦梁と艫《とも》と舳先《へさき》の甲板だけはうまくできあがらなかった。彼は三つの魔法の言葉を探しにかかり、たくさんの海鴨や燕を殺して、彼らの体内を調べ、トナカイや白栗鼠《りす》を殺してその舌や口を調べたが無駄であった。ワイナモイネンは冥界王ツオニの館に数々の魔法の言葉が隠されているという噂を聞き、冥界へ向かった。三七《さんしち》の二十一日、荊棘や森のなかを旅を続け、やがて黒い水の流れる冥界の死の川に着いた。そして渡し守のツオニの娘に呼びかけると、その渡し船は死人以外は乗せることはできない掟だった。しかしワイナモイネンは、巧みに詭弁を弄して渡し守を説き伏せて船を出させ、彼女の案内で冥界王の館を訪ねた。ツオニの妃のツオネタルは強い酒の入った瓶を持ち出し、大きな黄金の盃になみなみと注いでワイナモイネンに勧めた。聡明で用心深いワイナモイネンは酒を飲む前にひそかに酒瓶のなかを盗み見すると、なかには黒い蛙・毒蛇の子・蜥蜴《とかげ》その他の虫がうごめいていたので、体《てい》よく辞退し、来意を告げて、三つの魔法の言葉を教えてくれと頼んだ。ツオネタルは彼の願いを拒絶したばかりか、二度と故郷のカレワラに帰すわけには行かないと言って、ワイナモイネンの頭の上で魔法の眠りの杖を振り回した。彼はその場に倒れ、深い眠りに陥った。歯の抜けた女妖術使いと三本指の男の妖術使いが鉄や銅の網を作り、それをツオニの子が死の川に運んで、縦横に張り巡らし、ワイナモイネンが逃げられないようにした。やがて深い眠りから覚めた彼は瞬時にして事態を看破した。そして魔法を使って小さいものに姿を変えて川のなかに潜り、二重三重に張り巡らした網の目を抜け出した。翌朝、冥界王の子が鉄の熊手を持って死の川の網を引き上げて見たが、ワイナモイネンの姿はなかった。ワイナモイネンは無事故郷のカレワラに帰り、人びとに冥界の様子を語った。

日本

浦島太郎の常世《とこよ》の国訪問

『丹後国風土記』によれば、丹後国与謝郡筒川の村に水の江の浦の嶼子（浦島太郎）という若者がいた。彼はある日、一人で小舟を沖に出し糸を垂れたがいっこうに魚が釣れない。三日目の夜になって奇妙な亀がかかった。その亀を舟のなかに引き上げ、そのまま眠りについた。ところが亀が美しい婦人に変わった。

嶼子は驚き、どこからやって来たかと尋ねると、その女は夫婦の契りを結ぶため、他界から来たと言い、嶼子を促して大海のなかにある常世の国へ赴くことになった。そして女の教えるままに目をつむると、舟は瞬時にして壮麗な宮殿の建つ大きな島に着いた。門を開いて内に入って行くと、大勢の童子らが亀姫の婿殿《むこどの》がやって来たとはやしたてた。嶼子は亀姫の両親や一族と会見し、やがて酒食が用意されて祝宴が開かれた。その夜、二人は夫婦となった。夢のような毎日が続き、たちまちにして三年の歳月が過ぎた。やがて嶼子は両親や郷里を懐かしく思い出すようになり、恋しさのあまり嘆息をつき、しばらく郷里に帰り、両親に会ってきたいと亀姫に訴えた。姫は互いに誓って永遠の契りを結んだのに、故郷に気持ちが移り、もう自分を捨てるつもりかと涙を流して嘆き悲しんだ。そしてついに離別のときが来ると、姫は私のことを忘れないようにと手箱を嶼子に渡し、常世の国に戻って来るまで決して箱を開いて見ないようにと念を押した。嶼子は小舟に乗り、教えられたとおり再び目をつぶると、たちまち郷里の筒川の海岸に至った。しかし村の様子は一変しており、家も人も以前とはまったく違っていた。会った古老に尋ねると、今から三百年ほど前、村に嶼子という若者がおり、独り釣りに出かけたまま戻って来ないと語った。嶼子はわずか三年と思っていた常世の国での暮らしは実はこの世では三百年であったことを知った。嶼子は旧知の人がいるかどうかと、なお村内を回って歩いたが、十日経っても知る人はだれもいない。急に亀姫が恋しくなり、つい約束を忘れて、姫の贈った手箱を開けて見た。すると、若々しい容姿は一瞬にして消えうせ、嶼子は老衰の身に一変した。彼は再び常世の国へ戻ることもできず、涙を流しながら海辺をさまようばかりであった。

中　国

周穆王の西王母訪問

『穆天子《ぼくてんし》伝《でん》』によれば、穆王は将兵を率いて東都の洛邑を出立した。途中の国々は王に服従を誓い、数々の献上物を奉り、これに対し穆王も褒美の品々を下賜しながら西北へと進んだ。鄘《ほう》人の国で河伯（黄河の神）の子孫である鄘柏絮《はくじょ》の出迎えを受け、その地で白い狐と黒い貉《むじな》を犠牲《いけにえ》として河伯を祀った。さらに西へ進んで、同じ河伯の末裔である柏夭の国でも河伯を祀ったが、そのとき、河伯が柏夭に乗り移り、彼の口を通じて穆王に対し、崑崙に赴き、春山の宝を見るがよいと告げた。そこで王は柏夭を道案内とし造父《ぞうほ》が八頭の名馬を御す車に乗って、一日千里を走り、赤水・黒水など五色の川の源である崑崙の丘に到着した。王は丘に登り、聖天子黄帝が巡狩の折に建てたと伝えられる宮殿を見たあと、春山に登った。そこは崑崙山の頂であり、気候温和で、赤い豹・白い虎・白い隼・青い鷲などの珍獣奇禽の棲む楽園で、神仙の住む聖域「県圃」であると伝えられていた。王の一行はここでしばらく滞在し、碑を建てて記念とした。一行はさらに西へと旅を続け、赤烏の国に到着した。赤烏は周と始祖を同じくする国で、穀物の豊かに実るところであった。王は帰国後、中国に植えるため穀物の穂を手に入れ、さらに旅を続け、美玉の産する群玉の山に至り、ここで宝玉を採取し、玄池や黄鼠山などを経て、ついに西王母の国に到着した。穆王は吉日甲子の日、白と黒の宝玉で身を飾り、西王母を訪問し、錦の紐などの品を贈り物とし、しばらく王母のもとに滞在した。そして別れの日、王は瑶池のほとりで西王母をもてなした。このとき、西王母が「白雲は天山の上にあり、王と私の国を山川が遠く隔てているが、王が長命で再びこの地を訪ねられよ」とうたうと、穆王はこれに応えて「東の国に戻って民の暮らしを安定させ、三年後に再び訪ねよう」とうたった。その後、王は弇《えん》山に登り、「西王母の山」という文字を刻んだ記念碑を建てた。これより将兵に命じ、群鳥が羽を解くところと言われる曠原で猟を行わせ、車百台分の羽毛を手に入れ、東へと帰国の途に就いた。道中、往きと同じように諸国を服属させ、珍宝奇貨の献上品を受け、代わりに褒美の品々を賜与した。瓜纑山を過ぎ、やがて砂漠にさしかかったとき、飲み水がなく王は渇きに苦しんだが、近衛の者が馬の頸を刺し、迸《ほとばし》る血を取って王に献じて渇きを癒やした。王はわずかに柏夭の車を従え、造父が駆る八頭立ての車をとばして東南へと進み、巨蒐《しゅう》氏の国に到着した。巨蒐の人は王に飲み物として白鳥の血を奉り、さらに牛と羊の乳で王の足と車などを洗ってさしあげた。さらに王は南へ向かい陽紆《ようう》山に至った。この山のある地方は道案内をした柏夭の国であるが、柏夭はさらに穆王を鄘人の国まで送った。王は帰路に就く柏夭をねぎらい、雷首山に進み、雷水のほとりで往路と同じように犬戎の首領のもてなしを受け、さらに進んで鈃《けん》山付近まで行くと、家臣を周へ先発させ、王の帰還を待つようにと命じた。その後、王は太行山脈を越え、黄河を渡り、千里を馳《は》せてついに東の都の洛邑に帰り着くと、役人たちは白鳥の血を穆王に飲ませ、牛や羊の乳で足を洗った。王は先王たちの廟に詣り、従軍の将兵を洛水のほとりでねぎらったあと、西の都へ帰り、大旅行を終えた。

『穆天子伝』は戦国時代の魏国王の墓から竹簡の形で発見された西周王朝第五代穆王の西王母国訪問譚であり、太陽神の後裔である東方の穆王が西方世界の月神である西王母を訪ねて再び戻るという太陽神神話の面影をとどめているともいわれ、貴い血筋を引く者が異郷を流転する異郷訪問譚の史話化であろうともいわれている。

武陵桃源

『捜神後記』によれば、晋の太元年間、武陵に住む男が魚を獲りながら谷川を舟でさかのぼると、谷川は桃の花の咲く山で終わりとなった。山には小さな穴があり狭い穴のなかをしばらく進むと、突然視界が開け、広い田畑があり立派な家々が建ち並び、犬や鶏の鳴き声がのどかに聞こえた。往来する男女の服装も武陵の人びととはまったく違い、みな満ち足り、楽しげな様子であった。人びとは漁夫を見て驚き、家に招いて酒食をもてなした。彼らの祖先は秦の乱世を避けてこの地にやって来て隠れ住んだと語り、彼らは漢の時代も魏や晋の世のこともまったく知らなかった。数日の滞在後、漁夫は村の人びとに別れを告げて舟で川を下り、郡役所に出頭して太守に隠れ里のことを報告した。その後、漁夫は太守の命令を受けて再び谷川を上ったが、二度と桃源の隠れ里に行き着くことができなかった。

アイルランド

常若の国を訪ねたオシアン

エリン島に住むケルト族の騎士団フィアナの首領フィンは息子のオシアンやその他の騎士たちとレイン湖に近い森に狩りに出かけた。

そこに、この世の人とも思われない美しい乙女が白馬に乗って現れた。常若の国《ティル＝ナ＝ノグ》の王女でニァヴといい、聡明なオシアンと結婚するためにやって来たと言った。常若の国は西の海のはるかかなたにあり、光り輝く国で金銀宝玉に溢れ、木の実は枝にたわわに実り、百花が乱れ咲き、病も苦しみも老いも死もない別天地であった。オシアンはひと目で心を奪われ、ニァヴと一緒に常若の国に赴く誓約《ゲッシュ》をした。そして父王の嘆きやフィアナの仲間の悲しみをあとに、白馬に跨ってニァヴとともに西に向かって駆けた。白馬は野や山を越え、波の上を越えて天空を駆けた。オシアンは途中さまざまな不思議な光景を目撃し、やがて黄金や色とりどりの宝石で飾られた常若の国の宮殿に到着した。国王と王妃は二人を出迎え、結婚の祝宴が何日も続いた。オシアンは夢のような楽しい毎日を送った。三年がたちまち過ぎ、オシアンはエリンの父やフィアナの仲間に会いたくなった。悲しい顔をするニァヴに、すぐまた戻ってくるからと言い聞かせた。ニァヴは、「エリン島はすっかり変わっており、フィンもフィアナの騎士たちもとうの昔にいなくなっているだろう。しかしどうしても行くなら、絶対に白馬から降りないと誓うなら」と許した。オシアンは故郷に帰れる喜びでニァヴとの約束もあまり気にもとめず、白馬を駆って一路海上を越え、エリン島に着いた。しかし丘も野も湖もみな昔の面影はなく、友人の家もみなかった。そればかりかそこに住む人も馬もすべて小さく、彼らはオシアンを見上げて一様に驚き騒いだ。そして訊ねるオシアンに答えて小さい人びとは、三百年ほど以前の大昔、活躍したフィアナ騎士団の噂や首領フィンの息子のオシアンが若い妖精の娘と常若の国に行ったきり帰ってこなかった話などを語った。オシアンは悲嘆にくれ、白馬を駆って父の館のあったアレンの丘に走ったが、すでに雑草の茂る廃墟と化していた。悲しみにうちひしがれ懐かしい昔の面影を求めて白馬を走らせていると、大勢の小さい人びとが大きな板石を動かそうと懸命に働いていた。オシアンは馬上から身をかがめて手伝ったが、そのとき黄金の鐙《あぶみ》が切れ、馬から落ちて両足が地面についてしまった。とたんにオシアンは全身から力が抜け、皺だらけの老人に一変し、白馬は走り去ってしまった。

インドネシア

猪の国を訪ねた男

昔、モルッカ諸島のハルマヘラ島に住むある男が畑の見張りをして、作物を荒らしにきた野猪を見つけ、槍で突いたが、刺さった槍ごと獲物に逃げられた。次の日、男は手負いの野猪を追跡して行き、岩の深い割れ目を発見し、そこから下界に降りていき、町に達し、一軒の家の戸口に失った自分の槍がたてかけてあるのに気がついた。しかもその家のなかから病人の呻き声が聞こえた。なかからその家の主人らしい男が出てきて来意を問うたので、男は昨日、猪にとられた槍を捜しにきたことを告げた。すると、娘を傷つけたことをなじり、彼女の怪我を癒やしたうえ、結婚しなければならぬという。見ると、猪の皮がその家の垂木にかかっていた。この国の人びとが地上の畑を荒らしに行くときは、これを着て出かけるのであった。男は言われるままに、その女の傷を癒やし夫婦になった。しばらくたって、男は故郷が恋しくなり、いちど地上に行きたいと言うと、妻は野猪の毛皮を身につけて行けという。男は地上に赴くとき、そのとおりにして出かけた。こうして三か月ほど経ったある日、男が他の者たちと地上にやって来たとき、目を開けろというまで開いてはならぬと言われ、さらに今後、野猪が畑を荒らしに来たら、槍や弓矢で手荒なことをせず、ただ口頭でこの畑に来てはならぬ、ほかに行けと言え、そうすれば野猪はよその畑に行くだろうと訓戒された。そのとおりに言って目を開くと、男は自分の畑におり、もとの人間の姿になっていた。男はそれ以来、地下の妻と永遠に会うことはなくなった。

これは一種の異類婚説話であるが、異類の国に赴いて彼らをコントロールする呪言を教えられたことのほかに、耕作物を野獣から守る呪術の起源をも物語っている。そして動物は人間の世界に現れるときは毛皮をつけて動物の姿でやって来るが、彼らの国では人間の姿をとり、人間と同じように暮らしているという動物観が明瞭に示されている。

スコットランド

アザラシの国を訪問した漁夫

ケルト族の一人の漁夫がアザラシを獲って妻と暮らしていた。彼はアザラシ獲りの名人と評判が高く、毛皮商たちが高値でアザラシの皮を買い取りにやって来た。ペントランド湾を越えてアザラシ獲りをしたある日、彼は一頭の大きな獲物を見つけてその背中にナイフを刺したが、逃がしてしまった。数日後のある夜、うす黒い見知らぬ男が馬に乗って漁夫の家に訪ねてきた。男は主人が取引をしたいと言っているから一緒に来てくれと言うので、彼は男と馬で出かけた。馬は疾風のように駆け、やがて海中に入った。漁夫が気がつくと、男が傍らで泳いでおり、しかも馬も二人もアザラシに変わっていた。やがて海底の町に着くと、大小のアザラシが話し合ったり遊び戯れたりしていた。主人の家と称する美しい御殿につき、うす暗い部屋に通された。ベッドの上には年取ったアザラシが苦痛のため呻いており、傍らには血まみれのナイフがおいてあり、それは漁夫のナイフであった。彼は数日前の出来事を思い出し、慌てて謝った。案内した男は漁夫のナイフである確認をとると、実は病人は自分の父親であり、町の医者はだれも癒やすことができないので、漁夫の助けを借りたいので一緒に来てもらったと言い、彼の手を父の背中の傷口に当ててくれと頼んだ。言われるようにすると傷はたちまち癒え、痛みもやんだ。漁夫が帰るとき、男は二度とアザラシを獲らないと誓え、もし約束を守れば大金持ちになれるだろうが、ただし破れば死ぬと言った。海岸に着くと、漁夫も案内の男も人間に変わった。別れ際に男は小さな鞄を差し出し、約束を破るなと念を押した。漁夫は家に帰り、もらった鞄を開けると、真珠がいっぱい。漁夫はそれ以後、誓いを厳守し、アザラシ獲りをやめ、生涯妻と幸福に暮らした。

異郷の類型論《タイポロジー》

冥界訪問

冥界訪問の物語は、夫や妻あるいは愛児など近親者の死を悲しみ、その蘇生を願って死者のあとを追い、冥界に赴くことをテーマとする。冥界は地下・地底にあるとする地下他界観が一般的で、そこに赴くための洞穴など、特定の入り口や現世と冥界とを限る三途の川のような境界が存在するとされる。それを越えた冥界はこの世とは異質の世界であり、死者がそこでいったん飲食物を口にすれば冥界の仲間入りが決定的になり、永久に人間の世界に戻ることができない。他方、生きた人間が冥界訪問が許されても、そこでは厳しいタブーが課せられ、結果的にそれを破ることによって冥界を追われる宿命にある。いずれにしても冥界訪問譚はその目的を果たすことなく、むなしく地上世界に戻るのがこの型の物語の骨子である。

冥界訪問譚はその伝承社会の宗教や倫理観などと関連して、冥界を極楽視する例もあるが、一般には冥界は陰気な世界と見られ、地獄視される。そこには残忍な魔王のような冥界王が君臨すると考えられる。そのため冥界訪問譚はその魔王的存在や配下の悪鬼などを征伐する英雄の魔王退治や悪鬼退治の物語の性格をも帯びる。また冥界訪問譚は神霊・精霊・死霊などの超自然的存在と接触し交流をする宗教的職能者（シャーマン）の神秘的体験と関係が深いと言われている。死者の世界はまた冬の季節のアナロジーとして語られ、死者の復活を目的とする冥界訪問の物語は、春の季節の招来を促す祭祀儀礼とも関係があり、この点でも宗教的職能者とのかかわりが深い。

理想郷訪問

人びとがあこがれるユートピア観念は理想郷訪問譚を発展させた。理想郷は一般に、天上界あるいは海や地平のかなたに想定され、現実世界に欠けたもの不足するものが豊富な楽土とされた。理想郷訪問譚は幸運な者が訪ねてそこで歓待され、宝物を与えられて戻ってくるというテーマの物語である。そこは時間までがこの世と異質で、そこでの瞬時は人間世界の数年にも数十年にも相当する。したがって不死不老の国、常世の国ともされるが、冥界同様に訪問者は往々にしてタブーを課せられ、それを破って現実世界に引き戻されるという運命を辿る悲劇の物語ともなる。

異類国訪問

異類国訪問譚は、動物などを助けたお礼に彼らの国で歓待を受けたうえ、異類の女と夫婦となってしばらく幸福に暮らし、あるいはお礼の宝物を持ち帰るというテーマの物語であるが、そこで課せられたタブーを破ったため、再び現実の世界に引き戻されるという展開をし、異類婚や理想郷訪問の物語と重複するケースが多い。

異郷訪問譚は訪ねる異郷の相違や性格、あるいは訪問の動機や目的によっていくつかの類型に分けられるが、モチーフを共有し、互いに影響し合い、また物語性に富むため多くのバリエーションを生んだ。

異類婚

伊藤　清司

異郷の聖存在との結婚

　人類の本質的営為の一つであり、種族の保存・繁栄の機能である結婚は神話伝説の主要なモチーフとされているが、そのなかでももっとも特異なものは異類婚である。人間と人間以外のものとの不思議な結婚を主題とする異類婚伝承は汎世界的に諸地域・諸民族の間で語られてきた。異類としては天女・精霊・妖怪など観念的存在あるいは信仰上の実在もあるが、圧倒的に多いのは具体的な動物であり、その種類も象などの巨大獣から熊・虎・犬・猿などの獣類、鷲・鶏などの鳥類、鰐《わに》・ヘビなどの爬虫類、鮭などの魚類と千差万別であるが、それらは伝承する当該社会の自然的環境や生活形態と関連性をもつばかりではなく、また単なる生物としての俗的存在でもなく、世界観や信仰とかかわりをもち、天女・精霊・妖怪などとともに異類としてのカテゴリーを同一にする聖なる実在であったと考えられる。異類婚は異類が男性となり人間の女性と結婚する場合と、逆に異類が女性となり人間の男性と結婚する場合の二つの型に分けられるが、そのいずれの場合も、異類との結婚そのものが問題となるばかりではなく、その異常な結婚を可能にした経緯、あるいは異類側から提示された結婚の条件があり、それに対する人間側の対応およびその結果が重要である。

異類婚は伝承社会の婚姻形態その他の影響や各種のモチーフ・要素を複合して複雑な内容をもつが、本質的には結婚の目的、その営為の結果としての子孫の誕生、しかも両親の一方が聖なる実在のゆえに、非凡なる子孫の誕生が語られるものが多い。

日本

三輪山神婚

『古事記』によれば、美しい娘イクタマヨリヒメのもとに、容姿も衣装もたぐいなく高貴な者が真夜中に訪ねてきた。二人は互いに愛し合い、ひそかに夫婦の契りを結んだが、ほどなくイクタマヨリヒメは身重になった。両親は娘の懐妊を怪しみ、夫もいないのに妊娠したわけを問いただすと、娘は名前も素性も不明だが、立派な殿御が夜ごとに訪ねて同棲しているうちに身重になったと答えた。そこで両親はどのような人物かを知りたく思い、赤土を寝室の前に撒いておき、糸巻に巻いた麻糸の端を針に通しておき、男が訪ねてきたらその着衣の裾に針をそっと刺しておけと教えた。娘は言われたとおりにしておき、翌朝になってみると、残っている糸巻の糸はわずかに三勾《みわ》（三巻き）だけしか残っておらず、麻の糸は戸の鍵穴から外に延びていた。そこで男は鍵穴から出ていったことがわかったので、糸に沿って尋ねて行くと、美和山の神社に至った。そこでイクタマヨリヒメが宿した子は美和山のオオモノヌシの御子であることがわかった。こうして生まれたクシミカタノミコトの子孫がオオタタネコで、疾病流行の非常の際、オオモノヌシの末裔としてこの神を祭り、その怒りを鎮めて疾病を終熄させた。オオタタネコは神君《みわのきみ》・鴨君《かものきみ》の先祖であり、また麻糸が三勾だけ残った土地を美和（三輪）と呼ぶようになった。

三輪山神婚異伝

『日本書紀』によれば、オオモノヌシがヤマトトビモモソヒメノミコトのもとに訪ねてきて夫婦となった。この神は日中には決して訪ねてこず、かよってくるのは夜中であったので、暗くてその姿を見ることができない。ヒメはあるとき、「どうぞ今夜はゆっくりしてください。明日はぜひうるわしいお顔を拝見したい」と言うと、「それでは明朝、そなたの櫛を入れる箱のなかにいよう。ただしわしの姿を見て驚いてはいけない」と言った。ヒメは不思議なことを言うと思いながら夜の明けるのを待ち、櫛箱を覗くと、下紐ほどの小さいヘビが入っていたので、驚いて叫び声をあげた。すると、ヘビはたちまち人間の姿に変わり、「約束を破って恥をかかせた」と言い、天空を飛んで立ち去り御諸《みもろ》（三輪）山に登っていった。ヒメは後悔し、箸で陰部を突いて死んだ。その死体は箸墓に葬られた。

『古事記』ではかよってくる男性がヘビだとはいっていないが、小さい鍵穴から出入りするような異形の主であり、それが『日本書紀』によって蛇体の三輪山の神であることは明らかであって、この三輪山神婚伝承は異類婚姻譚の一つであり、しかも共に異類である男性が女のもとにかよってくる婿入り婚(matri-local)の形式をとっている。この型の話は『常陸国風土記』の晡時臥山《くれふしやま》の条にも見られるほか、わが国にも昔話や伝説の形で比較的広く流布しており、結婚後、異類が正体を知られて人間のもとを立ち去ったが、生まれた子が偉人となったというタイプと、相手が異類とわかって破局を迎えるというタイプとがあり、さらに女性が子を堕ろして難を逃れたという結末をとるものがある。記の伝承は前者に属し、『平家物語』のなかの三輪神社に関係のある一族と言われる豊後の国の緒方伝説は、後者に属する始祖伝説の代表例である。紀の伝承は禁忌《タブー》を破って破局を迎えるという「見るなの座敷」型をとり、箸墓の起源伝説と複合し、やや複雑な伝承となっている。

これに対して、異類が女性のほうである異類婚姻譚もまた広く分布している。

トヨタマヒメの出産

天神の子のホホデミ（山幸彦）は失った釣針を求めて海神の国を訪ね、その娘のトヨタマヒメを妻とした。ヒメはまもなく懐妊し、夫の国である浜辺に産屋《うぶや》を建て、そこで子を産もうとして、鵜の羽で屋根を葺いている途中で陣痛を起こし、こらえきれずになかに入った。その際、他国の者は出産するときは本国の姿になって子を産むゆえ、決してその姿を見ないようにと強く念を押した。ミコトは不審に思い、禁を破って覗くと、ヒメは八尋《ひろ》もある大きな鰐の姿になってうごめいていた。驚き恐れて逃げ出すと、これを知ったヒメは恥ずかしく、かつ恨みに思い、子を産み終わると海神の国に帰ってしまった。生まれた子はウガヤフキアエズといい、のち、このミコトとタマヨリヒメとの間に生まれたのが初代の天皇であるカムヤマトイワレヒコ、いわゆる神武天皇である。嫁入り婚（patri-local）の形式をとる異類女房型伝承は多くは「見るなの座敷」型で、結婚自体は悲劇に終わる。

異類婚姻譚はほとんどが動物との結婚を主題とするが、まれには異類が樹木の精とする伝承もある。次の三十三間堂棟木の由来を語る伝説はその例である。

柳の精の女

後白河法皇が持病の頭痛に悩まされた。ある夜、熊野大権言が枕元に現れ、頭痛の起こる縁因を語り、熊野の岩田川（現富田《とんだ》川）の岸の大きな柳の木を伐採し、それを棟木として三十三間堂を建立すれば持病が癒えるだろうと語ったので、さっそく柳の木を伐り倒すよう命じた。当時、岩田川の近くに孫作という木樵がおり、その柳の木の守り役を務めていた。孫作にはお柳《りゅう》という妻と緑丸という五歳になる男の子がいた。孫作が川原の柳を伐る命令を受けたと聞くと、お柳は急に顔色を変え、伐採に強く反対した。孫作も気の進まぬまま斧を持って川原へ出かけた。古さびた柳の大樹はなかなか刃がたたず、明け方になってようやく倒れた。孫作が帰宅すると、緑丸は母親がいないと言って泣き叫んでいた。そのときお柳の声がして、実は自分は柳の精（精霊）で、縁あって孫作と夫婦となったが、こうなっては一緒に暮らすことができないと語り、緑丸をよろしく頼むと言って消えた。一方、倒された柳の木は荷車に積まれ、都に運ばれることになったが、大勢の者が引いても押しても車は動かない。孫作は都から来た役人に向かって、柳の古木の精がお柳といい緑丸の母親であること、母子の情断ち切り難く、別れを惜しんでいることを告げ、緑丸に車を引く音頭をとらせるように申し出た。そのようにすると、さしもの荷車も動き出した。この柳の木が三十三間堂の棟木となった。

女が結婚の条件を出し、その約束を夫が破ったという話ではないが、結局は孫作が柳の木を伐り倒すことでお柳の素性が知られ、夫婦の破局を迎えたという内容であり、しかも緑丸という子が登場し、構造的にはトヨタマヒメの出産の神話と類似している。

朝鮮半島

作帝建と竜王の娘

『高麗史』高麗世系によれば、白頭山の麓に住む虎景がある日、狩りに出て山神（虎）に遇い、夫婦となった。二人の間に生まれた康忠は具氏の娘を娶った。風水師（占師）の勧めに従って開城の近くの山にたくさんの松の樹を植えた。やがて伊帝建と宝育の双子に恵まれた。宝育は、父康忠が松を植えた松嶽山の頂から放尿すると朝鮮の国土が海と化する夢を見た。まもなく宝育には妻との間に二人の娘が生まれた。ところが、その姉娘も、山頂から下界を眺めると河が溢れ一面海になった夢を見た。妹娘の辰義はその夢を請うて譲り受けた。当時、皇子であった唐の粛宗が、たまたま海を渡って朝鮮を巡歴の途次、宝育の家に逗留し、そのおり辰義と契った。別れに際し、男児が生まれたら与えよと愛用の弓と矢を残した。やがて生まれたのが作帝建である。彼は幼くして聡明で諸芸に通じ、とくに弓術は抜群で、人びとは彼を神弓と呼んだ。彼は十六歳の年、父に会おうと唐土への船旅に出たが、途中、嵐に遭遇した。作帝建は犠牲となって海中に身を投じたが、不思議にも海中の岩の上に立った。そのとき西海の竜王が翁の姿となって現れ、作帝建に助力を請うた。翁を悩ます怪物は数百年を経た古狐の変《へん》化《げ》で、彼は一矢でそれを射殺した。感謝した翁は彼を竜宮に案内し、一族に建の字のつく者が三人出て東方世界の王となるだろうと言い、かつ手柄をねぎらってたくさんの宝物と神通力をもつ豚を贈ったうえ、自分の娘を彼の妻とした。作帝建は竜女を伴って再び唐土に向かったが、結局、辿り着いたところは開城であった。やがて神霊な豚の導きで松嶽山の南麓に新邸を構えた。妻は寝室の外に掘った井戸を通じて西海の父のもとに往来するが、決してそのときの姿を見てはならないと、作帝建に厳しく戒めた。彼は妻との約束を固く守った。やがて四人の子が生まれ、三十年の歳月が過ぎた。ある日、作帝建はつい好奇心に駆られ、妻の里帰りする様子をひそかに窺うと、井戸に入るや否やたちまち黄竜の姿に変わった。彼が驚き恐れているとやがて妻が現れ、彼の違約を恨み、四人の子を残したまま永遠に竜王の国に去って行った。四人の子のうち長男の竜建は、長じて夢のなかで絶世の美人と遇ったが、その後、松嶽山の麓で、夢で見たその美女と出会って夫婦となった。彼女の出自はまったく不明で、そのため夢夫人と呼ばれた。竜建は松嶽山の南に新邸を建築中、師道詮という道士が通りかかり、家の方位が悪い、改めれば男児が生まれ、しかも他日必ず国王となろうと言い、その子に王建と命名しろと説いた。そのとおりにすると予言どおり男児が生まれた。彼が長じて高麗王朝の創建者となった太祖王建である。

多くの潤色と増補を経た複雑な伝承となっているが、基本的には異類婚型の始祖誕生ならびに建国神話である。なお、別の伝承(『燃藜室記述』高麗政乱王業肇基条)によれば、前掲の神話が真実である証拠に、高麗朝の歴代の王の左脇には必ず金色に輝く竜の鱗があったと伝えられる。

甄萱《キヨンフォン》伝説

『三国遺事』によれば、昔、光州北部のある大金持ちに容姿端整な娘があった。その娘のもとに、紫色の衣服を着た見知らぬ男が夜ごとに訪ねてきて共寝をした。娘がそのことを父親に告げると、父は長い糸を針に通しておき、その男の衣装に刺せと教えた。そのとおりにして夜が明けてから糸を辿っていくと、塀の下にいる大きな蚯蚓《みみず》の腹に針が刺さっていた。娘はその後、身籠って一人の男の子を産んだ。その子は十五歳になると自ら甄萱と名乗った。智略に優れ、景福元年（八九二）には国王となり、都を完山郡に定めた。

　これも三輪山型の始祖出自を語る神話的伝説である。次の民間説話も同じである。

カワウソの子

　会寧の西、鰲池岩という所に李座首という土豪がおり、年をとってから娘が生まれ、大事に育てた。その娘が結婚もしないのに妊娠したので、李が厳しく問い詰めたところ、夜ごとに四つ足の動物がやって来て交わると告白した。李は娘に絹糸の玉をひそかに用意して、糸の一端をその獣の足首に結びつけさせ、翌朝、糸を辿っていくと池に着いた。李は村民を総動員して池の水を汲み上げてみると、足に糸がからみついたカワウソがいたので撲殺した。娘は月が満ちて髪の毛の黄色い男の子を産んだ。ノラチ（ヌルハチ）と名づけられたその子は長じて武勇に優れ、また水泳が得意であった。のちにある女傑と結婚した。その第三子がのちの清王朝を創建した太祖である。

檀君神話

天神の子・桓雄は人間世界を統治するため、大勢の部下を引き連れて太伯山の山頂にたつ檀樹のもとに降りた。時に一頭の熊と虎とが山中の洞穴に棲んでいた。彼らは桓雄に対し、人間に変身したいと懇願した。そこで桓雄は霊妙なヨモギ一握りと二十個のニンニクとを与え、これを食べて百日の間、日光を見なければ人間になれるだろうと教えた。両者はこれを食べ、物忌みに入った。熊は三・七の二十一日目に人間の女に変わったが、物忌みを怠った虎は人間に成れなかった。さて、熊女は結婚の相手がおらず、常に檀樹の下で、子を孕みたいと祈った。そこで桓雄は熊女と結婚し、やがて男の子を産んだ。それが檀君王倹で彼は都を平壌に定め、朝鮮国を建てた。これも異類婚による始祖神話である。

中国

槃瓠《ばんこ》神話

『後漢書』によれば、昔、帝嚳《ていこく》高辛氏の世、犬戎《けんじゅう》が中国に侵寇し、乱暴を働いた。そのため大いに宸襟を悩ましたが、討伐は失敗を続けた。そこで帝は天下に布告して、もし犬戎の大将である呉将軍の首をとってきた者があれば、たくさんの黄金と一万戸の封地を褒美として与えたうえ、自分の娘を妻として降嫁させると約束した。ところで、帝のもとに槃瓠という名の五色の毛並みのよい犬が飼われていた。その犬が布告が出ると姿を消し、まもなく人間の首を銜《くわ》えて宮中に戻ってきた。家来の者が怪しんで調べてみると、それは紛れもない呉将軍の首であった。帝は大いに喜んだが、さて犬に姫を与えるわけにはいかず、さりとて適当な褒美も見つからず当惑した。するとそのことを知った姫はいやしくも皇帝たるものが約束を破ることは許されない。私は槃瓠の嫁になると申し出た。そこで帝はやむなくそれを承知した。槃瓠は姫をもらい受けて背中に乗せ、南山へと走っていき岩屋の中に棲んだ。そこは険阻で、人間が容易に近づくことができない所であった。帝は姫の身の上を案じ、しばしば使者を遣わして所在を捜させたが、そのたびに風雨などに災いされて訪ねることができない。そのうちに三年の歳月がたち、姫は六男六女の母となった。槃瓠が死んだのち、子供らは兄弟姉妹で夫婦となった。彼らは木の皮を紡いで織り、草の実で染めて衣装を作ったが、それにはみな尾の形がついていた。その後、姫は父帝のもとに帰り、事情を詳しく語ったので、帝は使者をやって子供たちを宮中に呼び寄せたが、平地に住むことを喜ばず、好んで山谷に入ったので、帝は彼らに山間僻地の領土を賜った。子供らはその後、子孫が殖え、蛮夷と呼ばれるようになった。父の槃瓠が功労者で母が皇帝の姫であるため、農業や商業を営む場合に一切の租税をとくに免除された。彼らの子孫が長沙の武陵蛮である。

これは異類婚による部族の起源神話である。

馬娘婚姻

張儼撰の『太古蚕馬記』によれば、昔、ある男が遠くへ旅に出かけ、家には娘が一人留守をしながら牡馬の世話をしていた。父が恋しくてならず、独り居の寂しさから、ある日、戯れに馬に向かって、父を連れてきてくれたらお嫁になると語った。これを聞いた馬は手綱を引きちぎって飛び出し、娘の父親のもとにまっしぐらに駆けていった。男は突然現れた馬を見て驚きかつ喜び、これに跨ると、馬はやって来た方角に向かってしきりに嘆き悲しむ風情なので、わが家に異変が生じ知らせに来たものと思い、急いで戻った。家に帰って褒美にまぐさをたくさん与えたが、馬はいっこうに食べようとせず、娘を見るや喜んだと思うとたてがみを振り乱し、激しく地面を蹴って怒るので、男は怪しんでわけを娘に問いただすと、子細を語り、たぶん結婚の約束を果たさぬからであろうと言う。男は家門の恥だ、他言するなと娘に厳命し、馬を弩弓で射殺したうえ、皮を剝いで庭にさらしたあと、また旅に出た。娘は、畜生の分際で人間と夫婦になろうなどとするからこのような事態を招いたと罵って馬の皮を蹴ると、皮はにわかに娘を包み込んで飛び去った。これを見た隣家の娘の知らせを受けて男が戻って来たが、娘も馬の皮もすでになく、二、三日後に、娘は蚕と化して大きな桑の木の枝で糸を吐いていた。隣の娘はその蚕を養い、それから立派な絹糸をとることができた。

牡馬と人間の娘による異類婚の一種で、養蚕起源を語る神話的伝説である。

ベトナム

カワウソの子、丁先皇

武芳提の『公余捷記』巻五によれば、寧平嘉遠の華閭洞という所に深い池があり、驩州刺史丁公著の妾が、ある日池のほとりで洗濯をしていると、一匹の大きなカワウソが現れ、妾と交わった。やがて妾は妊娠して一男児を産んだ。その児の父親がカワウソであることを妾が秘密にしていたので、丁公著は自分の実の子と信じて寵愛した。やがて丁公著が死に、カワウソが村を訪ねたときに村人が捕まえ、煮て食べて骨だけを残した。妾はその骨を集め、子にこれが父であることを教えた。その子は長じて丁部領と号し、水泳が並外れて卓越し、武勇智略にも傑出し、水界の竜馬を制御し、のちベトナムを統一し、丁王朝を創建した。それが丁先皇である。竜蛇と同様、水界と縁の深いカワウソとの間の異類婚による王者出生伝承である。

タイ

バナナの精と結婚した男

バナナの木の精霊は、美しく優しい女性であると伝えられている。若者がそのバナナの木の精を妻にしたいと思った。彼は、智恵のある老人にバナナの精を呼び出す方法を教わり、何本かのバナナの木を植えた。そして、毎晩バナナの木のもとに行って一生懸命に木を抱いた。しかしバナナの精は現れなかった。若者は諦めずつぎつぎに木を抱いて回った。とうとう一本の美しい木から女が姿を現した。若者は彼女と深く愛し合った。彼女は若者に幸運を約束した。しかし時がたち、バナナの木が枯れていくとともに彼女もまた衰弱していった。そして木が倒れたとき、彼女も死んだ。男は悲しみのあまり出家し、二度と女性を愛することはなかった。

マレーシア

象と結婚した男

セランゴル地方の伝説によれば、ラボという名のマレー人が、ある日、田圃の稲が象に踏み荒らされているのに腹を立て、象の通り道に大きな鉄製の罠を仕掛けた。その夜、一頭の象がその罠を踏み、足に釘を刺したまま逃げ去った。ラボは翌日、傷ついたその象の足跡を辿って行き、途中、道に迷って三日三晩さまよった末、見知らぬ国に着いた。そこはシャム（現在のタイ）の国境に近い広闊な地で、住民はことごとく象であるが、みな人間の姿をしており、国境を出ると象の姿となるのであった。ラボがその国を回ると、どこも物音一つせずうち沈んでいるので、出会った老人にそのわけを訊ねると、国王の公主が病気で苦しんでおり、音を立てることを一切禁じられているとのことであった。その病気が、鉄の罠を踏んで釘を足に刺して大怪我したためであったので、ラボは公主の病気の治療を申し出て王宮を訪ね、怪我で苦しむリムブット姫の足から釘を抜き取り癒やした。国王は感謝し、ラボを姫の婿とした。ラボは長らくその国にとどまり二人の子を儲け幸せに暮らしたが、やがて故郷が恋しくなり、姫に同行を求めた。姫は食事のとき、皿に木の芽をつけないと固く約束するならとの条件で承知し、二人は出発した。その日の終わりに夫婦は休憩し、食事をとり始めたとき、ラボは妻との約束を忘れ、飯と木の芽を一緒に皿に盛った。姫はラボを責め、たちまち象に変わり、ジャングルのなかに姿を消してしまった。ラボは泣きながら彼女の跡を追ったが、リムブット姫はすでに象になってしまったので帰ることを拒んだ。

マレーの人びとはカレーと一緒に筍を食べるが、かつて象と関係の深いトーテム的な民族集団があり、筍ないし特定の木の芽を食べることをタブーとしており、この話はそのような禁忌の理由を語った伝承であろう。

ビルマ

竜と結婚した男

昔、シャン族の男が水中にある竜神国王の娘と結婚し、数か月の間、竜王の宮殿で幸福に暮らした。竜王は娘婿である人間の男を驚かさないため、竜の姿にならないようにと竜神たちに命じた。だが、年に一度、水祭りのときだけはどうしても本来の姿にならなければならなかった。そしてその水祭りの日がやって来た。そこで竜王の娘は、祭りの終わるまでは決して宮殿の外に出てはいけないと、夫に言い、自分も竜の姿になって祭りに加わった。だが男は妻の帰りを待ちきれず、妻の言い付けを破って宮殿の屋根の上に出て見ると、たくさんの竜が宮殿の周りにうごめいていた。驚いた男は、再び人間の姿になって戻ってきた妻に、人間の国に帰りたいと訴えた。竜王の娘は男の願いをいれ、彼をもとの地上に連れ戻した。そして一つの卵を産み、これから生まれでる子を大事に育てるようにと男に言い残すと、再び水の底に帰っていった。その卵から生まれた子は成長ののち、竜王の娘である母の助力で中国の皇帝の娘と結婚し、この国の初代の王となった。

インドネシア

水牛と結婚した娘

三人の美しい娘をもつ一人のウラマ（イスラム教の法律家・神学者）がスラウェシ島で陸稲を作って暮らしていたが、焼き払っても焼き払っても畑に雑草が生え、途方に暮れた。娘の一人を嫁に与えることを条件に、畑を耕してくれる人間を捜すように王に願い出た。

これを受けた王は触れを出すと、応募者が大勢現れたが、みなつぎつぎに失敗した。最後に真っ白いアノア（森の奥に棲む矮小な水牛）が現れ、森の仲間を呼び集めて雑草を食べ尽くし、角で地面を掘り返して耕した。そこで約束を果たすためウラマは娘たちを呼び寄せ、アノアの妻になるようにと言ったが、長女も次女も拒み、三女が承諾した。結婚式の当日、花嫁と花婿がそれぞれ化粧室に入ると、アノアは毛皮を脱ぎ、英雄の顔立ちとりっぱな衣装を着けた若者となって現れた。若者はアマー（有耶無耶《うやむや》国）の王子であった。アノアは花嫁を連れ、森やジャングルを通って旅をし、自分の国に帰り、やがて王位に即いた。

ブリヤート族

シャーマンの起源

東シベリアに住むモンゴル系のブリヤート族の神話によれば、東には邪悪な天神、西には善良な天神たちが住んでいた。善良な天神たちが人間を創造したが、邪悪な天神たちはこれを憎んだ。そのため人間たちは病気にかかり死にはじめた。善良な天神たちはスバル星の上で、次いで月の上で相談を重ねた。その結果、人間たちが邪悪な天神と戦うのを助けるためシャーマンを遣わすことにした。鷲が最初のシャーマンになった。鷲は悪神たちを追い払ったが、このことを人間に伝える言葉を知らず、人間たちも鷲の声を理解することができなかった。鷲は天上に戻り、西の天神たちに、人間の言葉をしゃべれるようにするか、さもなければブリヤート人のだれかをシャーマンにするようにと請うた。その結果、鷲が地上で最初に出会った人間をシャーマンにすることになった。鷲は地上に戻り、夫と別れて樹木の下で眠っている一人の女と会い交合した。女はやがて妊娠し、前夫のもとに帰った。それを知った悪神たちは悪巧みをし、悪霊のシュルムスを送り込んだ。悪霊は美女に変身して誘惑し、夫を唆して妻を追い出させようとした。しかし鷲がシュルムスを摑まえ海に放り込んだ。こうしてブリヤート族の夫婦は再び仲よく暮らした。やがて女は一人の息子を産んだ。これがブリヤート族の最初のシャーマンとなった。なお、別伝によるとその鷲と交わった女自身が最初のシャーマンになったとも言われている。

シベリア

鷗と結婚した男

チュクチ族の若者が広い湖で雁や鷗が岸辺に着物を脱いで泳いでいるのを見て、その着物を集めて取った。雁や鷗たちが困って返却を迫るとすべて返したが、一羽の娘の着物だけは返さず、その娘を連れて家に帰り夫婦になり、まもなく鷗女房は二人の人間の子を産んだ。やがて鷗は子供たちを連れて自分の国に帰りたいとつぶやくと、そばを通りかかった雁たちが自分の羽を抜いて鷗の母子の袖にさしてくれた。母子は飛び立った。夫が妻子がいなくなったのを知り、靴を十足準備して、妻子を探しに鳥の国に出発した。途中出会った老人に旅の目的を話すと、老人はカヌーを造ってくれ、鳥の国に行き着く方法を教えてくれた。到着すると、妻の義弟が現れ、妻は首長である大海鳥の女房として連れ去られたと言い、彼女の家の所在を教えてくれた。若者は大海鳥と格闘し打ち負かして、鷗女房と一緒になった。しかし、まもなく大勢の鳥が押し寄せてきた。若者はそれらを撃退し、妻子を連れて自分の国へ帰った。鷗女房はもう鳥に戻ることをやめ、人間のように着物を着て暮らした。

アフリカ

ライオンと人間の娘の結婚

西アフリカに住むモシ族の金持ちの家に年ごろの娘がいたが、どんな男も気に入らず結婚しようとしない。ある日、ライオンが人間の姿をしてやって来た。娘はたいへん気に入り、これが私の求めていた夫だと言い、彼をもてなすために母親の石臼で穀物を碾いた。するとその臼が口をきき、それは夫ではないから結婚するなと言った。娘は腹を立ててその臼を壊した。次に母の共妻《プグト》（一夫多妻制での父の別の妻）の臼で碾くと、結婚しろと言った。そこで穀粉を水で溶いて作った賓客用のゾム＝コームでライオンをもてなそうとすると、ライオンは食べずに地面に穴を掘って埋めてしまった。娘の父親は娘婿にロバと馬と鶏、それに山羊を与えた。ライオンはそれらの動物の糞を持ち、娘を連れて自分の村へ向かった。そして歩きながらそれらの糞を投げると、それぞれの動物になって鳴いた。そのうちライオンはもとの姿に戻り、娘を連れて走り回った。娘は途方に暮れて泣いた。あるとき娘は、以前父親がお守りとしてはめてくれた腕輪を、牛牧民のフルベ族の娘に与えた。ライオンがその娘のところに行くと、フルベの男たちはライオンをさんざん殴りつけた。ライオンはほうほうの体《てい》で彼らから逃げ去った。このとき以来、フルベ族はライオンを恐れなくなった。

　モシ族社会では一般に娘の結婚相手を親が娘の幼いうちに決める慣習があり、娘が夫を自分で決めるのは往々にして反社会的な行為とされた。ライオンとの異類婚が破綻で終わっているのはこうした婚姻の伝統と無関係ではない。この伝承は、フルベ族の男たちは勇敢でライオンを恐れない由来譚となっている。

ニワトリの娘を妻に迎えた王

ナイジェリアのカラバール地方のデューケ町に住むエフィオン王は大金持ちで、金に飽かせて買い集めた二百五十人の妃に囲まれていながら心が満たされなかった。ある日、牡鶏の娘がどの妃たちよりも美しいと聞き、さっそく牡鶏のもとに使者を遣わし、椰子油六百樽を代償に娘を花嫁として差し出させた。牡鶏は王の命令に逆らえず、娘を連れてエフィオン王の前に進み出て、娘は牝鶏の性質《さが》として、地面の穀物を見ると、這いつくばって突っつき回る癖があるが、決してとがめたりしないようにとお願いした。さて、エフィオン王は陽気で敏捷な若い乙女を妻に迎え上機嫌であったが、妃たちはそのためすっかり影が薄くなり、みな新しい妃を嫉妬し、失脚させる機会を窺った。王はやがて若い妃を披露するため、山海の珍味を用意させ祝宴を催した。宮廷には大勢の賓客が招かれた。嫉妬する妃たちはひそかに策を練り、召使いの女にトウモロコシの入った壺を持ってこさせ、王の足もとにばらまかせた。とたんに王のそばに座っていた牝鶏がとび出し、両手をついて這いつくばり、トウモロコシの実を突っつき回った。満場の来客は一様に啞然とした。妃たちの思惑はまんまと成功した。エフィオン王は屈辱を感じ、直ちに祝宴を中止し、牝鶏との結婚もとりやめ、彼女を家へ送り返した。傷心の王ははた目にも気の毒なほどやつれ、悲しみのうちに翌年死んだ。それ以来、人間は二度と鳥や獣を嫁にしてはならないという掟が出された。

北アメリカ

サメと夫婦になった娘

エスキモーの年寄り夫婦に一人娘がいた。娘は結婚相手が欲しいが、両親が許してくれなかった。やがて娘は毎朝木苺《きいちご》を摘みに出かけ、いつも暗くなって帰ってくるようになった。おかしいと感じた父親が娘のあとをつけて行くと、娘は浜辺で裸になり、鮫を呼び寄せると抱き合った。娘はやがて身ごもり、海辺で十四の子鮫を産んだ。そのとき以来、毎日、娘の両親のもとにアザラシやその他いろいろの食物が運ばれてくるようになった。それは婿の鮫からの贈り物であった。やがて子鮫たちも食物を運んだ。老夫婦が死ぬと、娘は息子の小鮫たちと暮らすようになった。子供たちの真ん中の子のスジュトゥクは、力が強く孝行者で特別おいしい食物を運んだ。あるとき、人間たちが鯨を捕らえたという知らせを耳にしたスジュトゥクは、兄弟たちを促して鯨の肉を盗みに行った。現場にいち早く着いたスジュトゥクは、鯨の脂肉に嚙みついた。それを見た人間たちはナイフでスジュトゥクを刺した。鯨肉を運んできたスジュトゥクの深い傷口を見た母親は驚き、南のほうに住む老婆を訪ね、よい薬を求めると、老婆は古い皮でできた小便桶の一部を切り取って与えた。母親はそれを鯨のひげで息子の傷口に縫いつけると、まもなく傷が治った。元気を取り戻したスジュトゥクは兄弟たちを誘い、彼を刺した男がカヤックを漕いでいるところを襲って嚙みついて復讐した。ところで鮫が臭いのは、スジュトゥクが老婆の小便桶の切れ端を傷に縫いつけられたからであると伝えられている。

熊男

昔、ネズパース族の一人の戦士が父とともに暮らしていた。彼の呼び名のパ＝カ＝タ＝マ＝パ＝ユチュは五度包囲された者という意味で、それは、彼が仲間を救い出すために陥った死地から五度も脱した偉大な勇者だったからである。だが、彼は戦争の生活に飽き、猟師として暮らしたいと考えた。まもなく春になると彼は姿を消し、秋になって肉や干し魚などの冬の食糧を持って父の小屋に戻るようになった。ある年、彼は峡谷の奥に小屋を建てて暮らしていた。夜、何者かが近づく気配がしたので小屋の周囲を捜したが姿がない。戻ってみると火の傍らに若い娘が座っており、妻になるためにやって来たという。若者は娘が気に入り、蓄えた肉や魚を父に届けに行き、十日たったら戻ってくるからと再会を約束した。娘も十日ほど川上の家に帰ってくると言って別れた。十日たち、若者が小屋で待っていると約束どおり娘が現れたので、土地の風習に従って二人は同じ深皿で食事をして夫婦になった。二人は、冬に備えて肉や魚を干すなどして平和に暮らした。だが、森の木々が紅葉すると、妻は家に帰る日が来たと言った。そこで若者は彼女の後について行った。渓谷が細くなった所の岩に洞穴があり、妻はそのなかに入り、彼も従って入った。あたりが雪に覆われ、長い冬の季節になった。その間、妻は幾日も毛皮の寝床に横になったきりであった。若者は妻が牝熊であることに気づいた。ある夜半、妻が突然大声をあげ、熊の霊に呼びかける魔法の歌をうたった。そして口から血を流し、この血は私が殺した人間の血だと言い、さらに猟師たちが私の隠れ家を発見し、呪い師が呪文を唱えたことや、五人の猟師が熊狩りの準備を始めたが、実際に谷を上ってくるのは四人であることなどを語った。熊は霊力をもち、未来を予見できる霊獣である。夜が明け、妻は赤い衣服を着けた。上ってきた五人の猟師たちの一人が、妻に出てきて戦うように求めた。妻は穴から出ていき、その男を撲《ぶ》ち殺した。その夜、妻はまた魔法の歌をうたい、十人の猟師が来ること、今度は口から流れる血は私の血であると言った。翌朝、大勢の猟師が現れ、穴から出てきた牝熊を射殺した。次いで若者が穴から出ると、猟師たちはそれがパ＝カ＝タ＝マ＝パ＝ユチュであることを知り、みな仰天した。彼らは彼に新しい名をつけ、熊男と呼んだ。熊男は、熊しか知らない秘密を手に入れているという評判がたった。白人の毛皮商人たちが村にやって来て熊男に案内させ、渓谷の奥へ出かけていったが、彼らは二度と戻ってこなかった。熊の霊が彼を呼び寄せたと噂された。

鮭女

北西海岸地方に住むツィムシャン族の英雄神であるツェムセムが、ある日腹をすかして、海で獲物を捕まえようとしていると美女が現れた。鮭の女であった。ツェムセムは彼女に求婚し、一緒に暮らした。翌朝から鮭が入り江にひしめき、ツェムセムはそれらを捕らえてたくさんの干し鮭を作った。また彼の皮膚が柔らかく白くなり、醜かった髪毛も美しくなった。すべては鮭の女のせいであった。しかし食糧が豊富になると、ツェムセムは妻につらく当たり、昂じてひどい仕打ちをするようになった。女は泣きそして怒り、干し鮭に向かって一緒に出かけようと誘い、口笛を吹くと、干し鮭は彼女と一斉に家からとび出し、海のなかに入ってしまった。そしてツェムセムの白い肌も、つやのある髪毛ももとどおりになった。そしてもとの貧乏暮らしに戻ってしまった。

ブラジル

鹿と結婚した男

大昔、ボロロ族のゴクルグワという男が川で魚を獲っているとき、精霊の小亀の姿を目にし、近づいて矢を射た。小亀は怒り、罰として大洪水を起こした。ゴクルグワは大声で人びとに逃げるようにと叫び、真っ赤に燃えた薪を手に持ち、一番高い山の頂に逃げた。人びとは彼の警告に耳をかさず、みな溺死してしまった。やがて増水はやんだので、薪で火を起こし石を熱してそれを水のなかに投げると、水は引きもとの大地が現れた。山を下りたゴクルグワは人びとを呼んだが、現れたのは小さな牝鹿だけであった。彼は牝鹿と結婚し、大勢の男の子と女の子を儲けた。彼らのなかには鹿の鼻づらや脚や毛をもった者がいた。彼らはエセラエとトゥガレジェの二つの族（moiety）に分けられ、エセラエ集団の女はトゥガレジェ集団の男とだけ、トゥガレジェ集団の女はエセラエ集団の男としか結婚してはいけないと決められた。こうして外婚制の慣習が始まった。

コーカサス

英雄ナルトたち

コーカサスに住むイラン系少数民族オセット人のナルト叙事詩によれば、ナルトのエフセルテグは、双子の兄のエフサと黄金の実のなる林檎《りんご》の木の番をした。ある晩、兄が眠り、エフセルテグが一人で見張りをしていると、三羽の鳩が飛来し黄金の実を食べようとした。飛ぶ鳥も射落とすほどの弓の名手である彼は、矢を放つと一羽の鳩に命中したが、その鳩は血を滴らしながら他の二羽とともに逃げ去った。彼は地面に流れている血を集めて包み、兄を起こして血の跡を辿って行くと海辺についた。彼はそこで兄に待つように言い残し、一人海底に降りていった。するとりっぱな御殿があり、海の支配者ドンベッテュルという名の精霊が家族と住んでいた。黄金の林檎の実を盗みに来たのはそのドンベッテュルの娘たちで、そのなかの美しいゼラセが大怪我をし瀕死の状態であった。エフセルテグが持ってきた血を取り出してゼラセに吹きかけると、傷はたちまち治った。エフセルテグはお礼にゼラセを妻にもらい幸福に暮らした。しかし、彼はやがて海辺で待たせている兄を思い出し、ゼラセを伴って地上に戻った。そこには弟の帰りを待ちながら建てた兄の小屋があり、兄の姿が見えないので、彼はゼラセを小屋に残し兄を捜しに出かけた。すると入れ違いに兄が戻ってきた。それを夫と信じ込んだゼラセは、彼の態度が急に冷たいので泣き出した。そこへ帰ってきたエフセルテグは、兄が妻に乱暴を働いたと思い込み、怒って刺し殺した。やがて誤解のため兄殺しをしたことを悟った彼は、絶望のあまり同じ剣で自殺した。二体の死骸を前に途方に暮れて泣くゼラセの前に、三本脚の馬に乗って天空を駆け回るワステュルジという名の精霊が現れ、双子の兄弟を埋葬してやることを条件に結婚を求めた。ゼラセが応じると、精霊は喜び、りっぱな墓を作り彼女に結婚を迫った。ゼラセは体を洗うと偽って海辺に行き、そのまま海底の国へ去って行った。そのとき彼女はエフセルテグの子を身籠っていた。ゼラセは母親に、英雄のナルトを父に持つ子はナルトの村で産むのが掟であるといわれ、再び地上に戻り、エフセルテグの家の家畜小屋で双子の男の子を産んだ。二人とも死んだ父親に勝るとも劣らない弓の名人になり、さらにその子孫にすばらしい勇士が輩出した。

アイルランド

鹿から生まれたオーシン

ケルト族の騎士のフィンは狩りに出かけ、森の奥で美しい子鹿を追った。忠実な二匹の猟犬がその子鹿と睦まじく戯れるので、一緒に館に連れて帰った。実は二匹の猟犬は、フィンの母マーナの妹チレンが産んだ子であった。チレンの夫に恋した妖精がチレンを魔術で犬に変えてしまったので、子供らも犬の姿で生まれたのであった。さて、帰館した夜、フィンのベッドの傍らに美しい女が立ち、ザヴァと名乗り、自分は森でフィンの前に現れた子鹿で、妖精の求愛を受け入れないため鹿に変えられたが、別の妖精が憐れんで、フィンの屋敷に入れば魔法が解ける、と教えたと語った。フィンは同情し、かつその美しさにひかれて彼女と結婚し、幸福な日々を送った。やがてフィンは部下の騎士を指揮して出陣し、ザヴァのもとに凱旋したが愛妻の姿がない。留守番の召使いたちは、ある日ザヴァは子鹿の姿になって館から消えたという。それから七年ほど経ち、フィンは騎士たちと例の猟犬を連れてスライゴーのベン＝バルベンの森に狩りに出かけた。猟犬があまり吠えるので行ってみると、大樹の下に七歳ぐらいの裸の男の子がいるので館に連れて帰った。その子の話から、それはザヴァが男の妖精たちと戦いながら苦労して育てた子であり、ほかならぬわが子であることがわかったので、フィンはオーシン（子鹿）と名づけた。オーシンは勇敢でりりしい騎士に成長したばかりではなく、詩人としても傑出した。のちにオーシンが聖パトリックの前に姿を現して語ったのが、有名な「フィアナ騎士団物語」であるといわれている。

天人女房

マンスター南部の土地神であるエスニヤは、豊穣の神として、また家畜を守護する月の神としてケルトの農民たちに信仰されてきた。

エスニヤは水浴するため、白鳥の姿でリマリックのグル湖畔に舞い降り、その薄い衣を脱いで岸辺の草むらにおいた。すると美しい乙女の姿に変わった。その様子を木立の間から覗き見していたデスモンド伯がその衣を隠した。衣を失ったエスニヤはやむなく彼の妻となり、やがて息子のゲラルドを産んだ。ゲラルドは母から魔法を教えられ上達した。エスニヤは夫に、ゲラルドがどのような術を演じて見せようとも決して驚かないという禁制を誓わせた。だがゲラルドが宴会で披露した魔法を見て、思わず驚きの声をあげた。するとエスニヤの姿は伯爵の邸から消えた。息子のゲラルドは、この世を去ったあと妖精の国に赴きグル湖の水底で眠っているという。そして国が外敵に侵略されると、いつでも部下を引き連れて出陣できるように待機しており、また七年に一度、夏至の前夜に、武装した騎士たちを従えて、グル湖の周りを一巡りすると伝えられている。

フランス

メリュシヌ

レーモンドという名の貧しい貴族が山中で狩りをし、美しい女に遇い、魅せられて求婚した。女はメリュシヌといい、霊能をもつ水の精であった。彼女はレーモンドの貧窮を憐れみ、ひそかに策を彼に授け、義父エンメリックの実の子のベルトラムに、一枚の鹿の皮で覆うだけの土地を分け与えてくれるように請わせた。ベルトラムは、わずかそれだけの土地でよければと申し入れを承知すると、レーモンドは鹿の皮を細い紐に切り、それで広大な耕地を囲んで自分のものにした。メリュシヌは、レーモンドと結婚するに及んで一つの条件を出した。それは、毎週土曜日には彼女が自分の部屋に一人で籠るが、レーモンドが決して入室したり覗いて見たりしないという条件であった。レーモンドはその誓いを固く守ったが、のちになって彼はメリュシヌが不義を働いているという噂を耳にして憤激し、約束を破って覗いた。するとメリュシヌは入浴中であったが、下半身は魚（あるいはヘビ）の尾に変わっていた。メリュシヌはレーモンドが禁を破ったことを悟り、ついに彼のもとを去ったが、残された子の末裔は繁栄した。

メリュシヌの名は、古フランスの伝説でルシーナン族の母性祖神である海の美女メルシーナに由来する。魚の姿でいるのを夫に発見されて立ち去るが、のちにその一族に不幸な事件が起こるおそれがあると、三日前に泣いて知らせたと伝えられる。

ギリシア・ローマ神話によれば、水浴中の女神を覗き見する男は致命的な危険に見舞われた。アフロディテ、アルテミス、アテナ、エルタなどの女神の水浴する姿を見ることは「死の宣告を受けた男たち」だけに許されたと伝えられている。メリュシヌは下半身が魚の尾をした、アフロディテの中世版である。

異類婚神話の背景

　以上のように、人間の結婚の対象となる異類は多種多様であり、異類も男女いずれの性とも限ってはいない。異類が人間と結婚するとき、異類の姿のままのもの、あるいは人間に変身したことを明言しないものもあるが、一般には結婚の相手は人間の姿をとった異類である。異類との結婚の結果、物質的繁栄と非凡な子孫に恵まれる「幸福な結婚」型と、破綻が生じ悲劇的結末に終わる「破局」型に分かれる。そのうち「破局」型は、主として男性である人間の異類である妻に対する背信行為が原因として語られる。

　汎世界的な分布を示す異類婚伝承の成立の背景はきわめて複雑で一元的には説明できない。『祝詞』など日本の古典にも見られるような獣婚という異常な行為がまったく反映していないとは言えないとしても、それが成立の社会的背景ではない。成立の主なるものとしては、特定の動植物や天象などを始祖とみなすトーテミズムがあげられる。異なるトーテム集団に属する夫婦の一方がそのトーテム名によって語られたのが「異類婚」であり、「破局」型は違った生活慣習から生じた夫婦間の不和・軋轢の悲劇を語ったものと考えられる。

　古代エジプト人などがもっていた、人間の魂は不滅であり、肉体が滅んでもつぎつぎに他の動物の体内に宿り住むという転生・変身の観念や未開社会に普遍的な精霊信仰なども異類婚の成立に無縁ではないと考えられるが、動物などの生物は彼らの世界で人間と同じような生活を営むという、狩猟民などに顕著なアニマリズム的世界観もまた、重要な要因であったと考えられる。なお異類が人間社会に異類の姿で現れるが、自国では人間の姿をとっているとする世界観のもとでは、異類婚は婿入り婚の形をとり、異類訪問譚と関係をもつことが多い。

「異類は聖なる実在で、それが人間界にとどめた聖なる胤である子孫は超俗的存在であるとされるが、他方、族祖や英雄など非凡な人物は普通人と異なり聖なる異類と縁故があるという観念を生み、それが異類婚伝承を発展させたものと考えられる。天界や水界に王者の権力の源泉があるという観念は、天女や水と関係の深い竜・ヘビ・カワウソなどとの異類婚と無縁ではない。

異類婚は伝承社会の婚姻形態と関係が深いが、異類が男性の場合は婿入り婚、女の場合は嫁入り婚の形をとるのが一般的で、結末が「幸福な結婚」型か「破局」型かを問わず、始祖神話伝承の形をとるケースが多いのは、結婚が男女の性的結合そのものにとどまらず、その結果として子孫の誕生に直結するからである。

異類婚は発達の過程で諸モチーフと複合して多様な変化を遂げ、「難題婿」「動物報恩」「異郷訪問」「見るなの座敷」などを派生し、民族的・地域的特色に富む昔話・伝説を形成した。たとえば、ヨーロッパでは異類は魔法にかけられた仮の姿であり、それが人間の愛情によってもとの人間に変わったという「幸福な結婚」型が発達し、日本では破綻のため異類の姿に戻った女が、夫あるいは子との別離の悲哀を強調する「破局」型が顕著である。

天体

伊藤　清司

太陽、月、星辰

天体神話とは、地球の大気圏外の宇宙空間に存在する地球以外の物体をめぐる神話で、具体的には太陽および太陽の周囲を公転するさまざまな惑星、あるいは惑星のまわりをめぐる月などの衛星、さらに彗星や無数の恒星や星雲からなる銀河系など、それらの発生の由来に関する神話である。ただし、対象は無限に存在する天体のうち、特定のごく一部の天体に限られる。

太陽・月以外の星辰はこれらを見る地球上の位置によって現れ方に違いが多く、また同じ地域でも時刻や季節によって位置や形姿が変化するため、星辰の神話はその有無や内容に地域的バリエーションが多い。その点、他の天体に比較して形が大きく、地球上のあらゆる位置から眺められ、しかも人間生活に絶対的な関わりをもつため、太陽・月神話は普遍的に伝承されてきた。ただし、神話の具体的内容やそれに託された意味は一様ではない。たとえば、熱帯か寒帯かの地域の違いにより、また狩猟社会か農耕社会かなど生業形態の相違によっても違いがある。

太陽と月の誕生

日本

『日本書紀』の一書によれば、創世にあたって、イザナギが宇宙の支配者にふさわしい神を生もうとして、左の手に白銅の鏡をかかげると、それから太陽の女神オオヒルメ（アマテラスの別名）が誕生した。次に右の手に白銅の鏡をかかげると、それから月の男神ツクヨミが生まれたという。

鏡を太陽・月に見立てる神話は、北アジア、アルタイ地方のタタール人などにもあり、かつて神が天空に懸けた金属製の鏡が太陽・月になったという。鏡に神秘性を感じた古代人の心象の表現である。

ポリネシア

クック諸島でも神が太陽と月を生んだと語っている。女神パパが一人の子を生んだ。ところが、ヴァテアとトンガ＝イティ（一説ではタンガロア）の二柱の男神が互いに自分がパパの生んだ子の父親だと言って争った。その結果、子供を真っ二つに切って分けあった。ヴァテアは上半身をとり、それを天空に抛り上げると太陽になった。下半身をとったトンガ＝イティは最初それを地面に置いていたが、あとになってヴァテアにまねて空に抛り上げた。しかし、すでに血が流れ、なかば腐っていたため、太陽ほどには輝かなかった。それが月である。

オーストラリア

ユーアーライ族は、同じように太陽は天空に抛り上げたものからできたという。はじめ空には月と星だけしかなく、太陽は存在しなかった。大昔、ユーアーライ族の一人が仲間のエミュー（草原に棲む走鳥目の鳥）のことで言い争い、腹立ちまぎれにその鳥の巣に駆け寄るやいなや、大きな卵を一つ掴むと、天へ向かって全力で抛った。すると卵は天空に山積みにしてあった薪に当たり、薪が突然燃え上がった。暗い世界に暮らしてきた地上の人びとはあまりの明るさに眼がくらんだ。天の神はその火が世界にとって大いに役立つことを悟り、毎日それを燃やすことにした。そして毎晩、神は下僕《しもべ》たちと翌日の夜明けのためにせっせと薪を積み重ねる。

　はじめ太陽、あるいは太陽と月が複数個あり、それが今日のように一つずつになったという太陽・月誕生神話もある。

アフリカ

　赤道直下のコンゴ地方のボミタバ族によれば、大昔は太陽が二つあった。それは人びとにとってはなはだ迷惑であった。いつも二つの太陽に照らされ、暑くて耐えられなかったからである。それを知った一方の太陽が、仲間の太陽を水浴に誘い出し、川岸で今にも飛び込むまねをした。それを真に受けて、もう一つの太陽は川に飛び込んだので、水のなかで炎が消えた。それ以来、太陽は一つだけとなり、それまでどおり地上を照らすが、川から上がってきた仲間は冷えて暑くなくなった。それが月である。

中国

　西南地区のプーラン族は、はじめたくさんあった太陽と月が一つずつになったわけを、次のように語っている。大昔、太陽は九人の姉妹、月は十人の兄弟であった。これらが一緒に出現したので猛烈に暑く、地上の生物はことごとく死滅の危機にさらされた。そこで巨大な英雄のグメイヤは高い山の頂に登り、強弓を放って八個の太陽と九つの月とをつぎつぎに射殺した。最後に残った一つずつの太陽と月は怯えて逃げ出した。グメイヤはそれを目がけて射ると、矢は命中せず、月をかすめた。月は恐怖のあまり色を失い、おかげで冷えて熱を出さなくなった。なお、そのとき太陽は洞穴に逃げ、そのため世界が真っ暗になった。そのとき鶏が鳴いて太陽を誘い出した（太陽を招く）と、鶏鳴によって暁が訪れる由来を伝えている。

複数の太陽のため地上が焦熱地獄となったとき、名射手が太陽を射落とす神話は漢族にもあった。堯《ぎょう》帝の時代に、十個の太陽がいっせいに出たため地上の草木が焦げて枯れ始めた。そこで、帝は弓の名人の羿《げい》に太陽を射落とすように命じた。羿は天空に向かって矢を放ち、九つの太陽のなかにいる烏を射殺した。おかげで太陽は一つだけとなり、地上の人びとは安住できた。古来、中国では太陽のなかに三本足の烏が棲むと伝えられ、また、太陽は空を飛ぶ鳥によって運ばれるとも考えられた。

太陽と月の分離、昼夜の発生

エジプト

北ヨーロッパなどでは、太陽は馬車によって天空を東から西へ渡ってゆくと考えられる一方で、船によって大空を航行するとも考えられた。古代エジプトでは、天と地および山と水と海の創造主であり、ナイル川をも造った太陽神ラーが、毎日神聖な船に乗って二つの地平線の間を、天空を渡って往来しているといわれた（一説では、太陽神ラーは火の玉を転がしながら、巨大な甲虫の姿で東から西へ空を進むと伝えられる）。ラーには時間が永遠であったが、齢を重ねるにしたがって力が衰え、よだれを流すようになり、威光がかげり始めた。それを知って人間たちは、ラーを嘲り笑い冒瀆した。世界をくまなく照らすラーの眼はそれをいち早く知った。そこでラーは眼を遣わして人間どもを罰することにした。ところが眼は、鳥の姿をした女神ハトホルになって山中に逃げ隠れる人間たちを射殺し始めた。ラーは後悔し、人間たちが皆殺しにされることを恐れ、赤い色のビールを造って山中に撒き散らした。血に飢えているハトホルは、それを人間の血と思って飲んで酔っぱらった。おかげで人類は全滅せずにすんだ。ラーの疲労はますます昂じ、衰弱が激しくなった。天の女神ヌトは牝牛に変身し、太陽神を背に乗せて天空に昇った。こうしてラーは天上の宮殿で暮らすようになり、世界の支配を大地神ゲブに委ねた。その後、ラーは夜になると地下の国を訪ね、死んだ人びとに光明をそそいだ。ところが、そのためこの世界が暗黒になったので、ラーは、自分が死者の国に赴いている間、月神トートに天上にいるようにと命じた。それ以来、トートがラーに代わって夜の世界を見張ることになった。トキの姿をした知恵の神でもあるトートは、目に入ったすべてのことを残らず書きとめておき、夜中に悪事を働いた者を罰した。

ヘブライ

『旧約聖書』の「創世記」は、天地創造の第四日目に光と闇の区別ができたと伝えている。神は、日と季節と年のために二つの大きな光を創造し、大空にそれを置き、大きい光には昼を、小さな光には夜をつかさどらせ、また星を造った。こうして昼と夜とができた。

日本

『日本書紀』の一書によると、イザナギはアマテラスを天界の支配者に任じるとともに、弟のツクヨミも同じように任命して天上に昇らせた。あるときアマテラスが、下界にウケモチという食糧の神がいると聞いて、ツクヨミを見に遣わした。はるばる訪ねてきたツクヨミを迎えたウケモチは、もてなそうとして口から飯や魚や獣などをつぎつぎに出した。それを見てとったツクヨミは大いに怒り、吐き出した汚物を食べさせるとはけしからぬ、と剣を抜いてウケモチを打ち殺し、天上に帰ってこのことを報告した。すると、アマテラスはツクヨミを叱り、二度と顔を合わせることをしなくなった。それ以来、太陽神のアマテラスと月の神のツクヨミとは一緒に住むことがなくなり、昼と夜の別ができた。

中央アフリカ

トーゴのエウェ族の神話によると、太陽と月は姉と弟である。最初二人はたいへん仲よい姉弟で、いつも訪問しあい楽しくつき合っていた。二人とも大勢の子供がおり、月の子は星、太陽の子は魚であった。当初、魚は水のなかに棲んでいなかった。

さて、太陽一家が天空にいるときは地上はまばゆいばかりに明るく、しかも灼熱地獄のようであった。あるとき、月は姉を訪ね、お互い、子供らがうるさくてかなわないので、水のなかに捨てようと提案した。姉は賛成した。しかし、弟は自分の子供らの代わりに、内緒で集めておいた小石を袋に詰めた。姉はそれとは知らず、自分の子供たちを袋に詰め、弟と一緒に川に赴き、子供らを水のなかに捨てた。

　朝になると、太陽はただ一人で空を渡っていった。昨日までのように地上は暑くなかった。人びとは喜んだ。それから夜になった。寝床に就こうとしていた姉は、思わずわが目を疑った。月はそれまでと同じように楽しげに、ピカピカ光る大勢の子供たちを連れて空を渡っていたのである。姉は怒り、弟に向かって金切り声を張り上げて背信行為をなじった。弟は、魚は水のなかに棲むほうが幸せだ、などといろいろ言い訳をした。しかし、姉はどうしても弟を許すことはできなかった。それ以来、姉と弟は仲違いとなり、二度と訪問し合うことはなく、天空に一緒に姿を現すことがなくなった。

ミクロネシア

　ギルバート島では、太陽・月、そして海の誕生について次のように語っている。大昔、ナ＝レアウの神がデ＝バボウとデ＝アイという男女を造り、大地の見張りをするように命じた。人間がどんどん増えることを好まない神は、その際、絶対に子を産まぬように約束させたが、二人はそれに背いて三人の子を産んだ。それをナ＝レアウの召使いの鰻が見てナ＝レアウの神に告げ口した。神は怒り、二人の住む大地に降りてきて厳しく叱った。二人は平謝りに謝罪するとともに、子の一人は地上を照らす太陽であり、もう一人は月で、太陽が休んでいるとき代わりに光を与えてくれるし、三人目は海で、たくさんの魚を与えてくれると説明した。神は納得し、二人を許して天上に帰った。こうしてこの世に太陽と月、そして海が存在するようになった。

日食・月食の起源

インド

『リグ＝ヴェーダ』によると、神々が集まって不死の飲料アムリタ（甘露）を作る相談をした。最高神のヴィシュヌとブラフマーは、大海をかきまぜればアムリタが得られると教えたので、神々は魔族のアスラ（阿修羅）たちの力を借りて大洋をかきまわした。すると、海水から太陽と月、続いて女神ラクシュミーや白鳥などが現れ、最後にダヌヴァンタリ神がアムリタの入った白い壺を持って出現した。神々と魔族たちはその壺を争って奪い合ったが、結局神々が勝ち、饗宴を開いて手に入れた不死の薬を飲み合った。そのとき、魔族のラーフが神になりすまして宴のなかに紛れ込み、アムリタを飲み始めた。それを太陽と月が見破り、ヴィシュヌ神に告げた。ヴィシュヌはすぐさまラーフの首を刎ねた。そのときアムリタは喉まで達していたので、首だけ不死となった。ラーフは企てに邪魔をした太陽と月を大いに恨み、そのあとを追い回し、呑み込もうとした。地上の人びとはそれを見て、そうはさせまいと大きな音を立てて騒ぎたて牽制する。ただし、ラーフは首だけしかないので、たとえ太陽と月が呑み込まれても、まもなく切り口から抜け出てしまう。その間が日食と月食である。

日と月とが邪悪な存在によって引き起こされるという日食・月食の起源神話は世界的に拡まっている。シベリアのギリヤーク族は赤い牝犬のバカシュと白い牝犬のチャグシュが咬みつくと日食・月食が起こるといい、北欧神話ではスコルとハティという狼によって太陽と月が呑み込まれるときに日食と月食になるといわれている。

タイ

東南アジアの日食・月食神話はインド神話の影響を強く受けている。ただし、東南アジアの各地ではおおむね三人兄弟の話となっており、タイでもその点は同じである。太陽と月とラフは人間の兄弟で、地上で一緒に暮らしていた。ところが、長兄である太陽は毎日、僧侶たちに施し物として黄金を与え、次兄の月は同じように銀を施したが、末弟のラフは汚れた鉢に米を少し入れて恵むことしかしなかった。そのため、二人の兄は死ぬと天上に昇って太陽と月になって神々の仲間入りをした。だが、ラフは腕と爪しかない真っ黒な怪物になった。ラフは兄たちを妬み、彼らに襲いかかって呑み込もうとする。日食と月食はそのために起こるのであるという。

日本では、太陽の女神アマテラスにツクヨミ（月夜見）と粗暴なスサノオという弟神がおり、そのスサノオが乱暴を働くので、アマテラスはそれを嫌って天の岩屋戸に姿を隠した。そのためこの世が真っ暗になったと伝えられている。『古事記』『日本書紀』が伝えるこの天の岩屋戸神話は、東南アジアに拡まっている三人兄弟を主人公とする日食・月食神話の面影をとどめている。

アフリカ

モザンビークのバントゥ系部族は、月のかの陰影と日食現象とは、太陽と月の喧嘩がもとであると伝えている。昔から月は蒼白く、あまり光らなかった。月は、まばゆいほどに美しく輝く羽で飾られた太陽を妬んだ。月は太陽が地球を眺めている隙をうかがって、黄金の羽を数本盗んで自分の身を飾った。それを見た太陽は腹を立て、月の顔に泥水を浴びせた。そのため、月の顔に泥がついて永久にとれなくなった。そのときからずっと月は隙をうかがった。十年に一度、太陽が気を許す。月はその隙を襲って泥水をかけて仕返しをする。そのため、太陽は汚れ、光を失う。それが日食で、その間、地上はいたるところ陰気に覆われ、人間も鳥も獣もみな怖れて震える。

月の陰影の由来

インド

大昔から、月のなかには兎がいるといわれている。天界の最高神がバラモン僧に姿をやつして地上を回ったとき、空きっ腹のあまりに、たまたま出会った兎の姿をした仏陀に食物を請うた。すると、兎は煮えたぎる釜のなかに飛び込み、自らの体を食物として提供した。神はその恩義を永遠に忘れぬようにと、天空に高くかかる月面にその姿を刻んだという。

ミャンマー

昔、一人の老爺が飼い兎と一緒に暮らしていた。老人は貧乏で、他人の稲を脱穀し、わずかばかりの駄賃を手に入れ、細々とその日その日を送っていた。ある晩、老人は月を見上げて、連れ合いが欲しいと独り言をいった。月の女神がそれを耳にし、一人暮らしを気の毒に思い、翌日、老婆に姿を変えて老人の家を訪ね、二人は兎とともに賑やかに暮らした。ところが奇妙なことに、夕方になるときまって老婆の姿が見えなくなった。不審に思った老人は、老婆に日が暮れるとどこへ行くのか、おまえはだれか、と詰問した。老婆はしかたなく、自分は夜に天上に昇って下界を照らす月であると、その素性を打ち明けた。すると老人は、いつも離れずにいたいので天空に連れて行ってくれるよう頼み、老婆と連れだって空へ昇った。月面に見える陰影は、稲を打ち続ける老爺とその傍で喜んで跳びはねている兎の姿である。

アフリカ

ホッテントット族は、月の陰影は兎に爪でひっ掻かれた傷跡であると語っている。かつて月が人間世界に兎を遣わして、いったん死んでも、月と同じようにまた蘇生すると告げさせた。ところが兎はその伝言を忘れてしまい、うかつにも、人間は死に、月のように再生しないと伝えた。そのとき以来、人間は死ぬようになった。天上に戻った兎がその旨を報告すると、月は憤怒し、棒を兎の顔めがけて投げつけた。兎の唇はそのため裂けた。兎は、月の顔を爪で傷つけ、一目散に逃げた。兎がいつも走り回っているのはそのときからである。

フランス

月のなかに、罰として休みなく働き続ける男がいると伝えられている。昔、欲の深い男がいた。財産を殖やすため、日曜も祭日も休みなく働いた。掟を守るようにと神が戒めたが、男は無視した。神は再三注意したが相変わらず仕事を続けた。三度目の日曜日、男は、柴の木を束ねて森から帰ってくる途中で神に出会った。神は男に、罰として牢に入れるが、太陽と月とどちらがよいかと尋ねた。彼は太陽に行けばたちまち焼け焦げて死ぬと思い、月のほうを選んだ。満月にはそのなかに柴の束と働き続ける男の姿が見える。

中国

月のなかで、男が大きな桂の樹に永久に斧を振り続けるのも、罰せられたためであった。昔、西河の出身で呉剛という男が、仙術を修めて一人前の仙人になったつもりでいた。ところがある日、彼は師匠の仙人をいたく怒らせるような過ちを犯した。師匠は怒って、罰として月のなかの大きな桂の樹を伐り倒すように命じた。呉剛は月に昇り、斧を振るって桂の樹を倒しにかかったが、伐ったさきから伐り口がふさがり、いつまでたっても樹は倒れない。そのため、呉剛は月の桂にむなしく斧を振り下ろし続けているのだという。

日本

沖縄の宮古島に人間がはじめて住むようになった遠い昔のことである。天上の太陽と月が下界の人間をいとおしまれ、いつまでも長生きさせることにした。ある節祭《せち》の夜、赭い顔と髪の童子に似たアカリヤザガマという怪物に、一つには変若水《おちみず》、もう一つには死水《しにみず》の入った二つの桶を天秤棒で担がせて地上に遣わした。出立のとき、太陽と月は、変若水のほうを人間に浴びせて、いつまでも若返り長生きさせるように、死水は心がけの悪いヘビに浴びせよ、と念を押した。ところが、長い旅を続けていたアカリヤザガマはくたびれて、途中で桶を下ろして、路の傍らで小便をした。どこからともなく一匹の大蛇が現れ、そのすきに変若水を浴びてしまった。これを見たアカリヤザガマは驚いてヘビを追い払ったが、ヘビが浴びた残りの水を人間に浴びせるわけにいかないので、しかたなく死水のほうを頭から人間に浴びせてしまった。アカリヤザガマは心配しながら天上に昇り、経緯を報告すると、太陽は大いに怒り、せっかく善良な人間を長命にしてやろうとしたのに駄目になってしまった。こうなった以上、罪の償いをしてもらおうと言って、アカリヤザガマに、人間のいる限り、宮古島が青々としている限り、罰として、桶を担いで永久に立っているよう命じた。月のなかに桶を担いで立っているのはそのアカリヤザガマであるという。

また、アイヌの人びとは、月に水桶と柄杓《ひしやく》を提げた少年がいると伝えている。怠け者の少年がいた。母親に水汲みを言いつけられてもいっこうに汲みに行こうとしない。再三催促されてしぶしぶ川辺に出かけたが、今度はいっこうに帰ってこない。親が心配して探しに行き、川を下る鮭（神魚）の群れに尋ねると、少年は火の神など神々の咎《とが》めを受けて天上に連れていかれ、月の神のところで立たされていると教えた。そのとおり月のなかには少年が片手に水桶、片手に柄杓を提げて立っている。

月の陰影を水汲みをする人の姿だとする伝承は、アジアのツングース系の諸民族やブリヤート＝モンゴル族など、北ヨーロッパの諸民族や北アメリカのカナダ西北海岸地帯に住むインディアン、さらに南太平洋のポリネシアなど、日本を含め全世界に広く語られている。満ち欠けを繰り返し続ける月の影に、人びとは永遠に繰り返すものの姿を見るが、それが水汲みに関係するのは、月に生命の根源である水の観念を抱いたからである。それゆえに月はまた女性の生理とも関係し、豊穣・多産のシンボルでもあった。

ブラジル

西部のカシナウア族では、月は刎ねられた人間の首が天に昇ってできた、という神話が伝えられている。アリナウア族の男が首を狩られた。その男が、「おれの首は天に昇って月になるだろう、そして眼が星に、血が虹になったとき、おまえたちの女房も娘たちもみな血を出すだろう」と言った。やがて日が暮れると、その男の言ったとおり、首は満月に変わり、眼はきらめく星辰になった。そして月が皓々《こうこう》と輝き始めると、妻も娘もことごとく出血した。女房たちが血を出し始めると、夫たちは一緒に寝た。すると生理は止まり、やがて女たちは身籠った。

インドネシア

セラム島のヴェマーレ族にも、月と女性の生理に関する神話がある。ラビエが死んで天に昇って月となり、トゥワレ（太陽）の妻となった。そして長女ボウワ＝タカイヤと三人の男の子を出産した。トゥワレは大洪水を起こして大地を滅ぼし、人間どもを絶滅させようとした。地上にいた長女のボウワは、人間たちを高い山の頂に避難させた。しかし、水量はどんどん増え、危険が迫った。彼女は、月である母親のラビエが夫のトゥワレから贈られた銀の褌をとって体につけ、天上の父トゥワレに向かって不実な行為をなじった。すると、水量の増えるのが止まった。そのとき、人間たちのもとにいた一匹の犬が吠えると、水位はたちまち低くなって大地は元どおりになった。そこでボウワは銀の褌を脱いだ。彼女はその褌を三日間つけていたのであるが、そのとき以来、ヴェマーレ族の女たちは生理があるようになった。月であるラビエもまた月水をもっており、その期間中、つまり、月に三日は天空に姿を現さない。ヴェマーレ族の女たちも同じように生理中の三日間は家に住まず、月経小屋で暮らさなければならない。

ポリネシア

タヒチの島民は月のなかの影を、タパ（樹皮布）を叩き続けるヒナであると語り伝えている。あるとき、ヒナはタパを作るため、威勢よく木の皮を叩いていた。ところが、創造神タンガロアはカヴァ酒（コショウ科の木の根で造る陶酔性飲料）を飲み過ぎていたので、ヒナの叩く槌の音がうるさくて我慢できない。そこで使いの者に言いつけてヒナにタパ叩きを中止させた。ところがヒナはやめようとしない。タンガロアは怒って、ぶん殴れと命じた。使いの者がヒナを槌で強く殴ったので、ヒナの魂は体から脱け出て月に昇っていった。そしてヒナは月のなかに住んでタパを叩き続けている。月中の影はその姿である。

織機で布を作る文化の発達しているところでは、月のなかの影は機を織り、あるいは糸を紡ぎ続ける女だと語っている。

ドイツ

大昔、北海に近い農村に器量のよい一人の娘がいた。ただしその娘は、仕事はそっちのけでいつも鏡に向かって化粧ばかりしていた。母親は気が気でなく、糸紡ぎをさせようとあれこれ仕向けるが、いっこうに精を出さない。ある晩、娘は男友達と踊ったりふざけたり、深夜まで騒ぎ回った。早くに寝床に就いていた母親は騒々しくて眠ることができず、我慢しきれなくなって起き出し、大勢の若者たちの真ん中で踊っている娘に、月にでも飛んでいって、グルグル踊り回っているがいい、と怒鳴った。とたんに激しい突風に娘は捲き上げられ、天空高く飛んでいって月に達した。月のなかに、怠けた罰として、来る晩も来る晩も休まず糸を紡ぎ続ける娘の姿が見える。

北アメリカ

アルゴンキン族の神話も、月のなかに機織りの女がいるという。月には一人の女がいて、額に巻く布きれを織っている。その傍に猫がおり、月に一度ずつ織り糸を引きちぎってしまうので、その布はいつまでたっても完成しないという。

月中で布を織り、糸を紡ぐ女の伝承は古代インドの『リグ＝ヴェーダ』に載っているほか、西は地中海沿岸やヨーロッパの各地、東は東南アジア、オセアニアおよびアメリカ大陸にも分布している。

中国

満ち欠けを続ける月は不死のシンボルとされる。羿《げい》は西王母を訪ね、不老不死の薬を首尾よく手に入れた。ところが、彼の妻の姮娥《こうが》がそれを知ってひそかにその仙薬を盗んで飲み、夫に知られてはたいへんとばかり、天空へ逃げていき、月に身を託した。月のなかの姮娥は不死の薬のおかげで永遠に生き続けている。月面の蟾蜍《がま》の姿のような陰影はじつは姮娥である。一説によると、姮娥は盗みの罪で罰せられて、醜い蟾蜍に変えられたという。日本では月の陰影を兎が餅を搗く姿だというが、不死の薬を搗くという伝承から変わったもので、兎の前身は蟾蜍であった。冬眠する蟾蜍は死と再生をくり返す不死の象徴である。

牽牛星と織女星

中国

昔から、こと座のベガを織女星、わし座のアルタイルを牽牛星と呼んでおり、天の川を挟んで瞬きあうこの二つの一等星は夫婦《めおと》星であると伝えられている。天の川の東の岸に住む織女は天帝の娘であった。彼女は何の楽しみもなく、明けても暮れても機を織っていた。天帝は娘をふびんに思い、天の川の西の岸に住む牽牛という若者と結婚させた。すると、織女は夫の傍を片時も離れようとせず、機を織ることなどすっかり忘れてしまった。それを見て天帝は、寂しそうなので夫をもたせたらこの始末だと腹を立て、機を織るのが娘の天職であると、彼女を天の川の東へ連れ戻し、一年にただの一度だけしか牽牛に会うことを許さなかった。織女が牽牛と逢瀬を楽しめるのは七月七日の一晩だけだといわれる。二人はその日の来るのを指折り数えて待った。だが、あいにくその時期は雨が降り続き、天の川の水かさが増す。二人は会うことができず、恨めしそうに川の面《も》を見つめている。カササギがそれを憐れんで、天の川に架かる橋となって、織女を向こう岸に渡してやるといわれている。この伝承は日本にも伝わり、織女を棚機《たなばた》星、牽牛を彦《ひこ》星と呼んでいる。

ベトナム

天の川を銀河と呼び、同じような牧童と織姫の話が伝えられている。ヤーデ王の娘のチュク＝ヌは銀河の岸辺で機を織っていた。ヌグン＝ランという牧童が、河の向こう岸で羊の群れの番をしていた。若い二人はやがて相愛の仲となり、ヤーデ王に結婚の許しを願い出た。王は二人の決心の固いのを知り、七月の月を除いていつも自分の仕事に精を出すことを条件に許可をした。ところが、二人は幸福に酔いしれてヤーデ王との約束を忘れ、広い天空を歩き回った。ヤーデ王はそれを見てすっかり腹を立て、二人に広い銀河の両岸に別れて暮らすように厳命した。こうして二人は七月だけ会うことを許された。この月は烏たちが大地を離れる月で、人びとの語るところによれば、烏たちは銀河へ飛んでいき、二人のために河に橋を架けてやるのだという。チュク＝ヌはその橋を渡っていとしいヌグン＝ランのもとに駆けていく。二人は一緒にいるときは幸福のあまり泣き、そして別れるときには悲しみのあまりまた泣く。そのため七月は絶えず雨が降る。その雨は七月の乾燥した大地を潤し、豊穣をもたらすのであるという。

この伝承は、男女が再会と離別に際して流涕することを通じて、この地方の雨期到来の由来を物語っている。

銀河・天の川

ギリシア

主神ゼウスがアンピトリュオンの美貌の妻アルクメネ（月の処女）に産ませたヘラクレスは、嬰児ながら毒蛇を素手で締め殺すほどの傑物であった。ゼウスの正妃である嫉妬深いヘラの復讐を恐れたアルクメネは、彼を野に捨てた。偶然にその場を通ったヘラは、だれの子とも知らずにその捨て子を抱き上げて乳を与えた。すると、ヘラクレスは乳房をあまりに強く吸ったので、乳がほとばしって川となって流れた。英語の〝ミルキーウェイ Milky Way（乳の道）〟はこの神話に由来するといわれている。

エジプト

星座のおとめ座は、ギリシアでは農耕の女神デメテルが左手に麦の穂を携えている姿だといわれているが、エジプトでは古来、大神オシリスの后であるイシスの姿だとされてきた。銀河はそのイシスが闇の悪神であるティフォンに追われて逃げる途中、麦の穂をこぼしたあとであると伝えられている。

銀河は多くの地方で天上を流れる川とされるが、古代ギリシアでは、神々がオリュンポスの宮殿に集まるときに通る銀色の道であるともいわれるなど、天上界の主要な道だと考えられた。アメリカ＝インディアンは銀河を「魂の道」と呼び、死者の魂が天国へと辿る道だとされる。天の川のあたりで蒼白く光っている星は、旅する彼らが燃している焚き火であるという。

アフリカ

あるところに一人の娘が住んでいた。そのころは天には星が一つもなかった。夜になると暗い空に月があるだけなので、もの寂しく感じた娘はもっとたくさん光るものが欲しいと思い、ある日、家の竈《かまど》から灰を掴んで、天上めがけて力いっぱい抛り上げた。すると、風に吹き上げられて上空に舞い上がり、帯のように拡がった。それは灰なのであまり輝かず、白くぼんやりと光るだけであった。これが天の川である。

それでもの足りない娘はフィンという木の根をとって、つぎつぎに天空へ投げると、それが星々になった。フィンの木は若木のあいだは白い色をしているが、生長すると赤味を帯びてくる。娘は若いフィン、年をとったフィンの区別なく手当たりしだいにその根を投げたので、白く輝く星もあれば赤く光る星もあるのはそのためである。

大熊座と小熊座

ギリシア

月と狩りの女神アルテミスは乙女で、その

お供をする森や泉の妖精《ニンフ》たちもみな処女であった。そのなかにカリスト（アルテミスの添え名でもある）という名の美しい妖精がいた。大神ゼウスは彼女に情欲を抱き、女神アルテミスに姿を変えて近づき、カリストをわがものにした。それに気づいた大神の后ヘラは激しく嫉妬し、カリストがやがて男児を産むと、彼女を熊に変えてしまった。雪のような胸も腕も荒々しい毛で覆われ、泣く声も恐ろしい唸り声になったカリストは、猟犬や狩人に追われて森の奥深く逃げ込んだ。

他方、カリストの産んだ男児のアルカスは、立派な若者に成長した。十五歳の年のある日、アルカスは森のなかで一頭の牝熊に出合った。牝熊は嬉しそうに近づいてきたが、それが生みの親とは知らず、アルカスは持っていた槍を熊の心臓めがけて投げつけた。オリュンポスの山上からそれを目にしたゼウスは母子の悲劇を未然に防ごうと、一陣の疾風を巻き起こして二人を天へ拉致し、アルカスを小さな熊に変え、カリストと並べて北の夜空に据えた。これが北斗七星を擁して美しく輝く大熊座と小熊座である。ところがどこまでも嫉妬深いヘラは、それを見て大海の支配者でミズヘビの神オケアノスを訪ね、その二人を彼が守っている海に入らせないようにと唆した。海の神はしかたなくそのことを承知した。このため、ほかの星座は日に一度、天空を巡ると海に入って休息するのに、この母子の星座だけは小熊の尾の尖端（北極星）を固定したまま、絶えず北の夜空を巡り続ける運命になった。

北斗七星

北アメリカ

インディアンのほとんどの種族の間では、北斗七星を大熊だと語り伝えている。

夜になると、森の木々はそろって散歩すると信じられていた。ある月のない晩、一匹の大きな熊が森のなかを歩いていると、樹木たちにぶつかった。森の大王である樫の木が長い枝を伸ばすと、まごまごする熊の尾をつまんで空中へ抛り上げた。そのため、熊は天空で大熊座となり、尾を長く伸ばしたまま夜空を回っているといわれる。一説によると、北斗七星の枡《ます》の四つの星が大熊で、柄の三つの星は三人の狩人で、彼らはいつも熊を追い回している、秋になって木の葉が紅く染まるのは、狩人たちに射られて熊の血しぶきが樹木にとび散るからであるという。

朝鮮半島

枡形の四つの星を家、柄の三星を大工および金持ちの父親と息子と見て、次のように伝えている。金持ちが大工を雇って家を建てさせたところ、家がいびつに曲がっている。息子は怒って大工を追い、斧で殴ろうとした。父親は慌てて「待て」と言ってそのあとを追う。それが北斗七星だという。

中国

枡の形の四つの星を魁《かい》、柄にあたる三つの星を杓《しゃく》とみて、あわせて斗《と》（酒や湯水を汲む柄杓）のような形をして北の空にかかっている七つ星を昔から北斗七星と呼んでいる。日本でも「ひしゃくぼし」という。

中国の北国の山中に年老いた母と娘が暮らしていた。老母は病気に倒れ、冷たい水を所望した。そのころ日照りが続き、谷川の水も涸れ飲み水にも事欠いていた。娘は山中を探し回り、やっと銅柄杓一杯の水を手に入れ、母親の待つわが家へ急いだ。途中カササギに変身した仙人に出会った。渇きを訴えるカササギに娘は銅柄杓の水を与えた。しばらく行くと仙人は乞食姿の旅人に変装し、また水を所望した。娘はそれに応じ、半分ほど残った柄杓の水を持ち帰って病床の母に飲ませた。母の病気はたちまち治った。見ると柄杓はダイヤモンドに変わり、星のようにきらきら輝いた。娘は嬉しくなり戸外に出て、みんなに見えるように高々とかかげた。すると柄杓は天空高く昇っていき北斗七星になった。

かんむり座

ギリシア

クレタ島の王ミノスの后パンパエは頭が牛、体は人間という怪しげな子を産んだ。その子はミノス王の牛、つまりミノタウロスと呼ばれた。王は名工匠として名の聞こえたダイダロスに命じ、一度内に入ったら再び出ることのできない大迷宮ラビュリントスを地下に造らせ、ミノタウロスをその奥に閉じ込めた。

その後、ミノス王がギリシア本土のアッティカを征服した際、毎年（一説では三年または九年に一度ずつ）七人の少年と少女をクレタ島に送らせ、牛人ミノタウロスへの犠牲にさせた。その三回目の犠牲を送るとき、アテナイの王子テセウスは、自ら進んで生《い》け贄《にえ》の一人に加わり、船に乗ってクレタへ赴いた。彼らは身に寸鉄を帯びることも許されなかったので、王子はいかにして怪物の牛人を退治したものかと思案していると、ミノスの王女アリアドネが彼に好意を寄せ、迷宮の入り口まで案内すると、一振りの剣を与え、さらに糸の端を入り口の扉に結びつけた麻の糸玉を手渡し、無事に牛人を退治したら、アテナイに連れていって妻にして欲しいと訴えた。テセウスは迷宮の奥深く入っていき、格闘のすえ、剣を振るって牛人の胸を刺して殺し、麻糸を頼りに無事迷宮の外に出ることができた。王子はアリアドネに感謝し、約束どおり彼女と生け贄の少年少女たちとともに再び船に乗り、アテナイ目指して出帆した。一行は途中、当時ディーアと呼んだナクソス島に上陸して一泊した。その夜、ディオニュソス神がアリアドネを見て激しい情欲を抱いた。テセウスはやむなく彼女を一人その島に残し（一説によればアリアドネは悪阻《つわり》で苦しみ船に乗れなかったという）、アテナイに戻った。ディオニュソスはついに思いどおりアリアドネを自分の花嫁に迎え、九つの宝石で飾った冠を彼女に贈った。幸福な日々を送ったアリアドネがやがて死ぬと、ディオニュソスは彼女の冠を天空に投げ上げた。それが星となって夜空に美しく輝くかんむり座となった。

日本

埼玉県秩父地方では、かんむり座を「くびかざり座」と呼んで、ギリシア神話と似た伝説を伝えている。昔、平将門が藤原秀郷に攻められ、城峰山中の洞窟の奥に身を潜めた。そのことを将門が寵愛していた桔梗の前がひそかに秀郷に知らせた。怒って将門は桔梗の前の首を刎ねた。それを知って憐れと思った秀郷は桔梗の前がつけていた首飾りを空中に投げたところ、天上に舞い上がって「くびかざり座」になった。

オリオン座・さそり座

ギリシア

オリオンは、海の神ポセイドンを父として

生まれた逞しい体格の狩人であり、父の教えを受けて地上と同じように海のなかを歩くこともできた。オリオンはキオス島の王女メローペを見初め、妻にしたいと思って彼女の父王に申し出ると、島内の野獣をことごとく撃ちとったら結婚を許すといったので、オリオンは一匹残らず狩りとって、父王に約束を迫った。ところが、王はいろいろ口実をもうけて結婚を許そうとしなかったので、オリオンは乱暴を働いた。そこで王は彼に酒を飲ませて酔い潰し、隙を見て両目を潰して海岸に捨てた。盲目になったオリオンは鉄の槌音に誘われて海上を渡っていくと、鍛冶の神ヘパイストスの鍛冶場のあるレムノス島に辿り着いた。鍛冶の神はオリオンを憐れんで、弟子をつけて日の神ヘリオスのもとに送らせた。そこでオリオンはもとどおり眼が見えるようになった。その後、オリオンは月と狩りの女神アルテミスと狩猟を続けるうちに相愛の仲になった。女神の兄アポロンは妹のために二人の関係を裂きたいと思い、ある日、オリオンが海面に頭だけを出して歩いているのを見つけると、金色の光を浴びせかけておいて、女狩人の妹アルテミスにその光るものを射て腕前のほどを示せと誘いかけた。妹は銀の矢を銀の弓につがえるや、狙い定めて射ると、矢は光るものに命中した。やがて海岸に打ち上げられたものがあり、アルテミスが覗いてみると、ほかでもない愛するオリオンの死体であったので、ひどく嘆き悲しみ、大神ゼウスに願い出て、オリオンを天空高く上げて星の仲間に入れてもらった。それが寒い冬空にひときわ輝くオリオン座である。

別の伝承によると、オリオンは自分の強力ぶりを天下無敵であると自慢した。すると、大地の神アポロンは腹を立て、ある日、オリオンが通る道に大サソリを待ち伏せさせ、その足を刺させた。猛毒のため、さすがのオリオンも死んでしまった。サソリはその功績によって天空にかけられ、さそり座となった。他方、オリオンも月の女神アルテミスのおかげで星となったが、今でもサソリを恐れて姿を隠し、さそり座が西の空に沈むのを待って、おずおずと東の空から昇る。

ポリネシア

イースター島ではオリオン座の革のベルトの部分の三つの二等星、いわゆる三つ星の由来について次のように伝えている。子持ちの人妻が、ある日、よその男と水浴に出かけようとして夫にきつく咎められた。女房は腹を立て、家を抜け出して天空へ昇って星になった。夫は慌てて、左右に一人ずつ子供を抱えて女房のあとを追って天空へ昇った。そして父子三人が三つ星になった。女房は相変わらず夫から身を避け、三つ星から離れた夜空の一角にとどまっているという。

牡牛座

ギリシア

フェニキア王アゲノルの美しい娘エウロペが海岸近くの牧場で草花を摘んでいるとき、見なれない真っ白な牡牛に出会った。王女は牛に勧められるままに背に乗ったが、じつはその牛は、エウロペに情欲し、花嫁にしようとした主神ゼウスの変身であった。牛は疾風のように海の上を駆け、クレタ島に上陸した。エウロペはゼウスによってミノスら三人の子を儲けた。別伝によると、エウロペはクレタ島に赴いたのち、その地の王アステリオスと結婚し、ゼウスとの間に生まれた子供らを養育した。アステリオス王には子がなかったので、王の没後ミノスが王位に即き、その統治のもとクレタ島は繁栄を極めた。クレタの至上神は牡牛であったが、それはゼウスと同一視された。それがのちに天上に昇って牡牛座となり、冬空に輝くようになった。

すばる星

ギリシア

牡牛座の肩にあたる部分に集まっている六つの星がすばる星団である。ヨーロッパではそれらの星を一括してプレアデスと呼んできたが、それは天を担ぐ巨人アトラスとプレイオの間に生まれた七人の姉妹の呼び名である。月の照るある晩、七人の姉妹が森のなかで踊っていると、いかつい姿の猟師オリオンが現れて彼女たちを凌辱しようとした。娘たちは慄いて森の奥深く逃げ込み、月の女神アルテミスに助けを求めた。女神は七人の娘たちを着衣の裾に隠した。オリオンはそれに気づかず通り過ぎた。ゼウスはアルテミスの衣裳の裾から出た娘たちを憐れに思い、美しい鳩に変えた。鳩たちは大空へ飛んで行き、仲よく肩を寄せ合って暮らした。肉眼では六つの星にしか見えないが、それは七人のうちのエーレクトラーが、のちに子のタルダノスが建設したトロイの城市が戦争で焼け落ちたのを悲しんで、長い髪の毛をなびかせ、泣きながらほうき星（彗星）となって飛んでいったからである。残りの六つ星も青白くかすんで見えるのは、それを悲しんで泣いているからだと伝えられている。

南アメリカ

ガイアナ地方のアカワイ族は、すばる星の

由来を次のように語ってきた。大昔、自分の兄弟の女房に懸想した男が兄弟を殺害し、その片腕を切り取ってその女房に夫が死んだ証拠として示して、結婚を迫った。しかし、女は真相を察知し、男の要求を拒絶した。逆恨みした男は、女とその幼い子供たちをも殺害した。その夜、兄弟の亡霊が男の前に姿を現し、女房子供はさまざまな野獣に姿を変え、山野の獲物を捕らえて生きていくので、格別、男を恨むことはしないが、その代わり自分の死体の臓物をとって撒き散らし、遺体を埋葬するように求め、そうすれば漁獲に恵まれると語った。男はそのとおりにして内臓を撒くと、天空に昇っていき、すばる星になった。それ以来、この星が出る季節になると、川に魚が満ち溢れる。アカワイ族はすばる星を漁撈に関係づけて話してきたが、昔から世界の各地で農耕と関連づけて語り、農作業の目安としてきた。日本でも、夜半にすばる星が真南に高々とかかるのを見て蕎麦《そば》の播種を開始するなど、農耕星とされている。

南十字星

インド

『ラーマーヤナ』によると、昔、トリシャンク王は生きたままで神々の住む天界に赴きたいと願い、ヴァシシタ仙人に相談した。だが、ヴァシシタ仙人にそれは不可能だと拒絶されたので、王は苦行を続けていたヴァシシタの百人の息子たちのところに赴き、天界に生きながらにして行けるように祈ってくれと頼んだ。しかし、百人の息子たちも王の不遜な願いに憤慨し、なおも他のところへ行って頼もうとする王に向かって、「チャンダーラ（下級のカースト）になってしまえ」と呪った。

すると、トリシャンクはたちまちチャンダーラになった。彼はみすぼらしい姿でさまよい歩き、ヴィシュヴァーミトラのもとに赴いて救いを求めた。ヴィシュヴァーミトラは訳を聞いて同情し、聖仙たちを招いて祈りを捧げ、生きたまま昇天したいという王の願いを叶えるようにすることを約束した。そして聖仙たちを招いて一緒に神々の祭祀を行ったが、期待した神々の反応は得られなかった。ヴィシュヴァーミトラは怒って「わしの苦行の力で天界に昇れ」とトリシャンクに向かって怒鳴った。とたんにトリシャンクは生きたまま昇天し始めた。

それを見たインドラは神々と一緒に、「トリシャンクよ、天界はおまえの住むところではない。真っ逆さまに地上におちろ!」と呪ったので、トリシャンクは昇天の途中で墜落した。ヴィシュヴァーミトラは助けを求める彼の悲鳴を聞くと、大声で「とまれ!」と叫び、インドラや神々に代わる新しい神々を創ろうとした。神々は慌てて彼をなだめ、「トリシャンク王は呪われて破滅している、生きたままで昇天するなどとんでもない」と反対した。しかしヴィシュヴァーミトラはいったん約束してしまったことを覆すわけにはいかない、どうか王の天界行きを承認してくれと要請した。そこで神々はやむなくそれを認めることにし、南のほうに真っ逆さまのまま、トリシャンクの住む場所を定めた。こうしてトリシャンク王は南十字星になった。

特色

以上のように、天体神話は宇宙空間に仰ぎ見る具体的物体を対象とする民間説話で、そのほとんどはそれぞれの天体の成立由来に関する起源神話である。一部の地域では、おそらく移動によると推測される類型的神話も認められるが、対象がまったく同一の天体でありながら、具体的内容がきわめて多様性に富むのが天体神話の特徴である。

太陽と月の誕生

太陽と月とは、オーストラリアのユーアーライ族の神話のような例外もあるが、同一存在から分離したもの、とくに同胞的存在（兄弟姉妹）、時には夫婦とされ、ペアとして語られる。太陽と月のいずれを男性とするか女性とするかは、伝承する地域・民族等によって相違があるが、いずれの場合も、太陽を年長者とするのは、人間生活における太陽という存在の絶対性に由来する。

昼夜の発生

日・月の分離神話は、はじめ昼だけがあり、のち夜が発生したとするメラネシアに多い夜の起源型と、はじめ夜だけで、のちに昼も発生したとするオーストラリアに広く分布する昼の起源型に二分されるが、その分離はおおむね兄弟姉妹である日・月の一方の背信行為による仲違いに由来している。

日食・月食

インドや東南アジアでは、太陽・月にはもう一人の兄弟がいて三人の兄弟姉妹とされ、その第三の兄弟が太陽・月に対する加害者とされる。太陽・月は彼によって突然侵害され、地上は危機的状況に追い込まれる。日食と月食は、このようにして発生すると説明されている。

複数の太陽・月

はじめ太陽・月は複数で存在し、それが英雄によって今日のように一つずつになったという射日・射月型の神話は、本来的には酷暑に悩む熱帯地方に発生した神話であり、したがって、射月神話はおそらく射日神話から派生したものであろう。

月神話の意義

低緯度地帯に比べ高緯度の地域では、太陽は一般に好ましい存在として語られるが、そのような地方をも含め、太陽よりもむしろ数量的に月の神話のほうが多く、昔から、月に対する人びとの関心が高い。月は太陽に比較して変化のサイクルが明確で、記紀神話でツクヨミノ神が海の神でもあるように、海潮の干満とも、またその周期が女性の生理とも類同し、暦や農耕・漁撈活動とも関連性をもち、人間生活と深く結びついている。

月と不死と豊穣

月の満ち欠けの反復は死と再生の観念と結びつき、オーストラリア原住民の成人式に、若者がいったん死んで復活する月になぞらえられるなど、不死のシンボルとされる。夜間に草木に露のおく現象から月は水、つまり生命の源泉、そして豊穣多産のシンボルとされる。月の陰影の由来の多くはこのような不死、生命の永遠性の観念の説話化されたもので、そのため、月のなかにヘビ・蟾蜍《がま》など脱皮を繰り返す動物が棲むと考えられた。月の陰影を人間の姿とする神話伝承では、それは水汲み・機織りなど、同一行為を反復する姿とされるのも、もともと不死・永遠の観念の表出である。ただし、この場合はやむことのない反復の行為は多くは罰のためと説明されているが、それは派生的な説明であろう。

星神話

星は神話上では一般に太陽より月の眷族とされる。特定の顕在する星は月とならんで暦作り、農耕・漁撈作業と関係が深い。たとえば、すばる星は南アメリカのアカワイ族では漁撈の目安とされ、日本では農耕作業の目安とされて、異なる由来伝承が語られるなど、仰ぎ見る星辰は同一でありながら、伝承される神話の内容は多様である。夜空に瞬く星々は人びとに神秘感を抱かせ、さまざまに想像を掻き立たせる。日・月以上に星辰の神話が多様性に富むのはそのためであろう。

参考文献

総説

大林太良『神話学入門』中公新書、一九六六年。

M・エリアーデ著/中村恭子訳『神話と現実』せりか書房、一九七三年。

G・S・カーク著/内堀基光訳『神話──その意味と機能』社会思想社、一九七六年。

H・シェーラー著/P・クネヒト、寒川恒夫訳『ガシュ・ダヤク族の神観念』弘文堂、一九七九年。

A・エリオット、M・エリアーデ他著/大林太良、吉田敦彦訳『神話──人類の夢と真実』講談社、一九八一年。

『世界の神話伝説・総解説』自由国民社、一九八三年。

Alan Dundes, ed., *Sacred Narratives: Readings in the Theory of Myth*, University of California Press, 1984.

M・パノフ、大林太良他著/大林太良、宇野公一郎訳『無文字民族の神話』白水社、一九八五年。

J・キャンベル著/山室静訳『神の仮面』青土社、一九八五年。

大林太良『シンガ・マンガラジャの構造』青土社、一九八五年。

吉田敦彦、松村一男『神話学とは何か』有斐閣新書、一九八七年。

P=M・シュール他著/野町啓他訳『神話の系譜学』平凡社、一九八七年。

J・キャンベル著/鈴木晶、入江良平訳『宇宙意識』人文書院、一九九一年。

J・キャンベル、B・モイヤーズ著/飛田茂雄訳『神話の力』早川書房、一九九二年。

テーマ別

世界の起源

大林太良編『日本神話の比較研究』法政大学出版局、一九七四年。

大林太良『世界の神話――万物の起源を読む』NHKブックス、一九七六年。

阿部年晴『アフリカの創世神話』紀伊國屋書店、一九六五（一九八一）年。

M・パノフ、大林太良著／大林太良、宇野公一郎訳『無文字民族の神話』白水社、一九八五年。

M＝L・フォン・フランツ著／富山太佳夫・芳子訳『世界創造の神話』人文書院、一九九〇年。

君島久子編『東アジアの創世神話』弘文堂、一九九〇年。

D・マクラガン著／松村一男訳『天地創造』（イメージの博物誌20）平凡社、一九九二年。

人類の起源

大林太良『神話学入門』中公新書、一九六六年。

J・G・フレイザー著／江河徹他訳『旧約聖書のフォークロア』太陽社、一九七六年。

M・パノフ、大林太良著／大林太良、宇野公一郎訳『無文字民族の神話』白水社、一九八五年。

洪水神話

J・G・フレイザー著／星野徹訳『洪水神話』国文社、一九七三年。
J・G・フレイザー著／江河徹他訳『旧約聖書のフォークロア』太陽社、一九七六年。
Alan Dundes, ed., *The Flood Myth*, University of California Press, 1988.
聞一多著／中島みどり訳『中国神話』平凡社東洋文庫、一九八九年。

死の起源
大林太良『神話と民俗』桜楓社、一九七九年。
吉田敦彦『天地創造神話の謎』大和書房、一九八五年。
同『縄文の神話』青土社、一九八七年。
同『豊穣と不死の神話』青土社、一九九〇年。
大林太良『日本神話の起源』徳間文庫、一九九〇年。
火の起源
藤森栄一『縄文農耕』学生社、一九七〇年。
J・G・フレイザー著／青江舜二郎訳『火の起源の神話』角川文庫、一九七一年。
大林太良『世界の神話――万物の起源を読む』NHKブックス、一九七六年。
吉田敦彦『天地創造神話の謎』大和書房、一九八五年。
同『縄文の神話』青土社、一九八七年。
作物の起源
大林太良『稲作の神話』弘文堂、一九七三年。
A・E・イェンゼン著／大林太良他訳『殺された女神』弘文堂、一九七七年。
吉田敦彦『縄文土偶の神話学』名著刊行会、一九八六年。
同『縄文の神話』青土社、一九八七年。
同『豊穣と不死の神話』青土社、一九九〇年。
女　性

M・エリアーデ著／久米博訳『豊穣と再生』（エリアーデ著作集第二巻）せりか書房、一九八一年。

E・ノイマン著／福島章他訳『グレート・マザー』ナツメ社、一九八二年。

B・ウォーカー著／山下圭一郎他訳『神話・伝承事典』大修館書店、一九八八年。

M・ギンブタス著／鶴岡真弓訳『古ヨーロッパの神々』言叢社、一九八九年。

R・ブレードニヒ著／竹原威滋訳『運命の神々』白水社、一九八九年。

H・P・デュル著／原研二訳『再生の女神セドナ』法政大学出版局、一九九二年。

トリックスター・文化英雄

山口昌男『アフリカの神話的世界』岩波新書、一九七一年。

P・ラディン、K・ケレーニイ、C・G・ユング著／皆川宗一訳『トリックスター』晶文社、一九七四年。

山口昌男『道化の民俗学』新潮社、一九七五年。

小川了『トリックスター』海鳴社、一九八五年。

英　雄

L・ラグラン著／大場啓二訳『文化英雄』太陽社、一九七五年。

大林太良、吉田敦彦『剣の神・剣の英雄』法政大学出版局、一九八一年。

J・キャンベル著／平田武靖他訳『千の顔をもつ英雄』青土社、一九八四年。

O・ラング著／野田倬訳『英雄誕生の神話』人文書院、一九八六年。

乾克己他編『日本伝奇伝説大事典』角川書店、一九八六年。

大隅和雄他編『日本架空伝承人名事典』平凡社、一九八六年。

王権の起源
大林太良『東アジアの王権神話』弘文堂、一九八四年。

A・M・ホカート著／橋本和也訳『王権』人文書院、一九八六年。

松原正毅編『王権の位相』弘文堂、一九九一年。

異郷訪問
棚瀬襄爾『他界観念の原始形態』京都大学東南アジア研究センター、一九六六年。

S・グロフ、C・グロフ著／山折哲雄訳『魂の航海術』（イメージの博物誌10）平凡社、一九八二年。

H・R・パッチ著／黒瀬保他訳『異界』三省堂、一九八三年。

J・ハリファクス著／松枝到訳『シャーマン』（イメージの博物誌26）平凡社、一九九二年。

異類婚
関敬吾『昔話の歴史』至文堂、一九六六年。

小沢俊夫『世界の民話―ひとと動物の婚姻譚』中公新書、一九七九年。

天　体
吉田光邦『星の宗教』淡交社、一九七〇年。

N・ネフスキー『月と不死』平凡社東洋文庫、一九七一年。

野尻抱影『星の神話・伝説』講談社学術文庫、一九七七年。

W・ケントン著／矢島文夫訳『占星術』（イメージの博物誌1）平凡社、一九七七年。

B・ウォーカー著／山下圭一郎他訳『神話・伝承事典』大修館書店、一九八八年。

索　引

あ

か

す

ち

つ

て

と

な

に

ぬ

ね

の

は

世《せ》界《かい》神《しん》話《わ》事《じ》典《てん》
創《そう》世《せい》神《しん》話《わ》と英《えい》雄《ゆう》伝《でん》説《せつ》

大林《おおばやし》太良《たりよう》・伊藤《いとう》清司《せいじ》
吉田《よしだ》敦彦《あつひこ》・松村《まつむら》一男《かずお》 編

角川文庫 17327

平成二十四年三月二十五日　初版発行

発行者―山下直久
発行所―株式会社角川学芸出版
東京都千代田区富士見二―十三―三
電話・編集　(〇三)五二一五―七八一五
〒一〇二―〇〇七一
発売元―株式会社角川グループパブリッシング
東京都千代田区富士見二―十三―三
電話・営業　(〇三)三二三八―八五二一
〒一〇二―八一七七
http://www.kadokawa.co.jp

印刷所―旭印刷　製本所―BBC
装幀者―杉浦康平

SP　C-111-1　ISBN978-4-04-406902-5　C0193

角川文庫発刊に際して

角川源義

第二次世界大戦の敗北は、軍事力の敗北であった以上に、私たちの若い文化力の敗退であった。私たちの文化が戦争に対して如何に無力であり、単なるあだ花に過ぎなかったかを、私たちは身を以て体験し痛感した。西洋近代文化の摂取にとって、明治以後八十年の歳月は決して短かすぎたとは言えない。にもかかわらず、近代文化の伝統を確立し、自由な批判と柔軟な良識に富む文化層として自らを形成することに私たちは失敗して来た。そしてこれは、各層への文化の普及滲透を任務とする出版人の責任でもあった。

一九四五年以来、私たちは再び振出しに戻り、第一歩から踏み出すことを余儀なくされた。これは大きな不幸ではあるが、反面、これまでの混沌・未熟・歪曲の中にあった我が国の文化に秩序と確たる基礎を齎らすためには絶好の機会でもある。角川書店は、このような祖国の文化的危機にあたり、微力をも顧みず再建の礎石たるべき抱負と決意とをもって出発したが、ここに創立以来の念願を果すべく角川文庫を発刊する。これまで刊行されたあらゆる全集叢書文庫類の長所と短所とを検討し、古今東西の不朽の典籍を、良心的編集のもとに、廉価に、そして書架にふさわしい美本として、多くのひとびとに提供しようとする。しかし私たちは徒らに百科全書的な知識のジレッタントを作ることを目的とせず、あくまで祖国の文化に秩序と再建への道を示し、この文庫を角川書店の栄ある事業として、今後永久に継続発展せしめ、学芸と教養との殿堂として大成せんことを期したい。多くの読書子の愛情ある忠言と支持とによって、この希望と抱負とを完遂せしめられんことを願う。

一九四九年五月三日

幸福論

アラン

石川湧 訳

カバーイラスト
竹岡美穂

「悪い天気には、いい顔をするものだ」（91「幸福になる法」より）

20世紀前半、最大の思想家にして高校の教師でもあったアランが、幸福についてときに力強く、ときには瑞々しく、やさしい言葉で綴った93のプロポ（哲学断章）。幸福とはただ待っていれば訪れるものではなく、自らの意志と行動によってのみ達成されるとする主張に、未来を拓く幸せへのヒントがある。

ISBN978-4-04-408602-2

角川ソフィア文庫

方法序説

デカルト

小場瀬卓三 訳

カバーイラスト
はいむらきよたか

「私は考える、ゆえに私はある」という哲学的命題に至るまでの道のりを語る思想的自叙伝。旧来の宗教的勢力に対し、あらゆる人に「理性」を認めるという近代的精神を宣言した、闘う哲学者デカルト。自然科学の全分野をも探究した“近代哲学の父”の思索にふれる一冊。

ISBN978-4-04-408603-9

角川ソフィア文庫

角川ソフィア文庫

数学物語

矢野健太郎

動物には数がわかるのだろうか？　また、人類の祖先はどのように数を数えたのだろう？　エジプト、バビロニアに生まれた数字の話から、「数学の神様」といわれたアルキメデス、3角形の内角の和が180度であることを独力で発見したパスカル、子供の頃は落第ぼうずと呼ばれたニュートンの功績など、数学の発展をやさしく解説。数学の楽しさを伝え続けるロングセラー。

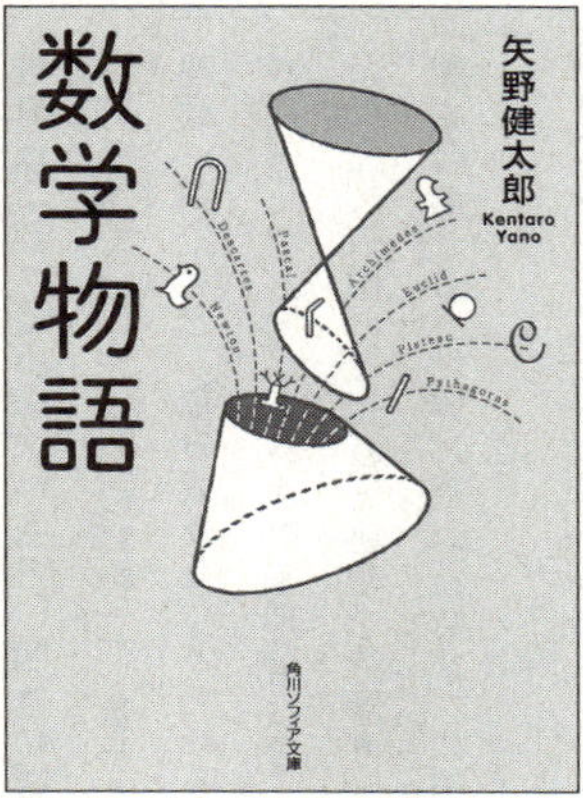

ISBN978-4-04-311802-1

角川ソフィア文庫

世界を読みとく数学入門

日常に隠された「数」をめぐる冒険

小島寛之

世界は「数」で出来ている！　賭けに勝つために、また最も賢い貯金法を編みだすために役立つ数学とは？　整数、分数、無理数、虚数など、数の成り立ちとその不思議な性格を平易に解説。量子コンピュータや暗号理論など、数の「特性」を利用した最先端技術の仕組みと秘密を謎解きし、人間と社会、自然を繋ぎ合わせる「世界に隠れた数式」に迫る。極上の数学入門！

角川ソフィア文庫

無限を読みとく数学入門

世界と「私」をつなぐ数の物語　小島寛之

アキレスと亀のパラドクス、終わり無き円周率πの超越性、連続する実数の謎、「存在」しない数、無限の持つ無限の種類、ケインズ投資理論と無限時間、『ドグラ・マグラ』と脳に棲みつく無限、そして悲劇の天才数学者G・カントールの無限集合論……。数学、哲学、文学、経済学を横断し、遙かギリシャから現代へと駆け抜ける、無限の迷宮をめぐるスリリングな旅！

角川ソフィア文庫

宇宙「96％の謎」

宇宙の誕生と驚異の未来像　佐藤勝彦

まだ時空も存在しない無の世界に生まれたわずか10のマイナス33乗cmの宇宙。それは一瞬の内に爆発的に膨張し、灼熱の火の玉となった。誕生から38万年頃の宇宙の姿、ブレーン宇宙論、そして宇宙の96％を占める暗黒物質、暗黒エネルギーなど、高精度の観測と最先端宇宙論が解明する宇宙137億年の全貌と、未解決の謎とは？「進化する宇宙」が見えてくる最新宇宙論入門。

ISBN978-4-04-405202-7

角川ソフィア文庫

アインシュタインの宇宙

最新宇宙学と謎の「宇宙項」　佐藤勝彦

ISBN978-4-04-405203-4

19世紀末、完成間近に見えた物理学に暗雲が立ちこめる。波であり粒子でもある光とは？　この謎に1人の天才が挑む。A・アインシュタイン。彼が1年間に発表した「特殊相対性理論」をはじめとする3つの論文から現代宇宙論の全てが始まった。アインシュタインの業績と宇宙論全史を徹底解説、謎のダークエネルギーと〈アインシュタイン宇宙項〉復活のドラマに迫る！

角川ソフィア文庫

魂の旅　地球交響曲《ガイア　シンフォニー》第三番

龍村　仁

『地球交響曲《ガイアシンフォニー》第三番』撮影開始直前、出演予定者・星野道夫の訃報が届く。「見えない星野を撮る」と決め、アラスカ、ハワイ、北海道へとワタリガラス神話に導かれて旅をする龍村は星野の運命的友人達と出会う。神話の語り部ボブ・サム、宇宙物理学の巨星F・ダイソン、古代カヌーで五千キロ航海を成し遂げたN・トンプソン。数々の偶然の一致が告げる「大いなる命の繋がり」とは。

角川ソフィア文庫

壊れた脳 生存する知

山田規畝子

解説＝山鳥 重

3度の脳出血で重い脳障害を抱えた外科医の著者。靴の前後が分からない。時計が読めない。そして、世界の左半分に「気がつかない」……。見た目の普通さゆえに周りから理解されにくい「高次脳機能障害」の苦しみ。だが、損傷後も脳は驚異的な成長と回復を続けた。障害の当事者が「壊れた脳」で生きる日常の思いを綴る。諦めない心とユーモアに満ちた感動の手記。

ISBN978-4-04-409413-3